마음의 심리학

마음의 심리학

Reading Minds

헨리 M. 웰먼, 카렌 린드
김유미 옮김

알파미디어

책머리에

2007년 3월 5일 NBC 온라인 뉴스에는 "마음읽기 과학자들이 행동을 예측하다"라는 제목의 기사가 포스팅되었다. 기사는 "독일의 한 실험실에서 지원자들이 도넛 모양의 MRI자기공명영상에 들어가 주어진 두 가지 숫자를 더할지 뺄지를 결정하는 간단한 과제를 수행했다"로 시작된다. 실험실 밖에서는 과학자들이 참가자들의 생각, 그러니까 피실험자들이 결정을 내리기까지 머릿속에 어떤 의도를 갖게 되는지를 읽어내려 하였다. 베를린의 헤인즈 박사가 이끄는 연구진은 MRI로 찍은 뇌 사진을 분석하여 성공적인 결과를 얻을 수 있었다. 이 실험에서 연구진은 실험대상자들이 무엇을 결정하는지, 즉 더하기를 할지 빼기를 할지를 무작위 확률보다 높은 비율로 파악할 수 있었다.

연구진은 참가자들에게 스크린에 숫자가 나타나기 전에 두 숫자를 더할지 뺄지를 마음속으로 결정하게 했다. 그런 다음 몇 초 동안 스캐너로 참가자들의 뇌파를 컴퓨터 영상으로 변환하여 그들이 어떤 결정을 내리는지를 예측했다. 한 가지 뇌파 패턴은 덧셈 의도를 나타내고 다른 뇌파 패턴은 뺄셈 의도를 나타냈다. 이 기사가 인정하듯이 "2005년에 시작된 이 연구의 범위는 제한적이었다. 지금까지 테스트받은 사람은 겨우 21명뿐이다. 그리고 71퍼센트의 적중률은 무작위 확률보다 겨우 20퍼센트 더 높다." 그럼에도 불구하고 반응은 뜨거웠다.

"우리가 어떤 사람이 머릿속에 어떤 의도를 가지고 있는지 판단할 수 있다는 사실은 주관적인 생각에 대한 우리의 이해를 전혀 새로운 차원으로 올려놓았다." 펜실베이니아 대학의 정신과 교수 폴 볼페이 박사의 말이다.

이 실험에 참가한 타냐 슈타인바흐는 이렇게 말했다. "그것은 정말 특이한 경험이었다. 그러나 특정 기계를 사용해야만 내 생각을 읽을 수 있다는 걸 알기 때문에 길거리에서 아무나 내 생각을 읽을 수 있다고 생각하지는 않는다."

일부 비평가들은 이러한 마음읽기가 내포하는 의미에 대해 경고했다. "과학자들은 윤리학자들을 긴장하게 만들만큼 과학을 발전시키고 있다."

마음읽기는 경이롭다.

그러나 두 살, 세 살짜리 아기들도 매일 마음읽기를 한다. 심지어 갓난아기도 누군가의 의도를 파악할 수 있다. 어린아이들은 복잡한 기계가 필요하지 않다. 아이들은 사람들의 마음 상태를 파악하고 추측하기 위해 아직 발달 단계인 평범한 인지 능력을 이용한다. 이처럼 우리는 평범하지만 경이로운 방법으로 마음을 읽는다.

이 기사를 쓴 사람은 비평가들의 열정 또는 경외감에 대해 이야기한다. 친구가 맑고 별이 가득한 밤하늘을 올려다볼 때 우리는 그가 느끼는 경외감을 본다. 비행기에서 옆자리의 승객이 일어서서 머리 위의 짐칸을 열려고 할 때 우리는 그가 짐칸에서 무언가를 꺼내려고 한다는 것을 안다. 그가 노트북을 꺼내면 우리는 "노트북이 그가 원했던 것"임을 이해한다. 우리가 매일 이런 마음읽기를 하고 어린아이들도 마음읽기를 할 수 있다고 해서 일상적인 마음읽기의 힘과 마법이 과소평가되어서는 안 된다. 우리는 마음읽기에 매우 뛰어나다. 비싼 기계를 사용하지 않고서도 과학자들보다 마음읽기를 잘할 수 있다. 백발백중은 아니지만 제한된 상황에서 사람들의 의도를 추측하고, 그 선택하는 일이 간단할 경우 적어도 70퍼센트 정도는 맞출 수 있다. 그리고 그보다 훨씬 더 복잡한 상황에서도 우리는 마음을 읽을 수 있다.

그렇다면 우리는 어떻게 마음읽기를 할 수 있을까? 왜, 언제 마음읽기를 배우는 걸까? 마음읽기는 우리의 삶, 우리의 자아의식, 우리의 행동, 다른 사람들과의 상호작용에 어떤 영향을 미칠까? 어떤 사람이 마음읽기를 할 수 없다면 그 사람에게는 어떤 일이 일어날까? 우리의 마음읽기가 틀릴 때는 어떤 일이 일어날까? 나는 이 책에서 이 모든 질문에 대한 답변을 하려고 한다. 그 모든 답변을 시작하기 전에 요약하자면, 마음읽기는 우리의 삶의 근간이고 우리가 매일 하는 일이라는 것이다.

나는 30년 동안 이 질문과 대답에 관심을 가져왔다. 물론 이 문제에 관심을 가진 과학자는 나 말고도 많았다. 나는 그들에게 많은 빚을 졌다. 그중 일부 학자의 이름은 인용구 없이 책에 등장한다. 인용구는 각 장의 주석에 나온다. 다른 사람들의 글이나 이야기를 인용할 때 가독성을 위해 생략부호(…)와 괄호는 사용하지 않았지만 생략이나 축약으로 인해 저자의 의도가 다르게 전달되지 않도록 최대한 노력했다. 주석에서 축약되지 않은 원래의 인용문을 찾아볼 수 있다.

나는 이 과학자들로부터 많은 도움을 받았고, 우리 작업에 참여해준 사람들과 부모들, 어린이들에게도 많은 빚을 졌다. 모두에게 진심으로 감사한다.

목차

1장 마음읽기 101

마음이론은 어떻게 시작되는가 ·23
- 다른 사람의 마음읽기
- 실수
마음읽기가 없는 삶: 자폐증과 심맹 ·30
《마음의 심리학》의 내용 소개 ·34

2장 마음읽기, 가십, 거짓말쟁이

가십: 영장류의 DNA를 탓할 수 있을까? ·40
마음이론 102 ·43
- 전문가 아닌 보통 사람들을 위한 일상의 심리학
거짓말, 치명적인 거짓말, 속임수 ·47
거짓말을 알아차리는 방법 ·51
사회적 뇌 ·60

3장 친구, 비밀, 거짓말

아이들은 잘못된 믿음을 배운다 ·68
- 아프리카로 돌아가다
거짓말과 속이기 ·74
숨기기와 비밀 ·80
설득력 ·82
루비 브리지스와 친구가 없는 것 ·84

4장 상상과 현실

실제 인물인가 가상의 인물인가: 아이들이 구별할 수 있을까? ·95
− 장 피아제
상상의 친구들 ·100
우리 모두가 생각과 현실을 혼동한다 ·101
요약 ·104

5장 마음이론의 발달과 적용

템플 그랜딘: 그림으로 생각하기 ·110
일상적인 이론들 ·113
− 이론 만들기
− 이론? 또는 비이론?

6장 블록 쌓기

마음이론 만들기 ·127
단계적인 발달 ·132
− 청각장애 부모에게서 태어난 청각장애 아동
수화의 발달 ·135
마음이론의 발달 ·138
순서가 바뀔 수 있을까? ·142
이론은 이론을 낳는다 ·145
블록 쌓기 ·146

7장 베이비 붐 마음읽기가 시작되는 곳

유아들의 사회적인 이해 ·152

아이들의 사회적 이해를 관찰하는 방법 ·153

– 선호

아기들은 사람들을 어떻게 이해할까 ·159

추가적인 질문 ·164

– 원초적인 자기중심성?

– 잘못된 믿음?

인간의 학습: 실제적인 베이비 붐 ·169

8장 초능력, 신, 전지전능함, 내세

슈퍼히어로 ·176

아이들은 신과 어떻게 연결될까 ·177

전지전능함? ·182

– 종교가 도움이 될까?

– 어른도 이해하기 어려운 개념

삶과 죽음 ·187

– 내세

당신의 마음은 눈에 보일까? 당신의 뇌는? ·192

– 보이지 않는 뇌

– 영혼은 그것을 가지고 있다

평범한 것을 초월하다 ·197

9장 가능한 세계, 가능한 생각

감정에 무관심한 사람들 ·202

하나님이 대답하실 때 ·205

정신은 현실을 극복한다 ·207

모든 곳의 사람들은 다르다, 모든 곳의 사람들은 똑같다 ·208

– 가르침과 시간

– 고무줄 발달

모순과 발전 ·215

10장 침팬지, 개, 우리: 마음읽기의 진화

인간은 어떻게 인간이 되는가? ·220

풍부한 관점 또는 빈약한 관점 ·222

– 빈약한 관점

– 더 풍부한 관점

– 침팬지의 한계

인간 대 침팬지: 나누기, 돕기, 얻기 ·231

– 나누기와 협력하기

– 도움을 주는 의사소통

– 돕는 행동

나의 개는 나의 마음을 읽을 수 있다 ·236

기질적인 인간 ·240

사회적 지능 ·243

11장 사회적 뇌

마음을 읽는 세포? ·250
– 작동하는 방식
– 하품은 전염된다
TOMN: 마음이론 네트워크 ·258
아이들의 뇌 ·262
가소성이 있는 뇌 ·265

12장 하이, 로봇

언캐니 밸리 ·270
– 소름끼치는 느낌
로봇에게 배우기 ·276
– 신뢰할 수 있는 증거
로봇에 대한 개념 발달 ·282
– 더 어린 아이들은 로봇에게 어떻게 배우는가
– 더 어린 아동들과 더 큰 아동들과 로봇
– 로봇을 대하는 감정
로봇에 대한 윤리? ·287
미래의 로봇 ·290

13장 마음이론의 작용

법에 작용하는 마음이론 ·295
생각은 풍선이다 ·299
생각의 미스터리 ·303
어린아이 같은 어른을 위한 마음이론 ·306
마음이론은 우리에게 불리하게 작용하기도 한다 ·306
 - 감정에 대한 예측
 - 깜짝 선물: 중요한 것은 생각이 아니다
 - 쉬운 지식은 해롭다
 - 더 똑똑해지는 방법
항상 작동하는 마음이론 ·317

14장 이야기, 이론, 생각

우리가 신조로 삼는 이야기들 ·324
자기기만과 오류 ·327
 - 감정의 이해와 오해
 - 그것은 마법이다
우리는 우리가 무엇을 모르는지 모른다 ·335
마음읽기 ·338

사이드바 목록

사이드바 2.1 엉뚱한 곳에서 거짓말 찾기 – 58

사이드바 3.1 잘못된 믿음 더 알기 – 72

사이드바 3.2 상관관계로부터 인과관계로 – 79

사이드바 6.1 왜? 왜? – 141

사이드바 8.1 정신, 육체, 정체성 – 195

사이드바 10.1 유인원의 다른 이해력 – 229

사이드바 11.1 비침습적 인지 신경과학적 방법에 대한 간단한 설명 – 252

사이드바 13.1 성장 지향적 마인드셋의 고취 – 315

1장

마음읽기 101

2010년 칠레에서 33인의 광부가 지하 700미터 광산에서 바위와 흙에 매몰된 지 17일 만에 생존 상태로 발견되었다. 그들은 지하로 내려보낸 가느다란 전선에 매달아 땅 위로 메모를 전달할 수 있었는데, 한 광부는 아내에게 이런 메모를 보냈다.

나는 우리가 여기서 굶어 죽을 거라고 생각했어. 우리가 살아 있다는 걸 당신에게 말하고 싶지만 알릴 수 없어서 얼마나 고통스러웠는지 당신은 상상도 못할 거야.

이 메시지는 짧지만 인간의 가장 기본적인 모습을 보여 준다. 그것은 우리가 끊임없이 마음속 내밀한 곳으로부터 자신과 다른 누군가를 생각한다는 것이다. 절박한 위기 상황에서 광부가 보낸 메시지에는 자신이 굶어 죽을 거라고 생각했고, 아내와 대화할 수 없는 상황을 고통스러워했고, 자신이 살아 있다는 사실을 아내가 알지 못할까 봐 괴로워했다는 내용이 적혀 있다. 그 외 다른 내용은 거의 없었다.

당신 역시 타인의 마음 상태를 읽고 이해할 수 있는 능력을 지니고 있을 것이다. 때문에 광부가 보낸 메모의 행간에 숨은 의미를 쉽게 파악했을 것이다. 그 메시지 속 광부의 두려움과 절박함, 희망, 극도의 피로감을 감지했을 것이다. 만약 당신이 광부의 심리 상태를 정확하게 파악하지는 못했을지라도 그가 17일 동안 지하에 있었고, 마침내 그의 위치가 확인되었으며, 구조 작업이 시작되었다는 것은 분명히 알 수 있다. 그리고 그의 메시지와 정보를 통해 그가 육체적으로나 정신적으로나 기진맥진한 상태이기는 해도 얼마간의 안도감을 느낀다는 것을 알 수 있다.

이 능력은 명확히 인간이 지니는 특징 중 하나이다. 우리는 매일 다른 사람들의 마음을 이해하기 위해 노력하고, 그들의 말과 행동을 관찰함으로써 이웃한 사람들의 생각, 감정, 희망, 의도를 읽어 낸다. 무엇보다 놀라운 사실은 우리에게는 보편적으로 그런 능력이 있다는 점이다. 우리는 자신의 마음을 이해하며, 그리고 다른 사람들의 마음 상태를 파악하고 의사소통을 한다. 나 자신을 다른 이에게 설명하고, 자신의 생각 또한 명확하게 표현할 수 있다.

우리는 아주 작은 아기였을 때부터 생활을 위한 마음읽기를 배우기 시작하며, 성인이 되면 끊임없이 좀 더 복잡한 마음읽기에 이른다. 순간적인 판단을 내려야 한다거나 깊은 숙고가 요구되는 경우에도 늘 마음읽기를 한다. 마음읽기는 우리의 또 다른 감각과 같아서 원하지 않아도 할 수밖에 없는 인간에게 주어진 본능이다.

이 마음읽기는 본능에 가까우면서도 인간에게 필수적으로 요구되는 인간 조건이기도 하다. 인간은 본질적으로 사회적인 동물이기에 아무리 혼자 있기를 좋아하는 내성적인 사람이라도 다른 사람들과 더불어 살아갈 수밖에 없다. 우리는 부모에 의해 양육되고, 가족과 공동체 안에서 끊임없이 다른 사람들과 상호작용를 하며 함께 일하면서 살아간다. 우리가 자기 자신과 다른 사람들을 이해하기 위해 눈앞의 세상을 파악하길 원하는 것은 자연스러운 일이다. 이러한 이해가 인간관계에 질서와 예측가능성을 부여하기 때문이다. 그렇지 않으면 인간관계는 두렵고 무작위적인 것이 될 수밖에 없다.

마음을 읽는 능력을 이처럼 광범위하게 개발할 수 있는 종은 인간뿐이다. 인류학자들은 이 능력이 인간이 호모 사피엔스Homo sapiens로 진화하기 위한 결정적인 요소였다고 주장한다. 실제로 이는 인간 생존의 핵심적인 능력이다. 연구원들은 갓 10개월에서 12개월밖에 안 된 유아들에게서도 이 능력이 발현되는 것을 발견한다. 인간은 이 시기부터 이미 자신과 타인의 마음을 이해하는 능력을 개발하고 점점 더 그 능력에 의존하며 살아가게 된다.

마음읽기는 우리의 삶 속에 깊게 스며들어 있어서 우리는 자신이 항상 마음읽기를 하고 있다는 사실을 의식하지 못한다.

어느 금요일 저녁에 한 가족이 식탁에 둘러앉아 있는 장면을 상상해 보자. 만약 마음읽기의 도움이 없다면 우리 눈에 들어오는 것은 원초적인 인식뿐일 것이다.

천 조각을 입혀서 의자 위에 앉혀 놓은 피부 덩어리들이 제멋대로 움직이고, 그 덩어리 위에 있는 까만 점들은 쉴 새 없이 왔다 갔다 하고, 덩어리 아래에 있는 구멍은 불규칙적으로 소음을 낸다.

기괴하고 낯선 광경이다. 그러나 여기에 아주 약간의 사회적 이해를 더하게 되면, 그 소음은 "감자 좀 줘요"나 "디저트는 뭐지?"가 된다. 마음읽기를 좀 더 하면 아빠가 감자를 먹고 싶어 한다는 것을 이해할 수 있다. 딸아이는 채소보다 디저트를 좋아한다. 아들 녀석은 지루해서 몸을 비비꼬고 있다. 우리는 아들이 "아직도 안 끝난 거야?"라고 생각하는 소리를 들을 수 있다. 이처럼 우리는 다른 사람들의 생각을 이해하기 위해 평범하지만 효과적인 마음읽기를 한다. 심리학자들은 이것을 마음이론theory of mind이라고 부른다.

마음이론은 인간을 분석한다. 구체적으로 말해서 마음이론은 우리가 자기 자신과 다른 사람들에 대해 생각하는 방식을 규정한다. 인간은 다른 사람들이 궁금해 하고, 원하고, 걱정하는 것에 대해 끊임없이 관심을 갖고 염려하는 유일한 존재이다.

놀라운 사실은, 이처럼 엄청난 다양한 이해를, 누군가가 우리에게 일일이 가르쳐준 것도, 기계적으로 배울 수 있는 대본을 준 것도 아니라는 것이다. 우리 모두는 각자 타인이 사회적으로 일하는 방식을 이해하기 위해 사용하는 폭넓은 마음이론을 만들어 낸다. 그리고 사람들의 마음을 읽고 세상을 이해하기 위해 일생 동안 이 이론을 사용한다. 이 책은 아동기에 마음이론이 어떻게 발달하는지, 마음이론이 우리를 한 개인으로 어떻게 정의하고 강조하는지 살펴보는 데 중점을 둔다.

마음이론은 어떻게 시작되는가

내 아들 트레이*가 막 네 살이 지났을 때였다.

트레이는 나에게 "눈 감아"라고 말했다.

"왜?" 내가 물었다.

"난 아빠가 싫어하는 걸 할 거야."

트레이는 마음을 읽기 시작했지만 아직 어려서 아주 조금밖에 이해하지 못했다. 트레이는 자기가 하는 행동을 숨기면 원하는 것을 얻는 데 도움이 된다는 걸 이해했다. 내가 모르면 자기가 하려는 행동을 막지 않을 거라고 생각한 것이다. 그러나 자신의 전략이 성공하려면 내가 계속 몰라야 한다는 다음 단계는 이해하지 못했다.

이처럼 우리는 모든 어린아이에게서 발달의 간헐적인 단계를 본다. 부모는 아이들이 기고, 걷고, 뛰는 단계를 관찰한다. 그리고 아이들이 말하고, 읽고, 쓰는 단계도 본다. 연구원들도 마찬가지로 아이들이 마음을 읽는 방법을 배우는 단계를 관찰한다. 1세 유아의 마음이론 이해는 아동기 내내 신체 능력이나 언어 능력과 함께 발달할 마음이론의 시작을 보여 준다.

트레이가 거의 세 살이 되어 갈 무렵에 우리 가족은 동물원에 갔

---

* 트레이는 가명이다. 나에게는 두 아들이 있다. 아이들의 프라이버시를 위해 트레이의 사례는 두 아이가 겪은 일들을 혼합했다.

다가 마지막으로 선물 가게에 들렀다. 트레이는 진열된 펭귄, 아기 사자, 솜털이 보송보송한 뱀, 기린 같은 인형들에게 푹 빠졌다.

"저거 갖고 싶어." 트레이가 말했다.

"곧 네 생일이잖아. 그때 사 줄게." 우리는 트레이를 달랬다.

생일날 트레이는 새끼 사자 인형이 들어 있는 상자를 열고는 울음을 터뜨렸다. 겨우 진정한 트레이는 "근데, 근데, 난 초록색 털 인형 갖고 싶어"라고 말했다.

트레이는 다시 선물 가게로 가서 초록색 악어를 가리켰다. 그 악어는 "부피"라는 이름을 갖게 되었고 얼마 지나지 않아서 부피 2, 부피 3, 부피 4가 우리 가족이 되었다. 트레이가 자기 입으로 부피가 원하는 것을 말해서 입양한 아이들이었다.

자신이 원하는 것을 이해하고 요구하는 것이 마음이론의 첫 단계이다. 대부분의 부모들은 자녀의 '미운 두 살 시기'를 기억할 것이다. 미운 두 살은 아이들이 자신이 원하는 것과 부모가 원하는 것이 다르다는 것을 인식하고 떼를 쓰고 고집을 피우면서 말로 자기주장을 시작하는 시기이다. 부피가 우리 가족이 된 것도 트레이가 두 살이어서 가능한 일이었다. 그때 트레이가 12개월밖에 안 되었더라면 우리가 선물한 것과는 다른 것을 요구할 수 있다는 것을 이해할 수 없었을 테니까.

다른 사람의 마음읽기

아이들이 자신이 원하는 것과 다른 사람이 원하는 것을 구별하게 되면 사람들이 어떻게 생각하는지 예측할 수 있는 다음 단계가 시작된다. 내 눈을 가리라고 했을 때 트레이는 "아빠가 나를 보고 있으면 내가 아빠가 싫어하는 짓을 한다는 걸 알 거야"라고 생각했을 것이다. 내가 운영하는 미시간 대학 아동연구소에서 트레이에게 이 능력에 대한 기본적인 테스트를 한 적이 있다. 나는 먼저 트레이에게 사탕 그림이 있는 상자와 흰색의 보통 상자 두 개를 보여 주었다. 사탕 그림 상자 안에 뭐가 들어 있을까라고 묻자 트레이는 "사탕!"이라고 대답했다. 트레이가 상자를 열었고 상자 안에는 아무것도 들어 있지 않았다. 그러나 다른 흰색 상자에는 사탕이 가득 들어 있었다. 내가 상자를 다시 닫고 나서 조교 글렌다가 들어왔다. 나는 트레이에게 "글렌다는 사탕을 좋아해"라고 말했다. 글렌다는 내 말에 동의한다는 듯이 힘껏 고개를 끄덕였다. 나는 트레이에게 "글렌다는 어디서 사탕을 찾을까?"라고 물었다.

트레이가 세 살 반일 때 처음 이 실험을 했고 다섯 살 때 다시 이 실험을 했다. 그동안 트레이의 능력은 엄청나게 달라져 있었다. 세 살 반일 때 트레이는 그 나이의 다른 아이들이 그렇듯이 글렌다가 흰색 상자에서 사탕을 찾을 거라고 말했다. 그 상자에 사탕이 들어 있다는 것을 알고 있었기 때문이다.

그 나이의 아이들은 사람들이 원하는 것이 서로 다를 수 있다는 것을 이해한다. 그때부터 미운 두 살 시기가 시작된다. 그러나 그들은 흔히 사람들이 모두 같은 생각을 갖고 있다고 믿는다. 그들은 자신이 사탕이 어디에 있는지 알고 있기 때문에 당연히 글렌다도 알고 있을 거라고 생각한다. 이 나이의 아이들이 부모가 자기 옆에 없어도, 자기가 신발을 어디에 두었는지, 유치원에서 무슨 일이 일어났었는지, 자기가 손을 닦았는지, 언제 그런 일이 일어났는지 알고 있을 것이라고 예측하는 것은 전혀 이상한 일이 아니다.

그렇다면 5세 아이들은 어떨까? 이 아이들 중 80퍼센트는 트레이가 두 번째 실험실에 왔을 때처럼 글렌다가 사탕 그림 상자를 들여다볼 거라고 말한다. 1년 반 동안 생각이 많이 자란 아이들은 글렌다의 생각과 자신의 생각을 구분할 수 있다. 그들은 글렌다가 사탕을 원하면 그녀가 사탕이 있다고 생각하는 곳을 찾아볼 거라고 이해한다. 글렌다의 선택은 실제로 사탕이 있는 곳이 아니라 그녀의 '잘못된 믿음false belief'이 가리키는 상자를 향한다. 글렌다는 사탕을 찾을 수 있는 상자에 대해 잘못된 믿음을 가지고 있었고 5세 아이들은 글렌다의 생각을 따라가서 그녀의 행동을 예측할 수 있었다.

트레이가 똑똑한 걸까? 물론 그렇다. 그러나 이것은 실제로 지구상의 모든 아이들에게서 발달되는 지능이다. 노력하지 않고 습득되는 아이들의 능력이다. 그리고 아이들이 쉽게 이 단계로 발달하는 것은 그 능력이 마음을 읽을 수 있는, 인간의 고유한 기본적인 능력이기 때문이다. 마음이론을 형성하는 과정이 말처럼 순탄한 것만은 아니다. 이러한 마음이론의 복잡성은 우리가 사회적인 사고 작용을 하게 되는 과정을 보여 준다. 마음이론은 결국 우리가 인간으로 성장해 가는 이야기이다.

마음이론이 없으면 우리는 다른 사람과 협력하거나 경쟁할 수 없다. 또한 자신을 이해하거나 친구를 사귈 수 없고, 거짓말을 하고, 남을 속이고, 자신을 가장하고, 로봇과 스마트폰과 관계를 맺을 수 없을 것이다. 우리는 껍데기뿐인 무의미한 삶을 살게 될 것이다. 이 것은 왜 어떤 사람은 무신론자가 되고, 어떤 사람은 소설가가 되고, 어떤 사람은 이야기하기를 좋아하고, 어떤 사람은 공포 영화를 좋아하고, 어떤 사람은 공포 영화를 싫어하는가에 대한 기본적인 설명이 된다.

실수

마음이론을 이해하기 위한 기본적인 전제는 마음이론이 실제가 아니라 이론이라는 점을 이해하는 것이다. 당신은 어떤 일에 대한 모든 정보를 걸러낸 후 현재의 마음이론을 통해 그 일에 대한 가장 좋은 해석을 선택한다. 물론 때로는 그 렌즈가 휘어지거나 손상되어 자신이나 다른 사람에게 틀린 답을 생각해 낼 수도 있다.

네 살짜리 아담이 학습용 물풀을 먹는 모습에서 그 예를 볼 수 있다.

아담	이건 맛이 없어요.
아담의 엄마	그런데 왜 그걸 입에 넣었어?
아담	맛이 있을 거라고 생각했어요.

아담은 물풀을 먹으면 맛있을 거라고 생각했다. 그리고 자기 생각이 틀렸다는 것, 잘못된 믿음을 가지고 있었다는 것을 알았다. 아담이 새롭게 한 생각은 맛있는 걸 먹고 싶으면 물풀을 먹으면 안 된다는 것이었다.

우리 어린 시절의 많은 시간들은 우리가 원하는 것과 원하지 않는 것을 구별해 내고, 우리의 생각이 틀릴 때와 옳을 때를 파악하려는 노력으로 채워진다. 또한 우리는 다른 사람에 대해서도 같은 것을 배운다. 이것은 우리가 어른으로 살아가는 동안 지속되는 학습 과정이다.

당신이 리브 고모에게 준 털이 보송보송한 파란색 모헤어 숄을 생각해 보자. 당신은 그 숄이 리브 고모를 기쁘게 할 거라고 생각해서 선물로 선택했을 것이다. 그러나 선물 상자를 열었을 때 고모의 표정은 고모가 아무리 감추려고 해도 그 선물이 실패라는 걸 분명하게 드러냈다. 그 순간 또다시 당신의 마음이론이 작동했을 것이다. 리브 고모는 왜 그 숄을 좋아하지 않는 걸까? 파란색을 싫어하나? 모헤어 알레르기가 있나? 숄은 나이 든 여자들만 하는 거라고 생각해서 나이 들어 보일까봐 싫어하는 걸까? 당신은 리브 고모를 이해하려고 더 많은 마음이론 정보를 탐색할 것이다.

리브 고모는 마음에 안 드는 선물을 받았고, 글렌다는 맛있는 사탕을 찾지 못했고, 아담은 운 나쁘게 물풀을 먹었다. 마음이론이 틀릴 수 있다는 사실이 인류 비극의 기원이다.

몇 세기 동안 이어져 내려온 《로미오와 줄리엣Romeo and Juliet》은 이런 마음이론 오류를 기반으로 쓰인 비극이다. 이 이야기의 종결부는 치명적인 잘못된 믿음의 예를 보여 준다.

원수지간인 가문에서 태어난 로미오와 줄리엣은 비밀 결혼식을 한 후 서로 싸움을 벌이는 친척들을 피해 도피한다. 로미오는 당장 도망쳐야 하는 상황이지만 다시 돌아와 줄리엣의 탈출을 도울 생각이다. 그러나 로미오가 없는 동안 줄리엣은 위험한 계획을 세운다. 그녀는 며칠 동안 죽은 것처럼 보이게 만드는 강력한 약을 마신다. 가족 지하실에 매장되었다가 나중에 깨어나고, 로미오가 그곳에 와서 그녀를 만나고, 그녀는 로미오와 함께 도피한다. 이것이 줄리엣의 계획이었다. 그러나 로미오는 지하실에서 죽은 것처럼 보이는 줄리엣을 발견한다. 그는 줄리엣이 죽은 것처럼 보이게 하는 약을 마셨다는 사실을 모른다. 로미오는 줄리엣이 없는 삶은 살 수 없기에 절망에 빠져서 자기도 독을 마시고 죽는다. 깨어난 줄리엣은 죽은 로미오를 발견하고 자살하고 만다.

그들의 참혹한 비극은 로미오의 잘못된 믿음, 실수로부터 시작되었다. 이것은 오랜 세월 연극 애호가들이 가슴 아파한 이야기이다. 여기서 흥미로운 것은, 이 연극의 복잡한 내용의 일부가 전개되면 다섯 살밖에 안 된 아이들도 로미오가 잘못된 생각을 바탕으로 행동한다는 것을 이해한다는 사실이다. 이것은 아이들의 마음이론이, 체계적으로 구성되고 지속적으로 활용되는 어른의 마음이론으로 발달하는 첫 단계이다.

그러나 어떤 사람들은 이러한 마음이론을 제대로 발달시키지 못

하기도 한다. 그 결과 그들의 삶은 어린아이나 셰익스피어의 극에서
보여 주는 오류들로 가득 차게 된다.

마음읽기가 없는 삶:
자폐증Autism과 심맹Mindblindedness

템플 그랜딘은 아마도 가장 유명한 고기능 자폐증 환자일 것이
다. 그녀는 콜로라도 주립대학의 동물과학 교수로서 지성과 지위를
갖추고 있지만 자폐증 환자들이 그렇듯이 보통 사람들의 마음이론
을 갖고 있지 않다.

그랜딘을 포함한 자폐증 환자들의 삶을 살펴보면 마음이론과 마
음읽기가 없는 삶이 어떤 것인지 알 수 있다. 그랜딘은 스스로 사람
들의 사회화와 상호작용을 "이해"하지 못한다고 말한다. 그녀는 아
웃사이더로서 마치 퍼즐 조각을 맞추듯이 사람들의 사회 작용을 이
해하려고 노력했다. 1993년 올리버 삭스와의 인터뷰에서 그랜딘은
"나는 항상 내가 화성의 인류학자인 것처럼 느낀다"고 말했다.

삭스와 나눈 대화에서 그랜딘은 최초의 인도적인 소 도축장을 설
계하고 도입한 프로젝트에 대해 설명했다. 처음 그 시설을 세우고 운
영할 때 그랜딘은 세심한 연구와 계획에도 불구하고 거듭 실패에 부
딪혔다. 무엇이 실패의 원인이었을까?

그랜딘은 원인을 찾기 위해 가능한 모든 물리적인 요소를 추적

했다. 그녀는 한 가지씩 원인을 제거했고 마침내 유일한 함수가 존이라는 일꾼이라는 것을 알았다. 그제야 그랜딘은 그 당시 가축산업이 남자들만의 영역이라는 사실을 인식할 수 있었다. 여자로서 사회적인 지위를 가진 그랜딘은 시기와 의심의 대상이었고, 그것은 그녀를 대하는 사람들의 부당한 행동으로 이어졌다. 그랜딘은 이것이 실패의 원인일 거라고는 꿈에도 생각하지 못했다. 그녀는 "남을 의심하는 것을 배워야 했다"고 말했다.

삭스의 말대로 "템플의 천진난만하고 남의 말을 잘 믿는 성향은 처음부터 그녀를 온갖 속임수와 이용의 대상으로 만들었다. 그녀는 사람들의 가식과 위장을 이해하지 못하기 때문에 본성적으로 남에게 속기 쉽다." 자폐증으로 인해 그녀는 다른 사람의 숨은 동기를 파악하거나 그 동기가 자신을 좌절시키려는 의도에서 나온 것이라고 생각하지 못한다. 그랜딘은 《로미오와 줄리엣》도 이해할 수 없다고 말했다. 실제로 그녀는 올리버 삭스에게 "나는 그들이 무슨 일을 하려고 하는 건지 전혀 알 수 없었다"고 말했다.

자폐증 환자들 가운데 성격, 살아온 내력, 능력이 똑같은 사람은 없다. 자폐증은 다양한 증상과 결함을 가지고 있어서 자폐증 스펙트럼에서 각각 다른 지점에 위치한다. 고기능 자폐증 환자들도 정상적이거나 정상 수준 이상의 언어와 지능지수에 도달하기도 한다. 이처럼 자폐증 환자들도 경우에 따라 특정 부문에서 인지능력이 발달하기는 하지만 정상적이고 체계적인 발달은 아니다.

템플 그랜딘의 경우도 마찬가지였다. 그랜딘은 세 살 때 전혀 말을 하지 못했고 그것은 앞으로 그녀의 발달에 심각한 한계가 있을 것에 대한 예후였다. 그랜딘은 학교에 들어가기 전에 뇌 손상 진단을 받고 보호시설에 보내라는 조언을 들었다. 그러나 그랜딘의 엄마는 그 조언을 받아들이지 않았다. 그녀는 템플이 개인적인 언어 치료와 특별한 집중적인 학교 수업을 받게 했다. 그랜딘은 천천히 "밖으로 나왔다emerged". 그녀의 1986년 자서전 제목은 《어느 자폐인 이야기 Emergence: Labeled Autistic》였다. "한 번에 한 개 또는 두 개의 단어가 점차적으로 내게 들어왔다. 그 이전에 나는 소리만 질렀다. 실제로 나는 말을 하지 못했다." 현재 그랜딘은 유창하게 언어를 사용하고 있고 유명한 가축 시설 설계자로 일하고 있다.*

그랜딘의 성취와 성공이 자폐증 환자들 중에서는 이례적인 경우에 속하지만, 사람들을 이해하고 소통하는 데 있어 그녀가 지속적으로 맞닥뜨리게 되는 심각한 문제가 완화된 것은 아니다. 사람들의 세상은 그녀를 끊임없이 혼란스럽게 했다. 정상적인 사람들이라면 노력하지 않고서도 이해할 수 있는 세상의 방식을 그랜딘은 오랜 시간에 걸쳐 힘든 노력을 기울여 배워야 했다. 그랜딘은 스스로 자신에게 없는 마음이론을 보완하는 몇 가지 방법을 고안해 냈다.

영국의 자폐증 전문가 우타 프리스는 이렇게 말한다. "자폐증은 없어지지 않는다. 자폐증 환자는 상당한 수준까지 장애를 보완할 수

---

* 그랜딘의 공식 웹사이트에 따르면 그녀가 설계한 가축 시설이 미국, 캐나다, 유럽, 멕시코, 뉴질랜드, 기타 다른 나라에서 운영되고 있다. 북미에서는 도축된 가축의 거의 절반이 그녀가 설계한 시스템으로 처리된다.

있고 그렇게 하는 경우도 많다. 그러나 그들에게는 여전히 고치거나 대체할 수 없는 지속적인 결함이 남아 있다." 자폐증을 치료하는 방법이나 자폐증이 "성장하면서 없어지는" 경우는 없다는 것이다.

그러나 그랜딘은 "내가 손가락만 까딱하면 자폐증 환자가 아닌 사람이 될 수 있다고 해도 나는 그렇게 하지 않을 것이다. 그것은 내가 아니기 때문이다"라고 말했다. 그러면서도 그랜딘은 자신의 부족한 점에 대해 신랄하게 지적한다.

나는 이웃이나 대학의 사회생활에 적응하지 못한다. 나의 사회적인 만남은 대부분 가축 관계자들과 자폐증에 관심을 갖고 있는 사람들과의 만남이다. 나는 금요일과 토요일은 대부분 논문을 쓰는 데 시간을 보낸다. 나는 사실적인 문제에만 관심이 있고 내가 취미로 읽는 책들은 주로 과학서적과 가축 관련 발행물들이다. 나는 사람들과의 관계를 다루는 소설에는 별로 흥미가 없다.

그녀는 "만일 내가 도전적인 직업을 갖지 않았더라면 내 삶은 비참했을 것이다"라는 말로 결론을 맺는다.

그랜딘이 증명하듯이 마음이론이 없는 삶도 가능하다. 그러나 그랜딘은 다른 사람이 무엇을 생각하고, 원하고, 느끼는지 이해하기 위해 우리가 매일 사용하는 일상적인 마음이론이 발달하지 못한 사람에게 어떤 일이 일어나는가를 잘 보여 준다.

《마음의 심리학》의 내용 소개

마음이론은 유아의 발달 과정 전반에 스며들어 있다. 유아의 마음이론 발달 과정을 살펴보는 것은 어린이(그리고 아기, 유인원, 성인)를 실험실에서 테스트하는 것보다 훨씬 더 중요하고 흥미롭다. 일상적인 마음이론을 형성하는 것은 인간 종의 가장 탁월한 지적 성취이자 위대한 인간본질을 구성하는 요소이다. 어린 시절의 이해력이 성인의 능력으로 성숙하거나 결함으로 남는 과정을 관찰하는 것은 매우 흥미로운 일이다.

《마음의 심리학》은 평범한 어린아이가 체계적이고, 예측 가능하고, 흥미로운 단계를 거쳐 마음을 읽는 방법을 배워 가는 과정을 보여 준다. 이 단계를 제대로 습득하지 못한 어린아이는 장애를 갖게 된다. 즉 사회적인 능력을 획득하고, 일관성 있는 라이프 스토리를 만들어 가고, 드라마와 영화를 즐기고, 독립적인 삶을 살아가는 등 다양한 영역에서 정상적인 기능을 할 수 없는 어른으로 성장한다. 이 단계를 잘 이해하면 인간의 공통적인 본질을 파악하고, 우리의 자녀와 우리의 어린 시절을 이해하고, 다른 사람들을 가르치고 그들로부터 배우고, 세상을 더 잘 살아나가는 방법을 터득하게 된다.

《마음의 심리학》에서 나는 3세 아이가 가식적인 행동을 알아차리는 것과 소설가들이 이야기를 꾸며냄으로써 현실을 창조하는 것 사이의 연관성을 살펴볼 것이다. 그리고 3세 아이의 슈퍼히어로에 대한 이해가 신학자의 신과 내세에 대한 개념과 관계로 어떻게 이어지는지 보여 줄 것이다. 또한 내면적인 감정과 생각에 대한 아이들의 인식이 미운 두 살 시기, 좌절에 대한 아이들의 자발적인 연민, 그리고 결과적으로 성인의 도덕적 추론과 법적 추론으로 이어지는 과정을 추적할 것이다.

그 과정에서 《마음의 심리학》은 거짓말쟁이, 과학자, 귀여운 어린이, 다양한 문화, 평범한 사람들과 비범한 사람들, 아기, 뇌, 침팬지, 개를 소개할 것이다. 이 책은 아이들이 정치가, 과학자, 동료, 사기꾼으로 성장하는 과정에서 마음이론이 어떤 역할을 하고 그들이 어떻게 그 이론을 이용하는지 보여 줄 것이다.

《마음의 심리학》은 우리가 살아가는 세상에 대한 질문을 던진다. 그리고 그 질문에 대한 대답은 어린 시절의 마음읽기에서 찾을 수 있다. 우리는 왜 가십gossip에 마음을 빼앗길까? 우리는 왜 서로 대화를 나누고 심지어 애완동물이나 기기와 대화를 할까? 왜 우리의 미디어, 어린이들을 위한 책, 우리의 자기 이해는 이야기로 가득차 있을까? 왜 내세, 상상의 친구, 신, 인격적인 존재 또는 전지전능한 존재에 대한 믿음이 존재할까?

내가 만난 사람 중에서 사람들에 대한 호기심이 없는 사람은 없었다. 《마음의 심리학》은 그 호기심을 충족시키는 데 큰 도움을 줄 것이다.

2장

마음읽기, 가십, 거짓말쟁이

모든 사회와 문화의 성인들은 가십^{gossip}을 좋아한다. 쇼핑몰이나 지하철, 공항 라운지에서 사람들의 대화를 듣고 조사한 연구원들에 따르면, 가십은 우리가 말하는 시간의 약 65퍼센트를 차지한다고 한다. 이 수치는 말하는 사람의 연령이나 성별과 상관없이 해당된다.

　　물론 그렇지 않은 사람도 있다. 템플 그랜딘은 사람들의 잡담이 그녀를 지루하게 한다고 말한다. 십대 소녀였을 때 그랜딘은 옷이나 남자친구, 누가 누구에게 한 얘기를 주제로 대화를 나누는 또래 여자 아이들과의 관계를 무의미하게 느꼈다. 그랜딘은 "나는 내 또래 여자아이들이 쓸데없는 이야기에 몇 시간씩 허비하는 이유를 이해할 수 없었다"고 말했다.

　　그러나 우리에게는 가십이 매우 흥미로운 주제이다. 과학자들이 그 이유를 연구할 정도로.

가십: 영장류의 DNA를 탓할 수 있을까?

비교 인류학자 로빈 던바는 《그루밍, 가십, 그리고 언어의 진화 Grooming, Gossip, and the Evolution of Language》에서 가십이 영장류의 유산에 뿌리를 내리고 있으며 인간은 가십에 뛰어난 영장류라고 주장한다.

우리는 흔히 가십을 사실이 아니거나 근거 없는 험담 정도로 치부한다. 그러나 가십은 본질적으로 어떤 사람에 대해 그가 선하거나 악하거나, 진실하거나 기만적이라는 사실을 보여 주는 이야기이다. 가십이 우리의 흥미를 끄는 부분적인 이유는 가십이 우리가 개인적으로 알 수 있는 것보다 훨씬 더 많은 사람들의 내면적인 문제를 알려주는 거대한 무대를 제공하기 때문이다.

미국 출판계는 가십의 오랜 역사를 가지고 있다. 루엘라 파슨스와 헤다 호퍼는 1930년대, 1940년대, 1950년대 할리우드 스타들의 가십을 다루는, 전국적으로 판매되는 신문 칼럼을 발행했다. 앤 랜더스, 캐롤린 핵스, 아비가일 반부렌의 상담란은 일반 사람들에 관한 가십을 다룬다. 우리가 이런 글을 읽는 이유는 그들의 조언이 우리에게 해당되지 않는 경우에도 다른 사람들의 살아가는 모습과 그들의 딜레마를 들여다볼 수 있게 해 주기 때문이다.

주로 가십을 다루는 〈피플People〉은 이런 출판물이 발전해서 만들어진 잡지다. 〈피플〉은 미국에서 가장 인기 있는 잡지에 속한다. 2017년 〈피플〉은 판매 부수 9위를 차지했다. 그 당시 〈AAPR〉은 1위였고 〈스포츠 일러스트레이티드Sports Illustrated〉는 12위였다.

〈피플〉은 "세 가지 진실과 한 가지 거짓말3 Truths and 1 Lie" 같은 짧은 글 이외에도 인용문을 포함한 긴 글을 싣는다. 최근의 에바 롱고리아와의 인터뷰는 다음과 같은 내용을 담고 있다.

나는 운 좋게도 어릴 때 "자원봉사자"라는 단어를 알았다. 이 단어는 우리 가족의 삶에 깊이 스며들었다. 나는 에바 롱고리아 재단을 통해 교육에 집중하고 싶었다. 그래서 미국에서 교육적으로 가장 큰 차별을 당하고 있는 사람들을 조사했고, 그들은 다름 아닌 라틴계 사람들이라는 것을 알았다. 그리고 "나는 라틴계 여성이고 우리 공동체는 도움이 필요하다"라고 생각했다.

〈피플〉은 에바의 이야기만 단독으로 싣지 않고 도널드와 멜라니아 카다시안 패밀리와 더불어 에바에 관한 가십을 전했다. 우리는 이런 가십을 통해 그들의 마음, 생각, 희망, 절망, 꿈을 들여다볼 수 있다(그들에 대한 추측일 수도 있지만).

〈피플〉의 독자는 주로 여성이지만 여성들만 가십을 듣고 다른 사람들에게 전파하는 것은 아니다. 나는 스포츠 마니아와 (주로) 남성들을 대상으로 하는 가십 잡지인 〈스포츠 일러스트레이티드Sports Illustrated〉를 구독하고 있다.

이 잡지의 기사 가운데 게임, 시즌, 기록만 다룬 이야기는 거의 없다. 이 잡지는 박스 스코어나 부상자 명단만 추적하지 않는다. 기사는 스포츠 선수, 매니저, 코치, 팀이 승리와 패배, 부상을 어떻게 다루는가에 초점을 맞춘다. 이러한 접근은 해당 스포츠 관계자들의 삶과 생각, 직업 세계로 뛰어들 수 있는 단초를 제공한다.

슈퍼볼 50 기사는 이 점을 가장 확실하게 보여 준다. 덴버 브롱코스의 우승은 페이튼 매닝의 마지막 득점 때문이었을까? 그들의 우승은 매닝의 능력을 입증했을까? 그것은 감격적인 시즌 우승이나 명예의 전당의 마지막 장이었을까?

이 기사는 서른아홉이라는 나이에 이전과는 전혀 다른 적대적인 시스템에서 새롭게 쿼터백으로 출발한 매닝의 파란만장한 이야기를 추적하고 있다. 기사는 매닝의 시즌 최악의 출발(9경기에서 17번의 인터셉션과 9번의 터치다운), 후보 선수 대기(그의 프로 선수 경력에서 첫 번째 사례), 부상(길고 잦은 부상 기록에서 마지막 부상), 부활, 슈퍼볼 우승으로 정점을 찍은 팀의 최종 연승을 담고 있다.

매닝을 기용한 브롱코스 단장 존 얼웨이의 결단 또한 중요한 부분을 차지한다. 매닝과 얼웨이의 특별한 관계 배경도 빼놓을 수 없다. 이 기사는 상당히 폭넓고 매우 멋진 형태의 가십이다.

가십이 가능한 것은 마음이론이 있기 때문이다. 가십은 사람들과의 대화 같은 사회적인 행위 이상의 의미를 가지고 있다. 가십은 사회적 인식이다. 우리는 가십을 통해 사람들의 의도, 특성, 취향, 믿음, 선의의 행동, 악한 행동에 대해 알 수 있다. 대화를 통한 직접적인 가십과 미디어를 통한 간접적인 가십 모두 사람들의 행동, 삶, 생각에 대한 우리의 사고방식을 반영한다. 또한 가십은 마음이론이 작용하는 방식을 명확하게 드러낸다. 가십은 우리의 '생각—바람think—want'에 대한 이해를 통해 만들어진다.

우리는 어릴 때부터 사람들을 대하면서 그가 왜 그런 사람인지, 왜 그 일을 하고 있는지 알고 싶어 한다. 이것은 그들의 생각, 바람, 의도, 감정을 파악하려는 노력으로 나타난다. 우리는 그 정보를 마음이론, 즉 사람들의 모든 부분을 이해하는 데 필요한 틀로 만든다.

우리가 일상적으로 사람들을 이해하는 방식은 그들의 생각, 바람, 행동의 세 가지 범주를 중심으로 구성된다. 우리는 사람들의 생각과 바람이 그들의 행동을 유발한다고 믿는다. 에바 롱고리아의 말을 인용해 보자. "나는 교육에 집중하길 원했다… '나는 라틴계 여성이고 우리 공동체는 도움이 필요하다'고 생각했다." 그녀는 자신의 생각과 바람을 바탕으로 "라틴계 여성들이 교육을 통해 삶을 향상시키도록 돕는" 에바 롱고리아 재단을 설립하기 위해 행동했다.

비슷한 예로, 존 얼웨이는 마흔이 다 된 나이에 또 한 번 슈퍼볼 우승에 도전하려고 생각했다. 그는 덴버 브롱코스와 매닝을 위해 우승하기를 바랐다. 얼웨이는 어떻게 행동했을까? 그는 페이튼 매닝을 덴버 브롱코스에 영입했다.

전문가가 아닌 보통 사람들을 위한 일상의 심리학

사람들의 행동 방식을 이해하는 기본 이론은 우리의 사회적인 관계와 가십 같은 것들로부터 발전된다. 이 이론은 정규 교육을 통해 습득되는 것이 아니기 때문에 에고^{egos}, 이드^{ids}, 심리치료^{therapy}, 정신질환, 뇌, 호르몬을 포함하지 않는다. 또한 이 이론은 일상적이고 상식적인 것이어서 일상심리학everyday psychology 또는 직관심리학intuitive psychology으로 불리기도 한다.

일상적인 생각—바람think—want의 심리학에서, 생각과 바람은 하위 유형과 부제를 포함하는 기본 범주가 된다.

생각에 포함되는 것	바람에 포함되는 것
아이디어	취향
지식	희망
확신	동기
추측	성향
신념	욕망
궁금증	의무

우리는 경험을 통해 생각과 바람, 행동을 아무리 확장한다고 해도 그것만으로는 세상에서 일어나는 모든 일을 설명할 수 없다는 것을 알고 있다. 생각과 바람을 유발하는 것은 감정, 충동, 지각이고, 행동의 결과로 따라오는 것은 반응이다. 우리는 이처럼 많은 부분들로부터 마음이론, 즉 사회가 작용하는 방식에 대한 자신의 개인적인 설명을 만들어 낸다(**그림 2.1**).

그림 2.2는 이 이론이 로미오에게 어떻게 적용될 수 있는지 보여준다. 로미오는 줄리엣을 사랑하기 때문에 그녀와 함께 있고 싶어한다. 그는 자기 가문과 캐퓰릿 가문의 갈등을 보아 왔기 때문에 그의 가족이 줄리엣과의 결혼을 극심하게 반대하리라는 것을 알고 있다.

그래서 그는 줄리엣과 비밀 결혼을 한다. 로미오는 줄리엣과 함께 있을 때 말할 수 없이 행복하다. 그러나 줄리엣과 어쩔 수 없이 헤어져야 할 때 그는 매우 불행하다.

그림 2.1 인간의 행동과 동기를 이해하기 위해 사용하는 개념과 관계도

우리는 또한 이 프레임워크에 의해 사람들의 행동을 설명하고 예측할 수 있다. 사건을 설명하려면 오른쪽에서 왼쪽으로 이동하고, 사건을 예측하려면 왼쪽에서 오른쪽으로 이동하면 된다.

• 설명 • 로미오는 왜 줄리엣과 함께 있기 원할까? 그는 줄리엣을 사랑한다. 로미오는 왜 줄리엣과 비밀 결혼을 할까? 그는 자기 가문과 캐풀릿 가문의 갈등을 보아 왔기 때문에 그의 가족이 줄리엣과의 결혼을 극심하게 반대하리라는 것을 알고 있다.

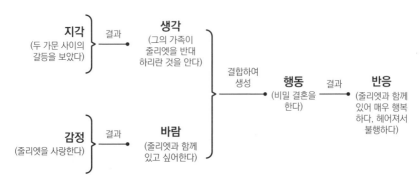

로미오

그림 2.2 그림 2.1에 나타난 행동과 심리상태의 관계도를 로미오에게 적용한 것

• 예측 • 로미오와 줄리엣이 결혼식을 올릴 때 로미오가 어떤 감정을 느낄 것이라 예상하는가? 그는 너무 행복해서 황홀할 것이다. 줄리엣과 어쩔 수 없이 헤어져야 할 때 로미오가 어떤 감정을 느끼리라 예상하는가? 그는 매우 불행할 것이다.

감정과 심리 상태는 욕망을 부추긴다. 지각과 경험은 생각을 바탕으로 축적된다. 행동은 추가적인 반응을 일으키는 결과를 낳는다. 이것이 우리가 사람들의 행동을 이해하는 방식이고 사회를 이해하는 견고한 프레임워크의 기초이다. 우리는 사회 활동을 하면서 반복적으로, 흔히 무의식적으로 이 프레임워크를 사용한다. 이 과정을 이해하기 때문에 《로미오와 줄리엣》, 가십, 의도, 행동, 감정, 생각, 욕망을 이해할 수 있다. 또한 이 프레임워크를 통해 사람들의 마음을 읽을 수 있다.

우리는 마음이론을 사용해 많은 경우에 정확한 예측과 설명을 할 수 있다. 그러나 때로는 줄리엣이 죽었다고 생각한 로미오처럼 상황을 잘못 이해하기도 한다. 우리의 설명과 예측이 항상 정확하다고 생각하면 마음이 편할 것이다. 그런 생각은 우리에게 안정감을 주고 애초에 마음이론을 만들었던 이유를 정당화하기 때문이다.

그러나 과학자들은 우리의 설명과 예측의 매우 취약한 부분을 발견했다. 그것은 의외로 우리가 정확하게 설명하고 예측하기 원하면서 동시에 정확했다고 생각하던 부분이었다. 연구 결과를 보면 전반적으로 모든 사람들이 예외 없이 거짓말하는 사람을 탐지하는 데 매우 서툴다는 것을 알 수 있다. 마음이론은 때로는 설득력 있는 예측과 설명을 제공하지만 때로는 잘못된 판단을 하도록 유도한다. 그리고 두 가지 경우 모두 마음이론이 큰 영향력을 발휘한다는 것을 보여 준다.

거짓말, 치명적인 거짓말, 속임수

2003년 2월 5일, 콜린 파월은 사담 후세인과 이라크에 대한 군사행동을 지지하기 위해 유엔안전보장이사회 본회의에 참석했다. 파월은 "사담 후세인이 생화학 무기와, 방대한 양의 무기를 생산할 수 있는 능력을 보유하고 있다는 것은 의심할 여지가 없다"고 말했다.

그는 덧붙여서 사담이 핵무기를 확보하기 위해 움직이고 있다는 것에 대해 그의 마음에 한 점의 "의심"도 없다고 말했다. 사담이 나이지리아로부터 핵무기 제조에 사용되는 산화 우라늄의 일종인 다량의 "우라늄염"을 구하고 있다는 것이었다. 파월은 이라크가 이미 "대량 살상무기WMDs"를 보유하고 있고 더 많은 양을 확보하기 위해 노력하고 있다고 말했다.

파월의 연설은 그가 가진 배경과 업적, 지위로 인해 강력한 영향력을 가지고 있었다. 62세의 파월은 4성 장군의 당당한 위엄을 보였다. 그는 조지 부시 대통령 집권 당시 미국 최연소 합동참모본부 의장이었고 걸프전과 첫 번째 이라크 침공을 이끈 장본인이었다. 부시 정부의 국무장관으로서 국제연합에 참가했을 때 파월은 부시 내각의 온건한 입장을 표명했다. 파월의 군사적 식견과 공인된 군사적 "현실주의자"로서의 전문지식은 그의 이미지를 더 빛나게 했다. 파월은 그야말로 최고의 신뢰를 얻고 있었다.

그러나 파월이 유엔에서 한 연설, 결과적으로 미국 국민들에게 한 연설의 많은 부분은 사실이 아니었다. 많은 오류 중 하나는 이라크에는 비축된 WMD가 없었고 이라크가 우라늄염을 확보하려는 노력을 하지 않았다는 사실이었다.

파월은 2차 걸프전을 수행하기 위해 "유지연합coalition of the willing"을 형성한 사람들과 사건의 소용돌이에 휘말렸다. 유지연합의 주요 인물은 부시 대통령, 체니 부통령, 부시의 국방장관 도널드 럼스펠드 등이었다. 돌이켜보면 기만, 거짓말, 가짜 정보가 넘쳐 났던 게 분명하다. 지금까지 사람들은 아직도 계속되고 있는 중동지역의 무력

충돌을 야기한 주요 인물들의 정보, 무지, 역할, 동기에 대해 논란을 벌이고 있다. 파월의 오랜 비서실장이었던 로렌스 윌커슨은 후에 자신도 모르는 사이에 미국인들을 기만하는 일에 참여했다는 것을 인정했다.

전쟁을 유발한 잘못된 정보의 많은 사례가 밝혀지자 상원위원회가 조사에 착수했다. 그들의 보고서는 파월의 UN 연설에 대해 국무부에서의 치열하게 막후 토론을 벌였던 정황을 상세히 열거했다.

국무부 분석가들은 파월의 연설이 있기 이전에 연설문에서 우라늄염을 포함한 많은 오류를 발견했다. 그러나 그중에서 정정된 것은 일부분뿐이었다. 나중에 파월도 자신이 유엔에 부정확한 사례를 제시했다는 점을 시인했다. 그는 자신이 진술한 정보의 일부는 "고의적으로 호도한 것"이라고 말했다.

우라늄염 이외의 나머지 허위 진술은 파월 참모진의 오류였거나 아니면 파월이 알면서도 의도적으로 포함시킨 내용이었을 것이다. 파월의 UN 연설이 있기 전인 1989년 8월, 〈퍼레이드 잡지Parade Magazine〉는 콜린 파월의 "13가지 리더십의 원칙13 Rules of Leadership"을 실었다. 그중에서 파월의 6번째 원칙은 "올바른 결정을 내리는 데 불리한 사실들이 방해하지 않도록 하라"였다.

나는 개인적으로 콜린 파월이 속인 것이 아니라 속았다고 생각한다. 그러나 진실이 무엇이든, 근본적으로 중요한 사실은 미국과 해외의 언론인, 역사가, 정치가, 그 이외에도 많은 사람들이 사건에 관련된 인물들의 의도, 지식, 무지, 욕망, 의혹, 희망, 열망, 감정을 판단하기 위해 많은 시간과 노력을 들였다는 것이다. 파월, 부시, 체니를 포함한 관련 인물들에 대한 우리의 생각은, 우리 삶에 있어 끈질기게 지속적이며 피할 수 없는 한 측면을 보여 준다. 그것은 우리가 사람들의 내적인 정신 상태에 근거해 그들을 이해해야 한다는 것과 우리가 그들의 생각을 알기 원한다는 것이다.

"끈질기고, 지속적이고, 피할 수 없는"이라는 표현은 결코 과장이 아니다. 오히려 이 단어는 우리의 사고 작용이 얼마나 중요한가를 충분히 표현할 수 없다. 우리의 일상적인 순간들의 많은 부분은 콜린 파월의 의도, 사전 지식, 믿음, 결정 같은 문제를 생각하는 데 사용된다.

파월의 경우 배경이 어떤 것이었든지 그가 거짓말을, 그것도 여러 번 했다는 것은 분명한 사실이다. 파월이 우리에게 거짓 정보를 제공했다고 의심하는 이유는 그가 그런 거짓말들을 알아차리지 못했다고 믿을 수 없기 때문이다. 그는 오랫동안 다른 사람들의 생각을 읽고 판단하고, 군사 정보와 정보 제공자들을 평가하는 경험을 했다. 그는 풍부한 군사 지식과 정치적인 상식을 가지고 있었다. 그렇기 때문에 누구보다 거짓말을 잘 탐지할 수 있었을 것이다. 그럼에도 불구하고 파월은 그가 속아 넘어갔을 정도로 거짓말을 탐지하지 못했다. 그리고 우리는 그에게 속아 넘어갔을 정도로 거짓말을 탐지하지 못했다.

그 이유가 무엇일까?

거짓말을 알아차리는 방법

어른들은 자주 누가 거짓말을 하고 있는지 판단한다. 그리고 관련된 연구를 보면 우리가 그 판단에 대해 자신감을 가지고 있다는 것을 알 수 있다. 우리는 거짓말이 남을 속이려는 의도라는 것을 알고 있고 일생 동안 거짓말에 속지 않으려고 노력한다. 그러나 이상하게도 우리는 이런 노력에 숙달되지 않는다. 많은 경험을 하지만 전문가가 되지 못한다.

대부분의 사람들은 거짓말 탐지에 대한 한 가지 마음이론을 가지고 있다. 그것은 거짓말은 거짓말하는 사람을 혼란스럽게 만든다는 것이다. ('내 거짓말이 들킬지도 모른다. 내가 만들어 낸 이야기를 고수하려면 주의해야 해.') 거짓말은 거짓말하는 사람을 긴장하게 만들고, 긴장감은 그를 안절부절못하게 하고, 땀을 흘리게 하고, 초조하고 불안하게 하고, 다른 사람과 눈을 마주치지 못하게 만든다. 관련 연구를 보면 실제로 모든 사람들이 이런 이론을 믿는다는 것을 알 수 있다. 그러나 이것은 잘못된 이론이다.

자주 사용되는 연구 방법으로, 사람들이 자신이 본 사건에 대해 이야기하는 영상을 찍는 방법이 있다.

이 실험에서 연구원들은 어떤 사람에게는 자신이 본 사건을 사실대로 묘사하게 하고, 어떤 사람에게는 그 사건을 거짓으로 묘사하게 한다. 그런 다음 그 영상을 다른 사람들에게 보여주고 영상 속에 나오는 사람이 거짓말을 하고 있는지 사실을 이야기하는지를 판단하게 한다.

이 실험에서 참 거짓을 평가하는 사람들은 대체로 거짓말하는 사람들을 구분하는 데 자신감을 가지고 있었다. 그들은 거짓말하는 사람들은 시선을 피하고, 안절부절못하고, 초조해 한다고 말한다.

전 세계의 거짓말 평가자들은 이런 행동들이 거짓말하는 사람들을 가려내는 표지라고 생각한다. 심리학과 통계학 분야의 책들을 펴낸 텍사스 크리스처대학교의 사회심리학자 찰스 본드는 58개 국가의 사람들 중 51퍼센트가 거짓말과 시선을 피하는 행동을 연관 짓는다고 말한다. 또한 사람들은 목소리가 높아지고, 말실수를 하는 것뿐 아니라 몸동작이 많아지고, 안절부절못하고, 자세를 바꾸는 것을 그 사람이 거짓말을 하고 있다는 증거로 생각한다고 한다. 사람들은 이것이 피노키오의 코처럼 거짓말을 하고 있다는 분명한 증거라고 믿는다는 것이다.

그러나 우리의 확신에도 불구하고 많은 연구들은 우리가 거짓말이나 거짓말하는 사람을 파악하는 데 매우 무능하다는 것을 보여준다. 어떤 연구는 영상을 이용했고, 어떤 연구는 직접대면 방식을 이용했고, 어떤 연구는 평범한 대학생들을 테스트했고, 어떤 연구는 경찰관이나 취조관 같은 "전문가"를 테스트했다. 모든 연구에서 실험 참가자들은 거짓말하는 사람과 사실대로 말하는 사람을 구분하는 데 완전히 실패했다.

20년 넘게 사기deception를 연구해 온 이탈리아의 과학자 벨라 드 파울로는 찰스 본드와 함께 이러한 모든 데이터를 종합해서 '메타 분석meta—analysis'으로 불리는 거대연구megastudy를 만들었다. 수많은 연구를 종합한 결과, 거짓말하는 사람을 정확하게 파악한 사람은 평균적으로 54퍼센트 정도였다. 그들의 판단은 무작위적인 추측에 의한 판단보다 약간 높은 수준이었다. 직업상 평소에 거짓말을 탐지하는 일을 하는 경찰관 같은 전문가들도 전혀 훈련을 받지 않은 20대보다 높은 성과를 나타내지 못했다.

거짓말하는 사람들의 태도에 대해 우리가 가지고 있는 공통된 개념에 비춰 보면 이 결과가 의심스럽게 보일 수도 있다. 이 결과는 실제적인 삶과 동떨어진 것이어서 잘못된 정보일지도 모른다. 아니면 이 연구를 중요하지 않게 생각한 평가자들이 건성으로 판단했을 수도 있다.

폴 에크만과 그의 동료들은 이것을 증명하기 위한 연구를 진행했다. 에크만은 샌프란시스코에 있는 캘리포니아 의과대학의 명예교수로서 해당 분야에서 40년간 연구를 계속해 온 사람으로 지명도가 높은 사람이다. 그는 "거짓말 탐지" 분야의 조력자로서도 경찰, FBI, 첩보기관 사이에서도 유명하다.

연구 초기에 에크만은 간호학과 학생들을 대상으로 연구를 진행했다. 에크만은 특정한 상황을 설정하고 학생들에게 다음과 같이 지시했다. 그는 자신이 실제로 느끼는 감정과 믿음을 숨기기 힘들지만 어쩔 수 없이 숨겨야 하는 상황을 설정했다.

당신이 응급실에서 일하고 있을 때 한 엄마가 심하게 다친 아이를 데리고 뛰어 들어온다면, 당신은 그 아이가 매우 심각한 상태이고 생존할 가망이 거의 없다는 사실을 알면서도 절망감을 드러낼 수 없을 것이다. 당신은 자신의 감정을 감추고 의사가 올 때까지 그 엄마를 진정시켜야 한다. 이 실험은 당신에게 간호사로서의 자신의 능력을 테스트하고 평가할 수 있는 기회를 제공할 것이다.

먼저 당신은 아름다운 바다 풍경이 나오는 기분 좋은 영상을 볼 것이다. 당신은 그 영상을 보면서 영상을 볼 수 없는 인터뷰 진행자에게 당신의 느낌을 솔직하게 표현해야 한다. 그런 다음 당신이 몇 년 동안 환자들을 간호하면서 목격했던 장면 중에서 가장 끔찍했던 몇몇 장면들을 보게 될 것이다. 당신은 이 장면을 보면서 자신의 진짜 감정을 숨기고 인터뷰 진행자가 당신이 기분 좋은 영상을 보고 있다고 믿게 만들어야 한다. 예를 들면 당신이 골든 스테이트 파크의 예쁜 꽃들을 보고 있다고 말할 수 있을 정도로…. 최선을 다해서 그것을 믿게 만들어야 한다.

학생들에게 보여 준 영상은 심한 고통으로 신음하는 화상 환자가 피투성이가 된 채 절단 수술을 받는 끔찍한 장면이었다. 에크만은 그 영상이 "우리가 찾아낼 수 있는 가장 처참한 영상"이었다고 말했다.

영상을 본 간호학과 학생들은 수련을 시작한 지 얼마 되지 않았기 때문에 끔찍한 사건을 접한 경험이 거의 없고 거짓말을 하는 데도 서툴다. 이런 조건 때문에 거짓말 탐지자들이 쉽게 거짓말을 판별할 수 있을 거라고 생각할 수 있다. 그러나 학생들은 이 수련 과정을 성공적으로 수행하겠다는 동기를 가지고 있었고, 이 실험은 그들의 수련과 관련된 경험이었다. 그들은 비록 연기를 하고 있었지만 자신의 이 행동이 실제 어떤 결과를 가져올지 확신하는 연기를 하고 있었다. 한마디로 이 실험은 그들에게 타당성 있고 설득력 있는 실험이었다.

몇몇 학생들은 거짓말이 너무 서툴러 금방 탄로가 났지만 대부분의 학생들은 거짓말 판별자들을 속일 수 있었다. 판별자들은 설정된 상황을 전혀 몰랐고 단지 학생들이 영상을 정직하게 묘사하는지 거짓으로 묘사하는지 판단하라는 요청을 받았을 뿐이었다. 관찰자들 중에서 무작위로 판단한 사람들보다 높은 확률로 거짓말을 파악한 사람은 거의 없었다.

또 다른 판별자 그룹에게는 더 많은 의심을 하게 하는 상황이 설정되었다. 그들에게는 학생들이 영상에서 볼 두 가지 시나리오에 대해서만 알려주고 학생들이 그 중 어떤 영상을 볼지는 알려주지 않았다. "의심하는" 관찰자들은 정보를 모르는 판별자들과 마찬가지로 거짓말을 잘 판별하지 못했다.

콜린 파월이 UN 연설을 하기 전에 다른 사람들에게 속았다고 가정한다면 파월만 비난할 이유는 없을 것이다. 우리는 평범한 사건을 접할 때 의심할 만한 이유가 있는 데도 거짓말을 잘 파악하지 못한다.

왜 그럴까? 우리는 많은 거짓말을 읽고 거짓말을 하는 경험을 한다. 마음을 읽고 정확하게 파악하는 일이 우리의 사회적인 인간관계의 많은 부분을 차지한다. 그런데도 우리는 거짓말을 제대로 판별하지 못한다. 왜 그럴까?

그 이유는 거짓말에 대한 사람들의 마음이론, 특히 거짓말이 그 사람의 행동에 미치는 영향은 이러할 것이다라는 잘못된 확신 때문이다. 많은 사람들이 믿는 것처럼 거짓말하는 사람이 모두 시선을 회피하고 안절부절못하는 것은 아니다. 그런데도 놀랍게도 많은 사람들이 이러한 잘못된 믿음을 가지고 있고, 이것은 마음이론의 중요한 특징을 강화시킨다. 그러나 이것은 사실이 아니라 이론이다. 우리는 체계적으로 이해할 수 있는 사실, 관찰, 가설, 아이디어를 조합해서 이론을 만든다. 그러나 때로는 우리가 완성한 그림이 잘못된 것일 때도 있다.

과학자들은 거짓말하는 사람과 진실을 말하는 사람이 실제로 어떻게 행동하는지 관찰하기 위해 영상을 재분석했다. 요점은 전 세계의 많은 사람들이 거짓말할 때 나타나는 두 가지 행동으로 지적하는, 시선을 회피하고 안절부절못하는 태도로 거짓말하는 사람과 진실을 말하는 사람을 구별할 수 없다는 것이다.

벨라 드파울로와 그녀의 동료들은 다른 메타 분석을 사용해서 이 결과를 검증했다. 수천 명의 성인들이 참가한 100가지 연구에서 시선 회피로는 거짓말을 예측하지 못했고, 안절부절못하는 태도나 얼굴이 붉어지거나 말을 더듬는 행동 역시도 거짓말을 예측하는데 도움이 못 됐다.

이러한 연구 결과에도 불구하고, 훈련과 경험을 쌓은 사람들조차 거짓말할 때의 행동에 대한 고정관념을 갖고 있다. 경찰들은 흔히 용의자들이 거짓말을 할 때 경찰관의 눈을 똑바로 쳐다보지 못하고, 시선을 옮기고, 손가락을 까딱거리고, 답변을 머뭇거리고, 심문이 진행될수록 점점 더 초조해한다고 말한다. 프로이트는 거짓말하는 사람은 "손가락 끝을 마주친다. 그의 온몸이 거짓말을 하고 있다는 것을 드러낸다"고 했다.

그러나 연구 결과 진실을 말하는 사람들도 이런 행동을 하는 것으로 드러났다. 진실을 말하는 사람들도 경찰과 눈이 마주치는 것을 피하고(반항하는 것처럼 보이지 않으려고), 시선을 옮기고(예를 들면 그들이 어디에 있었고 무엇을 하고 있었는지 기억해 내려고 할 때 빈 공간을 응시한다), 초조해한다(사건과 관련이 없지만 경찰이 자신을 의심할 수 있다—실제로 의심한다!—고 생각하기 때문에).

오랫동안 NBC '나이틀리 뉴스Nightly News'의 앵커이자 '투데이 쇼Today Show'의 인터뷰 진행자로 일한 톰 브로코는 떳떳하지 못한 진실을 숨기는 사람들을 면밀하게 관찰해 왔다. "나는 대부분의 단서를 사람들의 몸이 아닌 그들의 말에서 얻는다. 누군가가 거짓말을 하고 있다는 증거를 찾을 때 그 사람의 얼굴을 보지 않는다. 내가 관찰하는 것은 앞뒤가 맞지 않는 답변이나 교묘한 회피다."

그러나 이처럼 고도로 훈련된 분석가이자 인터뷰 진행자도 틀릴 때가 있다. 연구 결과를 보면 거짓말을 할 때 돌려서 말하거나 하는 것보다 더 많은 정보를 흘리는 사람들도 있지만, 얼버무리지 않고 일사천리로 말하는 사람들도 많다는 것을 알 수 있다. 반대로 진실을 말하는 사람들이 우회적이며 장황하게 말하는 경우도 많다. 이것은 단지 사람마다 말하는 방식의 차이일 뿐이다.

요약하면, 우리가 믿고 있는 것과는 달리 거짓말하는 사람의 태도를 파악할 수 있는 단서는 거짓말을 하지 않는 사람에게도 적용된다. 많은 사람들이 거짓말에 대해 오랫동안 관심을 가져왔지만, 대부분의 사람들이 거짓말에 대해 갖고 있는 이론은 틀린 이론이다(**사이드바 2.1**).

여기서 분명한 것은 우리의 마음이론이 우리를 배반할 수 있다는 것이다. 우리는 잘못된 믿음을 바탕으로 그 믿음에 따라 행동할 수 있다. 이보다 덜 명확하기는 하지만, 우리는 다른 사람들의 정신적인 작용을 이해하려는 강한 욕망을 가지고 있고, 이론 없이 사람들을 대하기보다는 비록 틀린 이론이라고 해도 그들에 대한 이론을 만들어 내고 그 이론을 바탕으로 행동하려는 성향을 가지고 있다.

사이드바 2.1 엉뚱한 곳에서 거짓말 찾기

거짓말은 아무도 탐지할 수 없을까?

오랫동안 사용되어 온 "거짓말탐지기"는 거짓말을 탐지할 수 없다. 거짓말탐지기 테스트는 실험 대상자들에게 호흡, 심장 박동, 피부 저항 같은 반응을 기록하는 전극을 연결하고 몇 가지 질문을 하는 방식으로 진행된다. 거짓말탐지기는 흥분상태의 변화를 측정하지만 거짓말을 하는 사람들은 대부분 흥분하지 않는다. 반대로 결백한 사람들이 불쾌한 상황에 노출되거나 의혹을 받는 것처럼 느껴지는 표적 질문을 받을 때 불안감을 느끼고 흥분할 수 있다.

간호학과 학생들을 대상으로 연구를 실행한 폴 에크만은 거짓말을 탐지할 수 있고 다른 사람들도 거짓말을 탐지하도록 훈련시킬 수 있다고 주장한다. 그는 거짓말탐지의 핵심은 몸짓 언어, 목소리의 톤, 결정적으로 얼굴 근육에서 순간적으로 지나가는 "미세한 표정"에 의해 표현되는 감정을 면밀하고 숙련된 방법으로 분석하는 것이라고 말한다. 에크만은 인간의 얼굴 표정을 분석하는 기법 연구자로 잘 알려져 있다. 에크만과 그의 동료들은 집중적인 조사를 통해, 우리의 감정을 표현하는 모든 관찰 가능한 움직임을 나타내는 얼굴 움직임 부호화 시스템FACS, Facial Action Coding System을 만들었다. 미세한 표정에 관한 에크만의 연구는 말콤 글래드웰의《블링크Blink》에서 주목을 받았다. 에크만은 TV 드라마 '내게 거짓말을 해봐Lie to Me'에서 자문 역할을 맡기도 했다. 또한 에크만은 순간적으로 지나가는 감정을 분석하기 위해 FACS를 사용하는 방법을 알려주는 METT Micro—Expressions Training Tool, 미세표정 트레이닝 툴를 개발했다. 에크만은 법적인 문제에서 진실을 가려낼 때 METT가 정확성을 높여줄 수 있다고 주장한다.

감정에 관한 에크만의 연구는 높이 평가되지만, 거짓말탐지에 관한 그의 주장은 논란의 여지가 많다.

METT에 관한 에크만의 주장은 부분적으로 "진실 마법사truth wizards"연구에서 비롯된 것이다. 진실 마법사는 거짓말을 탐지할 때 항상 무작위적인 확률보다 높은 확률을 나타낸다. 마법사 프로젝트는 20,000명의 참가자를 대상으로 시작되었는데 그중에서 훈련을 받지 않고 지속적으로 거짓말을 탐지할 수 있는 사람은 겨우 50명뿐이었다. 이 비율은 무작위적인 확률을 압도하기엔 너무 적은 숫자다.

벨라 디파울로와 그녀의 동료들의 메타 분석에서 본 것처럼, 훈련된 전문가들도 거짓말을 탐지하지 못한다는 사실을 보여 주는 방대한 데이터와 위의 확률을 비교하면 이해가 될 것이다.

결론적으로 '거짓말하는 사람을 탐지할 수 있는가'라는 질문에 대한 대답은 간단하다. 아직은 지속적이고 신뢰할 만한 거짓말탐지가 불가능하다는 것이다.

사회적 뇌Social Brain

우리가 가십을 할 때나 거짓말하는 사람과 거짓말하지 않는 사람을 구별할 때, 셰익스피어의 비극을 감상할 때, 심지어 그랜다의 잘못된 믿음을 이해할 때, 우리는 인간 정신세계의 놀라운 기적에 참여하게 된다. 우리는 인간의 탁월하고 효과적인 마음읽기 능력을 사용한다. 놀라운 것은 우리가 텔레파시나 타로카드나 뇌 판독장치 없이 이런 작업을 할 수 있다는 것이다. 우리는 항상 준비되어 있는 마음이론을 사용할 수 있다.

인간 지성의 진화에 관한 책으로 잘 알려진 영국의 심리학자 니콜라스 험프리는 인간을 호모 사피엔스Homo sapiens 지성적 인간가 아니라 호모 프시콜로지쿠스Homo psychologicus 심리학적 인간로 정의해야 한다고 주장했다.

심리학을 할 수 있는 능력은 동물의 왕국에서 결코 평범한 능력이 아니다. 그러나 내면적인 경험을 공개적으로 논의하는 것은 인간의 이해력을 훨씬 뛰어넘는 일이 아니다. 그것은 아주 자연스럽고 쉬운 일이다. 아이들은 2세나 3세가 되기 전에 이것을 배우기 시작한다. 이러한 상식이 아주 어릴 때 습득된다는 것은 이 능력이 인간에게 선천적인 것임을 암시한다.

험프리는 우리의 먼 조상들이 인간 사회에 대한 사고 능력을 진화시키면서 인간의 전반적인 지능이 시작되었다고 주장한다. 이것을 지금은 "사회적 뇌" 가설이라고 한다.

험프리는 인간의 지능이 발달한 것은 원시인들이 점점 더 복잡해지는 사회에서 살았기 때문이라고 가정했다. 사회적인 삶을 살기 위해서는 경쟁자들뿐 아니라 협력자들에 대한 이해가 필요했다. 이러한 이해가 그들의 식량 확보, 짝짓기, 사회적 지위를 가능하게 할 수도 있고, 아니면 위협할 수도 있었기 때문이다. 협력자들과 적들에 대한 이해가 증가할수록 사회적 삶과 사회적 추론도 향상되었을 것이다.

로빈 던바 또한 사회적 뇌 가설을 주장했다. 그는 가십―서로에 대해 서로 이야기하려는 인간적인 욕구―이 우리의 지능과 언어 발달의 결과일 뿐 아니라 원인이기도 하다는 가설을 세웠다. 그는 마음이론이 효과적으로 작용하는 이유는, 우리가 매일 마음이론을 작동시켜 생각하고 사람들에 대해 이야기할 뿐 아니라 또한 마음이론이 우리의 생각 방식을 형성하기도 한다고 말했다.

이에 덧붙여서 나는 마음이론이 어린 시절의 발달의 산물이라고 말하고 싶다. 우리의 마음이론은 우리의 삶과 상호작용 과정에서 축적된 경험과 학습을 통해 형성된다. 그 이론은 우리의 어린 시절에 뿌리를 두고 있고, 어린 시절에 이미 영향력을 나타내기 시작한다. 《마음의 심리학》이 어린 시절에 초점을 맞추는 이유는 단지 어린아이들이 귀엽고 흥미롭기 때문이 아니라, 마음이론의 발달 과정에 대한 이해가 마음이론을 실제적으로 이해하는 유일한 방법이고 우리 자신과 사회를 이해하는 가장 좋은 방법이기 때문이다.

이 책의 나머지 부분은 그 이야기들을 다룬다. 우리는 호모 프시콜로지쿠스이고 호모 프시콜로지쿠스가 되어 간다. 그리고 이 모든 것은 어린 시절에 시작된다.

3장

친구, 비밀, 거짓말

1954년 미국 대법원은 공립학교의 흑백분리교육 금지 명령을 내렸다. 그러나 루이지애나 주와 뉴올리언스 시는 1960년에 연방법원이 인종차별폐지법을 시행할 때까지 이 명령을 거부했다.

이 사건은 뉴올리언스의 두 명의 1학년 학생들로부터 시작되었다. 백인 학생들만 다니던 맥도너 학교에 세 명의 흑인 학생이 입학했고, 마찬가지로 백인 학생들로만 구성되었던 윌리엄 프란츠 초등학교에 여섯 살 소녀 루비 브릿지스가 입학했다. 이 인종 통합 사건은 "뉴올리언스 학교 인종차별폐지 위기"라는 제목으로 기사화되었다.

루비는 뉴스에서 많이 언급되지 않았다. 루비를 보호하는 차원에서 루비란 이름은 몇 년 후에야 공개되었다. 그러나 백인 중년 여성들로 구성된 '치어리더스Cheerleaders'라는 단체가 자녀들과 함께 윌리엄 프란츠 학교의 수업을 거부하는 데모를 벌였고, 그 현장을 취재하기 위해 많은 기자들이 학교로 몰려들었다. 치어리더스는 격렬한 시위를 벌였다.

존 스타인벡은 그의 작품 《찰리와 함께한 여행Travels with Charley》에서 치어리더스의 언어를 "야만적이고, 추하고, 저속하다"고 표현했다. 루비가 네 명의 덩치 큰 보안관들과 함께 등교할 때 한 여자는 루비를 독살하겠다고 위협했고, 또 다른 여자는 흑인 인형이 들어 있는 어린아이가 들어갈 만한 크기의 관을 들고 서 있었다. 이 "작은 흑인 아이"를 반대하는 시위를 30분 동안 지켜본 스타인벡은 그 광경이 "믿을 수 없을 정도로" 역겨웠다고 말했다.

그러나 치어리더스의 시위는 효력이 있었다. 1959년 윌리엄 프란츠에 등록한 학생 수는 550명이었지만 루비가 입학한 해의 11월에는 3명으로 줄었다.

교실에는 루비와 그 학교에서 유일하게 인종차별폐지 교실에서 학생을 가르치겠다고 자원한 바바라 헨리 선생님밖에 없었다. 루비는 학교 전체에 학생이 자기 한 명뿐이라고 믿었다. 그 다음 해 봄이 되어서야 루비는 "세 명이나 네 명"의 1학년 학생들이 인종 분리 교실에서 수업을 하고 있다는 것을 알았다. 루비는 교실에서 점심을 먹었고 휴식 시간이 없어서 선생님 이외에는 다른 아무와도 접촉할 수 없었다.

1학년이 끝나갈 무렵 몇 명의 백인 아이들이 학교로 돌아오자 루비는 그들과 함께 "한두 번" 운동장에 나갈 기회가 있었다. 그 당시 루비는 또래들의 인종 차별에 대해 무지한 상태였다. 루비는 흑인들만 사는 동네에서 자랐고 흑인들만 다니는 유치원에 다녔다. 루비는 이렇게 말했다. "어느 날 백인 남자 아이들이 나와 놀지 않겠다고 말했을 때 나는 처음으로 차별이 무엇인지 이해하기 시작했다. 그 남자아이는 '나는 너랑 놀면 안 돼. 우리 엄마가 너는 깜둥이니까 놀지 말라고 했어'라고 말했다."

루비는 1학년 때 어린아이가 겪어서는 안 되는 일들을 겪었다. 루비는 매일 아침 욕설과 고함과 위협을 당하며 등교했다. 교실에서도 운동장에서도 왕따였다. 무엇보다 루비에게는 어린 시절 성장에 가장 중요한 친구가 없었다.

친구의 중요성에 관한 연구 결과는 아주 명확하다. 친구를 사귀지 못할 경우 아이는 사회생활과 학습 발달에 치명적인 악영향을 받게 되고, 정상적인 성인기 역시 기대하기 어려워진다.

친구가 없다는 사실은 낮은 자존감, 사회적 불안, 우울증, 외로움, 자살 충동을 포함한 많은 부정적인 결과를 가져온다.

그럼에도 불구하고 루비는 성공적인 삶을 살았다. 그녀는 결혼을 했고, 자녀를 두었고, 성공적인 직업을 가지고 있다. 그녀는 "관용과 존중의 가치와 모든 다른 것에 대한 공감"을 증진시키기 위해 1999년에 "루비 브리지스 재단Ruby Bridges Foundation"을 설립했다.

많은 요인이 자신에게 불리하게 작용하는 상황에서 루비는 어떻게 성공적인 삶을 살아 낼 수 있었을까?

또래 문제로 인한 충격을 완화하는 능력은 어린아이의 마음이론 능력과 밀접한 관계가 있다. 어린아이의 마음이론 능력을 평가하기 위해 잘못된 믿음 테스트가 사용된다. 이 테스트는 그랜다가 어느 상자에서 사탕을 찾을지 예측하게 하는 것과 같은 테스트이다. 미취학 아동들을 대상으로 하는 이 테스트는 이스라엘, 오스트레일리아, 영국, 미국, 캐나다, 기타 많은 지역에서 실시되고 있고, 그 연구결과는 아동 연구에 적용되고 있다.

마음이론은 아이들이 소외당하지 않고 친구를 사귀는 능력뿐 아니라, 비밀을 지키고, 다른 아이들에게 정보를 제공하고(속이기도 하고), 설득하고 논쟁하는 능력과 개인의 사회적인 행복에 필요한 모든 능력에 영향을 미친다. 잘못된 믿음 연구는 마음이론이 아이들의 삶과 그 아이들이 성장해서 살아갈 성인으로서의 삶에 어떤 영향을 미치는지 보여 주는 창 역할을 한다.

아이들은 잘못된 믿음을 배운다

선진국의 미취학 아동에 대한 연구는 잘못된 믿음에 대한 이해가 그들의 행동과 생각에 어떤 영향을 미치는지 보여 준다. 잘못된 믿음에 대한 이해는 아이들이 다른 사람들의 행동과 생각을 이해하는 방식에 영향을 주는 것으로 나타났다. 그리고 반복해서 말하지만, 이것은 아이들의 행복에 즉각적인 영향과 장기적인 영향을 미친다.

그렇다면 잘못된 믿음에 대한 이해는 모든 곳의 아동들이 학습하는 능력일까? 만일 그렇지 않다면, 그것은 내가 생각했던 것만큼 영향력이 크지 않을지도 모른다. 모든 곳의 아동들이 성장해서 유능한 사회적 상호작용을 하는 성인이 되기 때문이다.

아프리카로 돌아가다

바카족은 중앙아프리카 열대우림의 수렵채집인들이다. 바카족은 체구가 작은 인종으로 가장 큰 청년 남자의 키가 5피트정도밖에 안 된다. 바카족은 예전에는 피그미족으로 불렸다. 피그미족이란 명칭은 고대 이집트인들이 처음 사용했었는데 지금은 그들을 비하하는 의미로 여겨진다.

바카족은 반유목민으로 임시 숲속 천막을 치고 거주하며, 남자들은 주로 독을 묻힌 화살을 이용하거나 덫을 놓아 동물을 사냥하고 물고기를 잡는다. 여자들은 호박, 카사바, 바나나를 재배하고 야생 망고와 꿀 같은 먹을거리를 채집한다.

1990년에 옥스퍼드 연구원인 제레미 에이비스와 폴 해리스가 바카족 어린이들을 대상으로 잘못된 믿음 이해 테스트를 실시했다. 그들은 아이들의 홈 캠프에서 촌극을 만들었다. 그 촌극에서 두 명의 바카족 실험자와 성인 남자 모프파나, 노인 모비싸가 연기를 했다. 그들은 이 촌극을 이용해서 3세 유아부터 6세 어린이들을 대상으로 테스트를 했다.

이 테스트를 받기 위해 어린아이들이 엄마와 함께 천막으로 왔다. 모프파나와 모비싸는 불가에 앉아 있었다. 모프파나는 바카족이 즐겨 먹는 야생 망고 알맹이를 굽고 있었다. 불 옆에는 뚜껑이 있는 그릇과 단지가 놓여 있고 천막 안에는 바구니와 옷 더미 같은 평범한 물건들이 있었다.

아이는 모비싸의 무릎에 앉아서 모프파나가 불 속에서 알맹이를 꺼내 그릇에 놓는 모습을 지켜보았다. 그때 모프파나가 연극조로 말했다. "여기 내가 만든 맛있는 알맹이를 보렴. 정말 달콤하고 맛있어! 냠냠."

"이 망고 알맹이를 먹기 전에 내가 잠깐 담배를 피우러 므반죠〔mbanjo, 남자들의 회합 막사〕에 갔다 올 거야. 금방 돌아와서 함께 먹자." 그렇게 말하고 모프파나는 그릇과 단지의 뚜껑을 덮고 아이를 엄마와 모비싸와 함께 남겨두고 떠났다.

나이가 많은 모비싸가 모프파나보다 지위가 높기 때문에 모비싸의 말은 모프파나의 말보다 권위가 있었다. 모비싸는 "모프파나는 여기 없으니까 우리가 뭘 하는지 볼 수 없어. 이리와. 우리 게임하자. 그릇에서 알맹이를 꺼내 숨기는 거야. 어디에 숨길까?"

많은 아이들이 알맹이를 단지나 옷 더미 속에 숨겼다. 알맹이를 숨기지 않거나 잘 숨기지 못하는 아이에게는 모비싸가 "단지에 넣어"라고 말했다.

그런 다음 모비싸는 아이들에게 "알맹이는 단지에 있어"라고 말하고 세 가지 질문을 했다.

• 질문 1 • "모프파나가 돌아오면 그릇과 단지 중 어디에서 알맹이를 찾을까?" 이것은 대표적인 잘못된 믿음에 관한 질문이다. 아이는 어른들과 마찬가지로 모프파나가 그릇에서 알맹이를 찾을 거라고 말할 것이다. 모프파나가 거기에 열매를 두고 갔기 때문이다. 모프파나는 잘못된 믿음을 가지고 있고 그 믿음에 따라 행동할 것이

다. 그런 다음 아이들에게 두 번째 질문을 했다.

• 질문 2 • "모프파나가 그릇이 있는 곳으로 가서 뚜껑을 열기 전에 그는 기분이 좋을까 나쁠까?" 아이들이 모프파나의 믿음을 이해한다면 그들은 모프파나가 맛있는 알맹이를 얻을 거라고 생각해서 기분이 좋을 거라고 대답할 것이다. 마지막으로 아이들에게 다음 질문이 주어졌다.

• 질문 3 • "뚜껑을 열고 나서 모프파나는 기분이 좋을까 나쁠까?" 이 질문은 아이들이 이전에 일어난 일과 그릇이 비어 있다는 사실을 기억하는지 확인하기 위한 표준 질문이다. 아이들이 기억하고 있다면, 모프파나가 뚜껑을 열고 그릇이 비어 있는 것을 알면 슬프거나 화가 나거나 "기분이 나쁠"거라고 대답할 것이다. 모든 연령대의 대부분의 아이들이 세 번째 질문에 정확하게 대답했다.

그러나 처음 두 가지 질문에 대한 아이들의 답변의 정확도는 연령에 따라 큰 차이를 나타냈다. 조금 더 큰 아이들(4~6세 반)은 첫 번째 질문과 두 번째 질문에 거의 90퍼센트 정도 정확하게 대답했다. 이것은 무작위 추측에 의한 답변보다 훨씬 높은 확률이다. 반면에 더 어린아이들(3~4세 반)은 무작위 답변과 거의 비슷한 정확도를 나타냈다.

이것은 1장의 사탕 상자 실험과 거의 같은 결과였다. 이 결과를 보면 문화적 차이나 지리적인 거리와 상관없이 4세 반 정도가 되면 아이들의 이해력이 크게 발달한다는 것을 알 수 있다. 이 나이 이전의 대부분의 아이들은 누군가가 잘못된 믿음을 가질 수 있다는 것을 이해하지 못한다. 그러나 그 시기가 지나면 대부분의 아이들이 이것을 이해하게 된다**(사이드바 3.1 참조)**.

사이드바 3.1 잘못된 믿음 더 알기

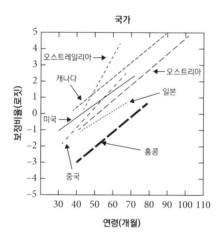

그림 3.1 아이들은 더 빨리 발달하기도 하고 더 느리게 발달하기도 하지만, 모든 지역의 아이들은 무작위 확률보다 낮은 확률로부터 무작위 확률보다 높은 확률로 발전한다.

그림 3.1은 아이들의 잘못된 믿음 이해에 대한 250가지 이상의 연구를 종합한 메타 분석이다. 아이들은 무작위로 두 가지 중 한 가지를 선택한다(모프파나는 그릇을 들여다보거나 단지를 들여다볼 수 있다).

50퍼센트가 정답이고 이것은 그래프에서 0으로 표시된다.

그래프는 매우 중요한 점을 시사한다. 연령이 증가할수록 아이들은 잘못된 믿음 오류를 나타내는 것(0 이하)으로부터 계속 무작위 확률 이상의 답변을 하는 것(0 이상)으로 계속해서 이동한다. 이것은 바카족에게만 해당되는 것이 아니다. 이 그림에서 답변을 집계한 다양한 나라의 8,000명 이상의 어린아이들에게도 해당된다. 잘못된 믿음에 대한 이해는 미취학 아동들의 마음이론 발달에 있어서 획기적으로 중요한 단계이다.

그래프에서 이용한 과제 중에는 위치를 변경하는 것(망고 알맹이)과 내용물을 속이는 것(사탕이 들어 있는 보통 상자와 사탕이 들어 있지 않은 사탕 상자)이 있었다. 어떤 실험에서는 언어적인 답변을 요구했고, 어떤 경우는 바카족의 과제처럼 손짓을 이용한 답변을 요구했다. 어떤 실험에서는 아이들이 행동을 판단하게 했고(모프파나는 어디서 사탕을 찾을까?), 어떤 경우는 생각(모프파나는 무슨 생각을 할까?) 또는 감정(모프파나의 기분이 좋을까 나쁠까?)에 대해 물었다. 어떤 경우는 아이들이 살아 있는 사람(모프파나 같은)을 판단하게 했고, 어떤 경우는 비디오테이프를 이용했고, 어떤 경우는 인형이나 스토리 주인공들을 이용했다. 이처럼 여러 실험 방법의 차이를 두었지만 결과에 있어서는 실제적인 차이를 나타내지 않았다. 모든 아이들이 같은 방식으로 대답했다.

그러나 이 기술을 학습하는 데는 연령별로 차이가 있었다. 아이들은 더 빨리 또는 더 느리게 잘못된 믿음의 이해에 도달했는데, 이 차이는 아이들의 사회생활과 상호작용에 영향을 미친다.

그러나 **그림 3.1**에서 볼 수 있듯이 생각—바람think—want에 대한 아이들의 이해는 미취학 시기에 크게 달라진다. 그러나 이런 이해력을 가진 작은 아이들은 아직도 공차기와 자전거 타기를 배우고 있을 것이다.

아이들이 이렇게 어린 나이에 많은 것을 학습한다는 사실은 이러한 이해력이 아동의 능력에 있어서 매우 중요한 요소라는 것을 의미한다.

거짓말과 속이기

톰 소여는 미국 소설에서 가장 오랫동안 사랑받는 주인공 중 한 명이다. 톰 소여는 자신만만하고, 말재주가 뛰어나고, 거짓말을 잘하고, 상상력이 풍부하다. 그는 문학 세계에서 가장 강력한 마음이론의 예를 보여 주는 인물이다.

마크 트웨인의 《톰 소여의 모험The Adventures of Tom Sawyer》은 톰이

어처구니없는 허풍을 떠는 장면으로 시작된다. 어느 더운 날 오후, 톰은 학교를 땡땡이치고 수영을 하러 간다. 톰은 그럴듯한 거짓말로 자기를 길러 준 폴리 고모가 학교를 빼먹지 않았다고 믿게 만든다. 그때 톰의 이복형제 시드가 톰이 입고 있는 셔츠가 아침에 입었던 셔츠와 다르다고 떠벌인다. 톰은 벌을 받기 전에 재빨리 집을 빠져나온다.

자신이 거짓말쟁이를 길렀다고 생각하고 싶은 부모는 없을 것이다. 폴리 고모는 톰에게 더 엄격하지 못했던 자신을 자책한다. "옛날 말에 매를 아끼면 자식을 망친다고 했어."

거짓말은 나쁜 짓이지만 어린아이의 성장 과정에서 중요한 요소의 하나이자 사회적 기술이다. 사람들이 항상 있는 그대로의 진실만 말하면 세상이 어떻게 될까? "내가 지금까지 본 페인트칠 중에서 가장 엉망이야", "머리를 그렇게 하니까 너무 안 어울려"라고 한다면 어떤 일이 벌어질까? 할머니에게 스웨터를 선물받은 아이가 "근데 난 바비 인형을 갖고 싶었어요"라고 솔직하게 말하지 않고 "고마워요, 할머니, 내가 정말 갖고 싶었던 스웨터예요"라고 말하면 모두가 더 행복해지지 않을까?

항상 거짓 없는 진실만 말하고, 사회적인 배려가 없다면 삶은 더 힘들어질 것이다. 그렇다고 아이들이 태어나면서부터 거짓말을 하는 것은 아니다. 태어나면서부터 선의의 거짓말을 하는 아이는 없다. 내 남동생은 언젠가 첫 베이비시터에게 불쑥 말했다. "와, 누나는 목이 정말 길고 말랐네." 그날 이후로 그 베이비시터는 우리 집에 오지 않았다.

아이들은 이 모호한 기술을 언제 어떻게 배우는 것일까? 아이들은 어떻게 이런 방식으로 사회화될까?

이런 질문을 받으면 대부분의 부모들은 아이들이 네 살 무렵에 거짓말을 시작했다고 답한다. 아이들의 거짓말에는 거짓 부정("나는 그 일을 하지 않았어요."), 거짓 비난("그 애가 그 일을 했어요."), 거짓 주장("아빠가 괜찮다고 했어요."), 거짓 허풍("나도 그거 할 수 있어요.), 거짓 모름("누가 깨뜨렸는지 몰라요.")이 포함된다.

학자들은 이 나이에 거짓말이 시작되는 이유를 알아내기 위해 많은 연구를 했다. 언어 능력이 더 발달하기 때문일까? 물론 이 나이의 아이들은 언어 능력이 더 발달한다. 아니면 아이들이 더 똑똑해지기 때문일까? 물론 아이들은 더 똑똑해진다. 실제로 거짓말은 어린아이의 마음이론 발달 과정에서 중요한 부분이다. 거짓말과 속이기는 잘못된 믿음에 대한 어린아이의 이해와 함께 시작되고 발달한다.

이런 결론에 도달하기 위해 학자들은 알갱이와 쭉정이를 구분하는 작업을 했다. 예를 들면 2세와 3세 아이의 부모들은 자기 아이가 거짓말로 자기가 한 행동을 부정하거나, 어떤 일을 했다고 자랑한다고 말한다. 그러나 마음이론이 정확하다면, 아이들은 4세 반 이전에는 그런 식으로 거짓말을 하지 못한다. 2세 반인 아이들은 속이기로 다른 사람을 조종할 수 있을 만큼 다른 사람의 마음을 읽지 못한다.

실제로 어떤 일이 일어나는지 확인하기 위해 연구원들은 "유혹 temptation" 과제를 이용했다. 빌리(또는 애니)는 한 어른이 아이가 "나중에" 볼 수 있는 선물을 용기에 넣는 것을 지켜본다. 그 어른은 아이에게 용기를 들여다보지 말라고 말하고 방에서 나간다. 연구원은 한쪽에서만 투명하게 보이는 유리를 통해 그 아이를 관찰하거나 녹화한다. 한 연구에서 2세 반 어린이들 중 90퍼센트가 선물을 보기 위해 용기를 들여다보았다.

어른은 방으로 돌아와서 아이에게 "들여다봤니?"라고 묻는다. 미취학 아동 중 절반 정도가 "아니요"라고 거짓말로 대답한다. 절반 정도면 꽤 많은 비율이다. 이 비율은 아이들이 나이가 많아질수록 훨씬 더 높아진다. 5세 무렵에는 아이들 중 80퍼센트 정도가 거짓말을 한다.

더 많은 연구가 이러한 차이와 다른 사람들의 믿음을 이해하지 못하는 아이들이 거짓말쟁이로 보이는 이유를 설명했다. 가장 나이가 어린 아이들은 실험자를 속이기 위해서가 아니라 벌을 피하기 위해서 거짓말을 한다.

엄마가 깨진 병을 가리키면서 "네가 그랬어?"(아니면 실험자가 "들여다봤니?")라고 물으면 아이는 곤란한 상황(상을 받지 못하는 것 같은)을 피하기 위해 "아니요"라고 대답할 수 있다. 아주 어린 아이도 문제를 일으키면 곤란한 상황에 빠질 수 있다는 것을 인식한다. 문제를 일으켰다는 사실을 부정하면 자신이 원하지 않는 결과를 피할 수 있다고 생각한다. 이것은 원인과 결과를 이해해야 할 수 있는 행동이지만, 다른 사람들이 어떻게 생각하는지는 이해하지 않아도 할 수 있는 행동이다. 도망을 가거나 상을 움켜쥐는 것도 나쁜 일을 피하거나 좋은 것을 얻어 내는 것과 같은 결과를 얻을 수 있다. 그러나 거짓말을 하는 것은 나쁜 일을 피하거나 좋은 것을 빨리 얻기 위해 상대방에게 거짓 믿음을 주려는 의도에서 비롯된 행동이다.

이 문제를 깊이 있게 연구하기 위해 강 리가 이끄는 토론토 대학의 연구원들은 어린아이가 심각한 결과를 예상하지 못할 때 어떻게 행동하는지 관찰했다. 리와 그의 동료들은 아이들 뒤에 한 가지 물건—자주색 장난감 바니—를 놓고 아이들에게 보지 말라고 말했다. 그리고 어른이 그 방에서 나간 후에도 그 물건을 훔쳐보지 말라고 말했다. 그러나 그 행동에 따르는 선물이나 벌은 언급하지 않았다. 어른들은 아이들이 실제로 그 물건을 훔쳐보는지 확인하기 위해 비디오를 찍고 나서 아이들을 인터뷰했다. 벌을 배제했을 때, 다른 사람들의 믿음에 대한 아이들의 이해는 .40에서 .70의 상관계수로* 거짓말을 예측했다. 이것은 표준 잘못된 믿음 테스트를 이용해서 특정한 것과 같은 결과였다.

이 점을 더 잘 이해하기 위해서 성인의 키와 신발 크기의 상관관

---

* 두 요소—거짓말과 잘못된 믿음 이해—의 상관계수는 0부터 1.0까지(또는 표기상으로 -1.0부터 0을 지나 1.0까지) 다양하다. 여기서 1.0은 완벽한 예측을 의미한다. 이 경우 잘못된 믿음 이해의 단계적인 증가는(아이들의 연령이 증가할수록) 거짓말의 증가와 일치한다. 대략적으로 0부터 .10의 상관계수는 존재하지 않는다. 즉 잘못된 믿음은 유의미한 방식으로 거짓말을 예측하지 못한다. .10부터 .30의 상관계수는 약하다. .30부터 .50까지의 상관계수는 크고, .50 이상의 상관계수는 강력하고 높아질수록 더 강력하다. 따라서 .40의 상관계수(거짓말을 예측하는 잘못된 믿음 이해에 대한 다양한 리의 연구에서 나타난다)는 크고 .70(다른 연구에서)인 상관계수는 매우 강력하다.

계에 대해 생각해 보자. 상식적으로 평균적으로 키가 더 큰 성인들은 발이 더 크다. 그러나 여기에도 오차가 있다. 체격은 크지만 발이 작은 사람도 있고, 발은 크지만 체격이 왜소한 사람도 있다. 키와 신발 크기의 상관계수는 보통 .60 정도이다. 통계적으로 이 상관계수는 높게 나타낸다. 마찬가지로 잘못된 믿음 이해와 거짓말의 상관계수도 높게 나타난다(**사이드바 3.2**).

사이드바 3.2 상관관계Correlation로부터 인과관계Causation로

어떤 것이 다른 것과 실제적인 상관관계가 있다고 해서 전자가 후자의 원인이라는 것을 증명하지는 않는다. 예를 들어, 가로세로 낱말풀이를 하는 것과 나이가 들었을 때 기억력과 인지 기능이 더 좋은 것은 상관관계가 있다. 그렇다고 해서 그것이 가로세로 낱말풀이가 인지 기능의 퇴화를 방지한다는 것을 증명할까? 그렇지 않다. 가로세로 낱말풀이를 하는 노인들은 평균적으로 낱말풀이를 하지 않는 노인들보다 교육 수준이 높고 경제적으로 부유하다. 노인들의 인지적인 건강에 영향을 미치는 것은 교육과 경제적인 자원이다.

연구원들은 어떤 요인이 언제 어떤 결과를 가져오는지(단지 상관관계가 아니라) 파악하기 위해 여러 단계의 연구를 진행한다. 중요한 것은 다른 어떤 요인들을 배제해야 하는지 판단하는 것이다. 아동기의 잘못된 믿음 이해와 거짓말의 연관성을 테스트할 때 그들은 주로 일반적인 지능, 언어 능력, "실행 기능executive functioning"을 고려한다. 실행 기능은 행동과 말을 의도적으로 통제하기 위해 사용하는 프로세스를 가리킨다. 이런 모든 요인은 미취학 기간 동안 아동들의 마음이론과 거짓말의 발달과 함께 증가한다.

그러나 잘못된 믿음 추론은 지능지수, 언어 능력, 실행 능력 같은 다른 모든 능력을 배제할 때도 아동들의 거짓말을 예측하는 강력한 변수가 된다.

마음이론은 우리에게 다른 사람의 지식을 통제할 수 있는 능력을 준다. 거짓말은 그 능력의 빙산의 일각에 불과하다.

숨기기와 비밀

톰 소여와 그의 친구 허크 핀은 한밤중에 죽은 고양이를 가지고 묘지로 간다. 두 소년은 악한 사람의 묘비에 고양이를 던지고 주문을 외워서 무사마귀를 제거하는 치료법을 실행할 계획이다.

악마는 시체를 따라가고,
고양이는 악마를 따라가고,

무사마귀는 고양이를 따라가고,

나는 무사마귀를 제거한다.

그러나 두 소년은 치료법을 시작하기 전에 세 명의 묘지 도둑이 싸우는 장면을 목격한다. 싸움 끝에 인준 조는 한 남자를 죽이지만, 그 남자를 죽인 칼을, 의식을 잃고 쓰러진 머프 포터의 손에 쥐어 준다.

살인이 발각되자 인준 조는 포터가 그 남자를 죽였다고 증언한다. 톰과 허크는 그의 말이 사실이 아니라는 것을 알지만 사실대로 말하면 인준 조가 무슨 짓을 할지 겁이 나서 비밀을 지킨다. 두 소년은 침묵하지만, 트웨인은 "살인의 끔찍한 비밀은 엄청난 불행이었다"고 말한다.

비밀은 소설의 필수요소인 것처럼 사회적인 상호작용의 필수요소이고 긍정적인 요소가 될 수도 있다. 십대 소녀가 가장 친한 친구에게만 자기가 학교의 불량 남학생과 사랑에 빠졌다고 털어놓는 것처럼 비밀은 친밀감을 만들 수 있다.

비밀의 기본적인 요소는 한 사람이 다른 사람이 아는 어떤 일을 모른다는 것이다. 대부분의 사람들은 어린아이가 비밀을 지키지 못하는 시기를 기억할 것이다. 내 생일날 세 살짜리 손자와 며느리가 나에게 포장한 선물을 주었다. 내가 아들네 집에 들어서자마자 손자는 "그건 책이에요"라고 소리쳤다.

조안 페스킨과 비토리아 아르디노는 어린아이들의 비밀 지키기를 연구했다. 그들은 유치원 주방에서 미취학 아동들이 교사가 알지 못하게 생일 케이크 숨기는 일을 돕게 했다. 아이들에게 몇 번이나 "이 건 비밀이야, 얘기하면 안 돼"라고 말하고 한 아이를 교사와 주방에 남게 했다.

그 결과 3세 아동들은 30퍼센트만 비밀을 지켰고, 4세 아동들은 70퍼센트, 5세 아동들은 90퍼센트가 비밀을 지켰다. 아동을 대상으로 한 수많은 잘못된 믿음 테스트와 비밀 지키기 사이에는 .62의 높은 상관계수가 나타났다. 다시 말하면 잘못된 믿음을 더 잘 이해하는 아이들은 어떤 정보를 비밀로 유지하는 일을 더 잘 해냈다. 아이들의 마음이론은 미취학 몇 년 간 점차적으로 발달한다. 그리고 이것은 아이들의 비밀 지키기 같은 사회적인 행동과 아이들의 삶에 예측 가능한 중요한 영향을 미친다.

설득력

학교를 빼먹은 벌로 톰 소여는 집 앞 울타리에 하얀색 페인트를 칠하라는 명령을 받는다. 그는 골이 나서 페인트칠을 미루다가 페인트칠이 재미있는 일이라고 설득해서 친구들의 '믿음'을 이용할 묘안을 생각해 낸다. "남자아이가 매일 울타리에 흰 페인트 칠을 할 수 있는 기회를 얻겠어?", "이 일을 제대로 해낼 수 있는 남자아이는 천 명 중에 한 명, 아니 이천 명 중에 한 명밖에 없을 거야."

얼마 지나지 않아서 톰은 친구들에게 울타리를 칠하게 해주는 대가로 돈을 내게 하고 자기는 오후 내내 빈둥거린다. 우리에게도 톰과 같은 설득력이 있다면 얼마나 좋을까?

아이들의 첫 번째 설득 시도는 단순한 간청("제발, 제발요")이나 눈물 같은 것이다. 손위형제를 따라하는 것처럼 기계적으로 이런 전략을 배운다면 거기에는 마음이론이 포함되지 않는다. 그러나 어른의 설득은 듣는 사람의 믿음에 호소해야 한다.

와이오밍 대학교의 카렌 바춰와 동료들은 기계적으로 학습되는 설득과 톰의 경우처럼 정보 조작(아동기의 자의적 해석)에 의존하는 설득을 분류했다. 아이들은 먼저 "아주 얌전하고 조용한" 강아지 모형을 보았다. 그런 다음 연기자 트리시아가 다가오자 연구원은 트리시아에게 "트리시아, 이 강아지는 네가 쓰다듬어 주기를 원해"라고 말했다.

트리시아는 "싫어요, 강아지가 물 거예요"라고 말했다.

그러고 나서 아이에게 트리시아가 강아지를 쓰다듬어 주게 하려면 뭐라고 말해야 하는지 물었다. "트리시아에게 그 강아지가 얌전하다고 말해야 할까 아니면 조용하다고 말해야 할까?"

두 번째 연기자 크리스가 들어왔다. 크리스는 "강아지가 너무 시끄럽게 짖어서" 강아지를 쓰다듬어 주고 싶지 않다고 말했다. 연구원은 조금 후 다시 크리스에게 강아지가 얌전하다고 말해야 하는지 아니면 조용하다고 말해야 하는지 물었다.

아이들 중 누군가가 다른 이유를 들어 트리시아와 크리스가 강아지를 쓰다듬어 주도록 설득하는 것이 가능할 수 있을까? 어떤 아이가 그렇게 할 수 있다면 그것은 그 아이가 듣는 사람의 믿음을 토대로 설득력을 사용할 수 있다는 것을 의미한다.

이 연구를 포함한 관련된 여러 연구에서 3세 아동들은 기본적으로 무작위 확률 정도의 결과를 나타냈고, 4세 아동들은 그보다 높은 확률을 나타냈고, 5세 아동들은 훨씬 더 높은 확률을 나타냈다.

바취와 공동 연구자들은 또한 이런 종류의 상호작용적인 설득력이 잘못된 믿음 이해와 연관성이 있다는 것을 보여 주었다. 3세 아동들은 .50의 상관계수를 나타냈고, 5세 아동들은 .70의 상관계수를 나타냈다. 실제로 아동의 잘못된 믿음에 대한 이해는 다른 사람을 설득하는 능력의 전제조건이었다. 설득을 잘 하는 아이들은 예외 없이 잘못된 믿음을 잘 이해했다.

루비 브리지스와 친구가 없는 것

그렇다면 이것은 루비 브리지스와 어떤 관계가 있을까? 잘못된 믿음을 잘 이해하는 아이들은 거짓말, 비밀 지키기, 설득을 잘할 뿐 아니라 또래 아이들로부터 더 많은 인기와 인정을 받는다.

최근의 메타 분석에서 버지니아 슬로터와 그녀의 퀸스랜드 대학교 동료들은 이 연구를 재검토했다. 여기에는 10개국의 미취학 아동, 유치원 아동, 초등학교 저학년 아동을 포함해서 2,000명 이상이 참가한 20가지의 개별 연구가 포함되었다. 마음이론은 모든 국가의 또래 인기도peer popularity와 상관관계를 가지고 있었다. 성과 연령 같은 배경 요소를 배제하면 마음이론을 잘 이해하는 것(주로 잘못된 믿음을 잘 이해하는 것)이 지속적으로 또래 집단에 잘 수용될 것으로 예측됐다. 더 중요한 사실은 마음읽기를 잘하는 아이들이 학교에서 왕따당할 위험으로부터 보호된다는 것이다.

또래로부터 인기가 없는 것과 또래 친구가 없는 것은 다르다. 학교에서 대체로 인기가 없거나 무시당하는 아이들도 우정을 나누는 한 명의 친구가 있으면 만족감을 느낄 수 있다. 반대로 또래들에게 인기는 많지만 친구가 전혀 없는 아이들은 외로움과 불만을 느낄 수 있다. 외로움을 느끼거나 불만에 가득 찬 아이들은 친구가 없는 아이들이다.

최근의 연구에서 마크 드 로즈네이와 그의 동료들은 아동의 사회생활에서 매우 중요한 미취학 시기부터 1학년 때까지의 변화와 또래 관계를 살펴보았다. 그 결과 미취학 시기에 마음이론이 잘 발달한 아이들은 친구가 없을 위험으로부터 보호된다는 것을 확인할 수 있었다. 이런 아이들은 인기는 없을지 모르지만 학교에 입학하는 변화기에 적어도 한 명의 좋은 친구를 만들었다. 그리고 한 명과의 친구 관계는 친구가 없는 것에서 비롯되는 "낮은 자존감, 사회적 불안, 우울, 외로움, 자살 충동"을 완화시켰다.

브리지스는 인종차별을 폐지한 윌리엄 프란츠 초등학교에 입학하기 전 1년 동안 다녔던 유치원에 대해 썼다. 그녀는 동네의 다른 아이들과 함께 존슨 로켓 초등학교에 다녔다. 루비는《까만 얼굴의 루비Through My Eyes》에서 이렇게 말했다. "나는 그해에 학교를 좋아했다. 킹 선생님은 따뜻했고 나를 격려해 주었다. 그 당시 흑인 학교 선생님들이 모두 흑인이었던 것처럼 킹 선생님도 흑인이었다. 킹 선생님을 보면 우리 할머니가 생각났다."

그 이후로 루비에게는 친구가 없는 나날이 시작되었다. 자서전에서 묘사한 것처럼 루비는 악몽을 꾸기 시작했고 식이장애를 일으켰다. 루비는 교실에서 혼자 점심을 먹었다. "헨리 선생님은 다른 선생님들과 함께 점심시간을 보냈다." 루비는 사물함에 샌드위치를 버리고 커다란 통에 우유를 쏟아 버렸다. 루비가 집에서 먹는 음식도 감자 칩과 음료수가 고작이었다.

학기가 끝나자 루비는 여러 사촌들과 함께 할머니 농장으로 여름 방학을 보내러 갔다. 그곳에서는 식이장애가 나타나지 않았다. "나는 아이들이 그렇듯이 그 여름날을 당연한 것으로 여겼지만 지금은 그것이 선물이었다는 것을 안다." 그 뒤 몇 년간은 흑백 피부색의 아이들이 루비와 같은 교실에서 생활하였다. 다행하게도 루비는 그 후 성공적인 삶을 살 수 있었다.

루비가 어떻게 어려움을 극복하고 성공할 수 있었는지 우리는 추측할 수 있을 뿐이다. 아마도 루비가 윌리엄 프란츠 학교에 입학했을 여섯 살 때 루비의 마음이론이 잘 발달되어 있어서 놀림과 욕설과 친구가 없는 소외감을 극복할 수 있는 사회적인 통찰력을 발휘할 수 있었을 것이다. 어쩌면 이웃이나 사촌 중 친구로 삼을 수 있는 누군가가 있어서 어려움을 극복할 수 있었을지도 모른다. 아니면 루비는 학교에 친구가 있었을 것이다. 루비는 헨리 선생님을 "나의 선생님이자 가장 좋은 친구"라고 표현했다.

4장

상상과 현실

두 살 때 메리는 타가라는 상상의 친구를 가지고 있었다. 메리는 타가를 상상의 끈으로 묶어 놓고, 타가가 잠자는 라디에이터 밑에 상상의 먹이를 갖다 놓았다. 메리가 3살 반일 때 "베리"와 "앤티"도 합류했다. 그들은 곧 메리의 가족이 되었다. 메리는 식탁에 그들의 자리를 마련하고, 많이 먹었는지 묻고, 가족이 외출할 때 데리고 가고, 친구들이 전화를 하면 그들과 이야기하게 했다. 그들은 메리와는 다르게 나쁜 짓을 하지 않기 때문에 벌을 받을 일도 없었다.

미국의 미취학 아동 중 약 30퍼센트가 상상의 친구를 가지고 있다. 이러한 사실은 1934년 마가렛 스벤슨에 의해 발표되었다. 현대 아동들의 상상의 친구를 연구하는 오레곤 대학교의 심리학자 마조리 테일러는 상상 친구를 가지고 있었던 이들로부터 많은 이야기를 들었다고 했다.

조슈아는 샌프란시스코 남부에 살고 있는 주머니쥐였다.

헤카는 눈에 보이지 않는 남자아이인데 수다쟁이고 때로는 짓궂은 행동을 했다.

40세의 한 남성은 어렸을 때 상상의 친구였던 디거와 듀기를 기억하고 있었다. 듀기는 말을 하고 우스갯소리를 잘하고 거칠고 몸을 쓰는 놀이를 좋아하는 개였다. 디거는 용감하고 대담했고 소년과 두기를 보호해 주었다. 그는 "디거는 모래로 만든 거푸집에 길을 만들고, 엄마가 부르면 더 놀다가라고 나를 꼬득였다"고 말했다.

어떤 부모는 테일러에게 아들의 친구인 노비에 대해 이야기했다. 그녀는 노비를 눈에 보이지 않는 작은 소녀라고 말했다. 그러나 테일러가 그 아이와 인터뷰하면서 노비와 얼마나 자주 노는지 물었을 때 소년은 얼굴을 찡그리면서 "난 노비하고 놀지 않아요"라고 대답했다. 노비는 시애틀과 포틀랜드로 출장왔을 때 소년을 찾아왔던 160세의 사업가였다. 노비는 소년이 "의논하고 싶은 일이 있을 때" 들른다고 했다. 이것은 소년의 엄마도 몰랐던 사실이었다.

학교에 들어가기 전에 나는 '이름 없는 친구'라는 눈에 보이지 않는 친구를 두고 있었다. 그 친구는 나보다 나이가 조금 많았고 개구쟁이였다. 그 친구는 얼마 살지 못했지만 아주 편리한 친구였다. 잘못된 일은 모두 그 친구의 탓으로 돌릴 수 있었기 때문이다.

상상의 친구는 여러 가지 모습으로 나타난다. 빌 워터슨의 만화 《캘빈과 홉스Calvin and Hobbes》에 나오는 홉스는 동물 인형인 상상 친구의 좋은 예이다. 다른 사람이 보기에는 홉스는 낡아빠지고 움직이지 못하는 호랑이 인형이었다. 그러나 캘빈의 마음속에서(그리고 워터슨의 만화 속에서) 홉스는 종종 캘빈이 사고를 치도록 부추기는 제멋대로인 친구였다. A.A.밀른의 《곰돌이 푸Winnie the Pooh》는 동물 인형을 모델로 한 상상의 친구들의 세계를 담고 있다. 밀른의 아들 크리스토퍼 로빈 밀은 에드워드라는 곰을 가지고 있었는데 이 곰이 푸에 대한 영감을 주었다고 한다.

테일러는 상상의 친구들이 이 동물 인형들처럼 물리적인 형태를 가질 수도 있고 아니면 완전히 생각 속에서 창조된 존재일 수도 있다는 것을 알았다. 어떤 아이는 슈퍼히어로나 동화 속 공주가 되기 위해 상상의 존재를 만들거나, "전기 인간Mr. Electricity"이나 "플래시맨Flashman of the World" 같은 특이한 존재로 변신할 수도 있다. 대체로 상상의 친구들은 아이들의 생각, 감정, 욕망과는 분리된 행위를 할 수 있는 존재였다. 디거는 대담했고, 이름 없는 친구는 말썽꾸러기였고, 헤카는 행동과 생각이 엉뚱했다.

상상의 친구가 그 친구를 상상하는 아이를 짓궂게 대하거나 놀라게 하는 것은 드문 일이 아니다. 테일러의 책 《상상의 친구들과 그들을 만들어 내는 아이들Imaginary Companions and the Children Who Create Them》에서 한 엄마는 세 살부터 다섯 살 때까지 아들이 상상의 "나쁜 녀석" 바나비를 가지고 있었고 바나비는 아들의 침실 옷장에 살고 있었다고 말했다. 바나비는 몸집이 크고 검은 수염이 나 있고, '사람들을 놀라게 하는 것을 좋아했다.' 아들은 종종 엄마에게 바나비가 거기에 있는지 확인하기 위해 옷장을 열어 보라고 했다. 그녀는 항상 아무도 없다고 말했지만 아이는 엄마의 말을 믿지 않았다. 엄마의 눈에는 언제고 바나비가 보이지 않았다. 바나비는 매우 약기까지 했다. 비행기를 타고 갈 때 엄마는 아들에게 바나비가 비행기에 타지 않았으니 새로운 곳에는 오지 않을 거라고 말했지만, 아들은 바나비가 다음 비행기를 타고 따라올 거라고 말했다.

종종 상상의 친구는 아이의 삶뿐 아니라 가족의 삶에서도 감정이나 생각을 가진 인격체로서 실제적인 존재가 된다. 내 아들 트레이는 모두 네 마리의 악어 인형 부피를 모았다. 부피들은 각자 뚜렷한 개성을 가지고 있었다. 우리 식구는 그들의 개성을 인정하고 받아들였다. 여행을 갈 때는 아무리 긴 여정이라도 트레이가 부피 하나쯤 동반하는 것을 허락했다. 여행을 떠나기 전에 트레이는 모든 부피에게 이번 여행에 어떤 부피가 함께 갈 건지 이야기하고, 동행하는 부피에게 다른 부피들이 기분 나빠할지 모르니 자랑하지 말라고 당부하곤 했다.

아이들은 이 친구들을 마치 실제로 존재하는 것처럼 대하지만 그들이 가상의 존재라는 것은 분명하게 알고 있다. 미시간 대학에 있는 내 연구실을 방문할 때 동물 인형 친구를 데리고 오는 아이들이 종종 있다. 나는 가끔 그 동물 인형에게 연구가 어떻게 진행될 것인지를 설명한다. 왜냐하면 아이에게 두 번 설명할 수 있는 좋은 기회이기 때문이다. 또한 과제를 수행할 때 일어난 일에 대해 아이에게 설명을 하게 한 후 동물 인형에게 다시 설명해 달라고 부탁한다. 이것은 아이로부터 더 많은 설명을 이끌어 내는 방법이다. 종종 아이들은 내가 이해하는지 확인하기 위해 내가 말하는 도중에 "그 아이는 진짜가 아니에요" 또는 "우리는 연기를 하고 있을 뿐이에요. 그 아이는 말을 못해요"라고 말한다.

　마조리 테일러는 오르곤에 있는 그녀의 연구실에서도 같은 상황이 벌어졌다고 말한다. 한 아이와 상상 속의 친구들에 대해 인터뷰를 하고 있을 때 그 아이가 그녀의 말을 끊고 "이건 그냥 연기하는 거예요"라고 말했다고 한다.

　테일러는 상상의 동물들로 가득 찬, 상상의 농장을 만든 디키라는 소년에 대해 이야기했다. 어느 가족 모임에서 디키의 농장 이야기를 전해 들었던 친척들이 그 농장과 동물들에 대해 오랫동안 이야기하고 있었다. 그때 디키가 아빠에게 다가가 그의 귀에 대고 속삭였다. "친척들에게 진짜 농장이 아니라고 말해 주세요."

실제 인물인가 가상의 인물인가: 아이들이 구별할 수 있을까?

　이 이야기들은 상상의 친구를 가지고 있는 아이들이 그 "특별한 친구들"이 속할 상상과 현실의 경계를 이해하고 있다는 것을 보여 준다. 그러나 모든 아이들이 일반적으로 그 경계를 이해할 수 있을까? 어른은 쉽게 공중누각, 즉 생각과 기억이 혼합된 꿈을 만들어낸다. 그리고 우리는 그것이 거미줄보다 더 실체가 없다는 것을, 그것이 돌과 회반죽으로 만들어진 12세기의 궁전과 전혀 비슷하지 않다는 것을 안다.

그러나 어린아이가 이것을 이해할 수 있을까? 결국 진짜 개와 개에 대한 개념은 둘 다 뇌를 통해 처리된다. 시간과 경험이 쌓이면 실재와 허구의 뒤엉킴이 풀어질 것이다. 그렇다면 아이들은 언제 어떻게 물리적인 것과 정신적인 것의 차이를 이해할까?

장 피아제

장 피아제는 1920년대에 이 문제를 연구하기 시작했다. 피아제는 아동 발달에 있어서 상징적인 인물이다. 종종 흐트러진 백발의 피아제가 지저분한 사무실에서 종이 더미에 파묻힌 채 파이프 담배를 피우고 있는 사진이 소개된다. 때로는 베레모를 쓰고 스위스의 제네바 거리를 자전거 페달을 밟으며 달리는 모습이 소개되기도 한다(여전히 파이프를 피우면서).

피아제는 유명한 스위스 개혁가들 중 한 명으로 제노바의 바스티안 파크에 세워진 신학자 존 칼빈 같은 개혁자들과 나란히 청동 흉상이 세워지기도 했다. 피아제는 심리학과 철학 분야에서 두드러진 개혁가였다. 그는 인간 정신의 작용을 이해하려면 인간 정신의 발달 과정을 관찰해야 한다고 주장했다. 나 역시 그의 주장에 동의한다.

아동을 대상으로 한 피아제의 연구는 40권이 넘는 책으로 남았고, 그중에는 그의 세 자녀를 상세하게 기록한 내용과 더불어 수백 명의 아동에 관한 연구가 포함되었다. 한 연구에서 피아제는 딸의 상상의 친구인 아서에 대해 묘사하고 있다. 아서는 새, 개, 심지어 괴물로 형태가 바뀌었다.

아이디어, 생각, 상상, 기억 같은 정신적인 개체들은 실체가 없고 눈에 보이지 않기 때문에 어린아이들을 매우 혼란스럽게 한다는 피아제의 주장은 설득력이 있다. 그는 미취학 아동들은 정신적인 개체를 실재하는 물리적인 물건으로 보는 "현실주의자들"이라고 말했다. 피아제는 이 아이들은 꿈은 사람들이 볼 수 있는 사진이고 생각은 외적 언어이거나 은밀한 언어라고 믿는다고 말했다.

피아제는 자신의 관점을 강조하기 위해 설득력 있는 예시와 논거를 제시했다. 그러나 피아제의 주장은 틀렸다*. 3세 아동들도 개를 실제로 가지고 있는 사람과 개에 대해서 생각하는 사람을 구별할 수 있다. 현대의 연구들은 3세와 4세 아동들이 실제로 존재하는 개는 손으로 만질 수 있고, 눈으로 볼 수 있고, 다른 사람들도 볼 수 있다고 주장한다는 것을 증명했다. 아이들은 정신적인 개체(개에 대한 생각)는 실제적인 것이 아니고 외적으로 볼 수 없고 은밀한 것이라고 생각했다.

이것은 피아제의 대표적인 관점에서 크게 벗어난 것이다. 연구자들은 정신적인 개체를 깊이 연구하기 위해 아이들이 좀 더 세밀하게 구별하도록 했다. 예를 들면, 달아난 개는 볼 수도 없고 만질 수도 없

---

* 피아제가 주장하고 옹호한 내용 중 많은 부분은 틀린 주장이 아니었다. 그는 아주 어린 아이들도 생각을 한다고 주장했다. 이것은 지금은 인정받고 있는 진실이지만, 피아제가 그 개념을 주장했던 1920년대에는 비웃음을 받았다. 그는 아이들이 스스로 많은 것을 발견하기 때문에 그런 것들을 배우지 않아도 된다고 강조했다. 이것은 아이들의 마음이론에 대한 연구를 통해 증명된 이론이다.

지만 실제로 존재한다. 아이들은 아이디어와 생각도 이런 방식으로 이해한다. 아이디어나 생각은 달아난 개처럼 지금 이 자리에는 없지만 실제로 존재한다고 생각한다. 아니면 공기나 연기, 그림자처럼 실제로 존재하지만 형태가 없다고 생각한다.

　나는 공동 연구자들과 함께 미취학 아동들이 정신적인 개체(개에 대한 생각), 그 생각에 상응하는 물리적인 대상(개), 그곳에 없는 물리적인 대상(멀리 달아난 개), 공기, 연기, 그림자 같은, 실제로 존재하지만 형체가 없는 것들을 어떻게 생각하는지 알아보았다. 우리는 아이들에게 그 개체들을 만지거나 볼 수 있는지 판단하게 하고 그런 다음 자신의 답변을 설명하게 했다.

　아이들은 정신적인 개체는 보거나 만질 수 없다고 말했다. 그들은 또한 그곳에 없는 물건은 보거나 만질 수 없고, 공기도 보거나 만질 수 없다고 말했다. 이것은 어른이 할 수 있는 대답이지만, 정신적인 개체와 그곳에 없는 물건에 대해 같은 대답을 하는 것으로 미루어볼 때 아이들이 두 사물의 다른 점을 이해하지 못한다는 것을 알 수 있다. 그러나 아이들의 설명은 그들이 이것들을 얼마나 많이 이해하고 있는지를 보여 준다.

　아이들은(어른들이 하는 것처럼) 정신적인 개체—개에 대한 생각—는 "진짜가 아니고", "단지 꿈이고" "생각 속에만 있는 것"이어서 만질 수 없다고 설명했다. 그에 반해서 그곳에 없는 물건은, 심지어 멀리 떨어져 있는 물건도 "진짜"이고 "실제로 있는 것"이라고 말했다. 공기처럼 형태가 없는 물리적인 것도 만질 수는 없지만 실제로 존재하는,

"가짜가 아니라 진짜"라고 했다. 3세 아동들도 이러한 차이를 이해했다.

아이들이 정신적인 개체를 만질 수 없거나 진짜가 아니라고 말할 때 아이들은 흔히 그것이 사람의 머릿속이나 마음속 같은 "속에" 있다고 표현한다. 어른들도 비슷한 말을 한다. 그렇다면 아이들의 "속"이라는 말을 글자 그대로 건포도가 배 속에 있다는 의미로 사용했다고 생각해 보면 어떨까? 건포도는 실제로 있는 물건이지만 배 속에 있을 때는 만지거나 볼 수 없다. 아이들이(피아제가 말한 것처럼) 생각이 실제적이고 물리적인 의미에서 "머릿속에" 있다고 생각할까?

그렇지 않다. 또 다른 연구에서 우리는 아이들에게 건포도를 삼킨 사람(존)과 건포도를 생각하는 사람(존)을 떠올려 보라고 했다. 3세 아이들도 실제로 건포도가 존(삼킨 사람) 안에 있다고 말했다. 그리고 의사가 특별한 기계로 존의 배 속을 들여다보면 그 안에서 건포도를 발견할 거라고 말했다.

이와는 대조적으로 아이들은 "톰(생각한 사람)의 배 속에는 실제로 건포도가 들어 있지 않고 심지어 실제로 톰의 머릿속에도 들어 있지 않다"고 말했다. 그들을 또한 의사가 특별한 기계로 톰의 머릿속을 들여다보면 건포도를 볼 수 없을 것이라고 말했다. 또한 아이들의 설명을 보면 정신적인 개체가 물리적인 개체와 다르다고 생각한다는 것을 알 수 있다. 아이들은 "그것은 진짜가 아니에요.", "그것은 실제로 아무것도 아니에요"라고 말했다.

상상의 친구들

　다시 상상의 친구들로 돌아가 보자. 피아제를 포함한 몇몇 전문가들은 상상의 친구들은 아이들이 상상하는 것과 실제로 존재하는 것을 구별하는 능력을 가지고 있다는 것을 보여 주는 좋은 예라고 말한다.

　벤저민 스포크 박사도 그중 한 사람이다. 1998년에 세상을 뜬 스포크는 초보 부모들을 위한 안내서를 쓴 유명한 소아과 의사였다. 1946년에 처음 출간된 그의 책 《아이와 육아Baby and Child Care》는 역대 베스트셀러 자리를 계속 유지하고 있다. 이 책의 1976년 판에서 스포크는 이렇게 말했다.

　지금이 우리가 상상의 친구들을 논의하면서 동시에 아이들의 현실을 이해하는 능력이 얼마나 기본적인 것인지 생각하기에 적절한 시기이다. 아이들은 꿈을 꾸는 것과 깨어 있는 것의 차이를 구별하지 못한다. 그들에게는 텔레비전 프로그램이 화면에 나오는 연기라는 사실이 분명하게 인지되지 않는다. 아이들에게는 그들이 즐기는 것, 그들이 원하는 것, 그들이 두려워하는 것이 가장 실제적이다. 부모가 해야 할 가장 중요한 일 가운데 하나는 자녀들에게 몇 달 몇 년의 기간을 두고 점차적으로 환상과 현실을 구별하는 방법을 가르치는 것이다.

스포크가 피아제의 영향을 받았던 것은 분명한 사실이다. 그러나 피아제가 틀렸던 것처럼 스포크도 틀렸다. 실제로 마조리 테일러의 연구는 아이들이 환상과 현실, 정신적인 것과 실제적인 것, 상상속의 개체들과 물리적인 개체들을 쉽게 구별할 수 있다는 것을 보여준다.

상상의 친구들을 가지고 있는 아이들은 생각과 현실을 구별할뿐 아니라 다른 마음이론의 특징을 보여 준다. 테일러의 연구에서 상상의 친구들을 가지고 있는 아이들은 잘못된 믿음 테스트에서 지속적으로 또래 아이들보다 좋은 결과를 나타냈다. 이것은 글렌다의 위치 변화 시나리오와 모프파나의 사탕 상자와 망고 알맹이를 생각해 보면 알 수 있다. 상상의 친구들을 가지고 있는 아이들은 평균적으로 또래 아이들보다 연기자의 잘못된 믿음을 더 일찍 이해한다.

우리 모두가 생각과 현실을 혼동한다

물론 현실에 대한 아이들의 이해는 불안정하다. 아이들은 자신이 꾼 꿈을 두려워하고, 영화와 현실을 혼동하고, 상상의 나래를 편다. 아이들은 생각과 현실을 완벽하게 분리하지 못한다. 그러나 이것은 어른들도 마찬가지이다. 어른들도 나쁜 꿈에서 깨어날 때 두려움을 느낀다. 꿈은 현실이 아니지만 꿈이 일으키는 감정은 현실이다. 우리가 공포영화를 보는 이유는 영화가 실제로 위험을 일으키지는 않지만 실제적인 공포심을 불러일으키기 때문이다. 우리는 어두운 동네 골목을 걸어갈 때보다 공포영화를 볼 때 으스스한 공포심을 느낀다. 그것은 생생한 감정이고 그 경험은 카타르시스를 느끼게 한다.

자신과 다른 사람들을 위해 상상의 인물을 창조하는 소설가들에게 있어서 그들이 만들어 낸 등장인물들은 그들에게 믿음과 도움을 주는 개체가 된다. 작가 에니드 블라이튼은 이렇게 말했다.

나는 무릎에 휴대용 타이프라이터를 올려놓고 잠시 눈을 감고 생각을 완전히 비운다. 그러면 나의 어린아이들, 나의 주인공들이 내 앞에 서 있는 모습이 또렷하게 보인다. 나는 그들의 머리카락, 눈, 발, 옷, 표정까지 자세하게 볼 수 있다. 나는 그들의 세례명은 알지만 성은 모른다. 나는 누가 무슨 말을 할지 무슨 행동을 할지 모른다. 가끔은 누군가가 재미있는 농담을 해서 타이프를 치고 있는 나를 웃게 만들기도 한다. 그럴 때 나는 "와, 이건 내가 죽었다 깨도 생각해 낼 수 없는 유머야!"라고 생각한다.

이것은 현실과 분리되고 실재와 허구를 혼동하는 어른의 모습이 아니라 글을 쓰는 동안 작가를 도와주는 상상의 친구들을 창조하는 모습이다. 아이들의 상상의 친구들도 비슷한 역할을 한다.

아이들이 상상의 친구들이 실제로 존재하는 것처럼 행동하는 모습은 성인들이 생각을 단순화할 때와 비슷한 모습을 보여 준다. 성인들의 경우엔 어떤 상상물을 구축할 때 이는 실제 세상과 인물을 창조하는 작업의 토대가 되기도 한다. 작가의 경우라면 그들이 창조한 세상과 인물이 우리 삶의 일부분이 된다.

제인 오스틴의 고전 《오만과 편견Pride and Prejudice》에 나오는 엘리자베스 베넷과 다아시 씨를 생각해 보자. 많은 독자들이 이 책을 통해 영국 역사책을 읽는 것만큼 영국 섭정 시대에 대해 많은 지식을 갖게 되었다고 말한다. 오스틴 소설의 등장인물들처럼 옷을 입고 섭정시대의 행동과 대화를 모방하는, 오스틴 애호가들을 위한 웹사이트와 클럽도 있다. 2013년에 출간된 《제인 오스틴처럼 말하고 엘리자베스 베넷처럼 사는 방법: 더 생기 넘치고 사랑스러운 라이프 스타일에 대한 안내서How to Speak Like Jane Austen and Live Like Elizabeth Bennet: Your Guide to Livelier Language and a Lovelier Lifestyle》라는 책도 있다.

이것은 성인들의 비정상적인 행동이나 정신적인 이상 행동이 아니다. 아이들이 상상의 친구들을 만들어 내는 것 같은 상상의 놀이 능력이 성인들에게 확장된 것이다. 이것은 건전하고 통찰력을 제공하는 허구이다. 허구가 실제 삶의 진실을 고양시키는 것을 보여 주는 예이다. 엘리자베스 베넷은 우리에게 더 사랑스럽고 아름다운 삶의 방식을 안내한다. 허구적인 사고는 어른들의 통찰력을 이끌어 내고 피어나게 하는 아동기의 마음이론의 발명품이다.

요약

아이들이 3, 4, 5세가 되면 생각과 바라는 것이 행동으로 이어진다는 것뿐 아니라 거짓말, 비밀 지키기, 설득하기에 대해 알게 된다. 아이들은 생각이 존재하기는 하지만 물리적인 형태가 없다는 것, 즉 생각은 외적인 행동이나 외양과는 다르게 감춰져 있다는 것, 생각이 반드시 사실은 아니라는 점을 이해한다. 또한 아이들은 자기가 사랑하는 상상의 친구들이 실제로 존재하지 않는다는 것도 이해한다. 놀랍게도 아주 어린아이들도 어떤 생각들—옳은 믿음—은 세상을 반영하고 따라서 세상의 행동을 만들어 낸다는 것을 알고 있다. 그러나 상상은 다른 세상, 즉 허구의 세상에서 사건을 만들어 내는 생각들이라는 것을 이해한다.

생각의 다양성과 아름다움은 아이들의 특별한 상상의 세계뿐 아니라 시재하는 일상의 세상으로 확장된다. 그것은 어른의 경우도 마찬가지이다. 우리는 각자 어린 시절의 수혜자들이기 때문이다.

5장

마음이론의 발달과 적용

20년 전, 수십 년에 걸친 실패 끝에 컴퓨터가 처음으로 체스 그랜드 마스터를 이겼다. 이것은 인공지능^AI 시대의 도래를 선언한 사건이었다. 체스 경기는 인간 지능의 정점이다. 지능형 컴퓨터 딥 블루Deep Blue가 게리 카스파로프를 이겼다는 것은 컴퓨터가 인간의 수준에 도달했음을 의미한다. 곧 컴퓨터가 언어를 번역하고, 언어를 인식하고, 심지어 컴퓨터 이론을 마스터해 훨씬 더 좋은 컴퓨터를 설계하는 등 인간의 업무를 대체할 거라는 전망이 나왔다. 《2001 스페이스 오디세이2001: A Space Odyssey》 같은 책과 영화들은 빠르게 다가올 미래를 예측했다.

이 예측 가운데 많은 것들이 현실이 되었다. 우리는 이제 노트북으로 구글 번역을 이용해서 수십 가지의 다른 언어로 된 번역을 얻을 수 있다. 아이폰으로 시리에게 길을 물을 수 있고, 편지를 구술할 수 있고, 식당을 추천받거나, 티켓을 예약할 수 있다. 아침 식탁에 앉아서 아마존의 알렉사에게 자동차 시동을 걸고 냉방기를 작동시키는 것 같은 여러 가지 심부름을 시킬 수 있다.

스마트 기술은 이미 인간과 비슷한 수준에 도달했고 점점 더 인간과 비슷해져 가고 있다. 과연 그럴까?

그렇지 않다. 과학자들이 스마트한 인간의 업무들을 수행할 수 있는 컴퓨터를 만들어 낸 것은 인간의 생각을 복제하려는 노력을 포기했기 때문에 가능한 일이었다. 이러한 "인간의" 업무들은 현재 비인간적인 방식, 즉 거대한, 무작위 대입 컴퓨팅brute—force computing을 사용함으로써 이루어지고 있다. 이것을 인공artificial 지능이라고 부르는 것도 그런 이유에서다.

무작위 대입 컴퓨팅은 컴퓨터의 거대한 메모리로 엄청난 연산능력을 실현한다. 딥 블루는 체스를 움직이기 전에 현재의 위치에서 적어도 앞으로 여섯 번에서 열 번 이동할 수 있는 방법을 내다보고 계산했다. 그런 다음 메모리에 저장된, 과거의 그랜드 마스터 게임에서 이루어진 70만 번의 체스 이동을 평가했다. 딥 블루는 1초당 약 2억 가지의 체스 이동 방법을 계산할 수 있었다. 딥 블루는 통계적으로 가장 유리한 다음 이동을 선택했고 그 결과 게리 카스파로프를 이길 수 있었다.

언어 번역도 같은 방식으로 이루어진다. 수십 년간 컴퓨터 과학자들은 컴퓨터가 인간이 번역하는 방식으로 번역하게 하려는 시도를 했지만 결과는 실패였다. 컴퓨터 번역의 획기적인 발전은 컴퓨터의 거대한 비인간적인 메모리와 비교 능력을 활용하기 시작했을 때 비로소 가능했다.

현재 그들은 엄청난 분량의 오리지널 버전과 사람이 번역한 버전의 텍스트를 입력한다. 컴퓨터는 두 가지 버전을 비교하고 오리지널 버전의 단어와 구를 다른 나라 언어의 단어와 구와 비교한다. 이것은 거대한 데이터베이스에 저장된다. 사용자가 번역을 요구하면 컴퓨터는 번역할 단어나 구와 가장 자주 연결되는 외국어 단어나 구를 선택한다.

이러한 "데이터 마이닝data—mining" 과정은 구글 번역이 빠른 속도로 다양한 언어의 번역을 제공하는 이유와 그 번역이 때로 어색하고 적절하지 않은 이유를 설명해 준다. 이런 오류는 특히 관용구("that was a close call큰일 날 뻔했다")나 비문자적인 비유("she was rocked by the news그녀는 그 소식에 충격을 받았다") 같은 구절을 번역할 때 나타난다. 이것은 또한 컴퓨터 문법 검색 프로그램이 작동하는 방식이기도 하다. 그런 이유로 이 프로그램이 완벽한 문장을 틀리게 교정하는 당황스러운 경우가 일어나기도 한다. 당신의 문장 구조가 정확해도 그 문장이 통계적으로 가장 자주 사용하는 문장이 아닐 수 있다. 자동교정 시스템은 당신이 사용한 단어를 바꿔서 앞뒤가 맞지 않고 이해할 수 없는 문장으로 만들기도 한다.

데이터 마이닝은 방대한 양의 정보를 이용해서 어떤 것과 그 다음 것의 연관성을 찾아내는 작업도 포함한다. 아마존은 당신이 아마존에서 구매한 모든 상품에 대한 데이터를 통해 "당신 같은 사람들"에게 맞춘 상품 광고를 보내기 위해 "빅 데이터"를 이용한다.

컴퓨터와 비교하면 인간은 이런 종류의 데이터 마이닝은 할 수 없지만, 체스 게임을 능숙하게 할 수 있고, 언어를 정확하게 번역할 수 있다. 인간은 또한 마음을 읽는다. 이것은 컴퓨터가 할 수 없는 일이다. 우리는 이 모든 일을 전혀 다른 방식으로 한다. 우리는 이론, 특히 마음이론을 만들어 낸다. 우리는 객관적인 사실들을 설명하기 위해 매우 중요한 이론을 만들어 내고 그 이론을 이용해서 새로운 구체적인 사항들을 이해한다. 또는 이론에 맞지 않는 사건들을 해석하기 위해 우리의 이론을 바꾸기도 한다. 이렇게 생각하는 방식—일상의 이론적인 사고—은 데이터 마이닝을 훨씬 뛰어넘는 것이다. 템플 그랜딘은 우리가 데이터 마이닝보다 얼마나 뛰어난 존재인지 알려준다.

템플 그랜딘: 그림으로 생각하기

템플 그랜딘은 작가이자 신경학자인 올리버 삭스에게 어린아이들과 교류하는 데 어려움을 느낀다고 말했다. 그녀는 어린아이들이 자폐증 환자인 자신이 결코 할 수 없는 방식으로 다른 사람들을 이해한다고 생각했다. 아이들은 우리의 마음이론 개념—생각, 바람, 희망, 아이디어, 취향—을 이용해서 다른 사람들의 삶과 생각을 쉽게 이해할 수 있다. 그러나 그랜딘은 데이터를 통해 사회적인 상호작용의 규칙적인 패턴을 발견한다.

그랜딘은 오랜 시간에 걸쳐 유튜브 클립 같은, 방대한 경험의 라이브러리를 저장해 왔다고 말한다. 그랜딘은 사람들이 다양한 상황에서 어떻게 행동하는지 이해하기 위해 마음속에서 이 클립들을 반복적으로 재생한다. 그리고 이 정보를 이용해서 비슷한 상황에서 사람들이 어떻게 행동할 것인지 예측한다. 그랜딘은 "이것은 철저하게 논리적인 과정"이라고 말했다. 그랜딘의 방법은 대부분의 사람들이 무시하고 지나칠 수 있는 많은 사실들을 기억에 저장하는 힘든 데이터 마이닝 과정이다. 그런데도 그녀는 우리가 쉽게 파악할 수 있는 것, 즉 통찰력이 필요한 순간 핵심을 놓친다.

그랜딘이 설계한 첫 번째 동물 시설이 계속 문제를 일으켰을 때 그녀는 수많은 문제점들을 확인하고 나서야 한 직원이 그녀가 하는 일을 방해하고 있다는 것을 깨달았다. 그녀에게 사람들의 부정행위는 논리적인 일이 아니었고, 이것은 사실 정황을 기반으로 구축해 둔 그녀의 사고방식 체계 안에서는 생소한 일이었다. 그랜딘은 완전히 다른 관점에서 그녀의 클립들을 재평가해야 했고 그러고 나서야 "의심하는 것을 배울 수" 있었다.

안타깝지만 이것이 마음이론이 없는 삶이다. 이는 데이터 마이닝을 통해 사회를 이해하는 삶이다. 딥 블루도 같은 문제를 경험할 것이다. 딥 블루는 하나의 체스 수^{gambit}가 다른 선수를 속이려는 시도라는 것을 모른다. 수는 계책, 허세, 속임수 같은 것이다. 그것은 상대방의 혼란이나 잘못된 믿음을 만들어 내기 위한 상호작용이다. 딥 블루는 상대방을 혼란시키려는 의도적인 시도를 할 수 없었다. 딥 블루는 단지 스코틀랜드, 퀸스, 또는 코크런 갬빗을 이용해서 테스 마스터들이 시도했던 과거의 예를 저장하고 통계적으로 가장 높은 확률을 가진 수에 따라 체스를 이동할 수 있었을 뿐이다.

앞에서 살펴본 것처럼 그랜딘은 생각이 일반적으로 작용하는 방식과 구체적으로 자신의 생각이 작동하는 방식에 대한 개념을 가지고 있다. 그랜딘은 자신의 생각이 구체적인 그림 안에서 작동한다고 말한다. 그녀의 생각은 비디오를 저장하고 숫자를 계산한다. 물론 이 표현이 실제로 그녀의 생각을 정확하게 표현한 것인지는 분명하지 않다. 예를 들면, 그랜딘의 두 번째 자전적인 책,《나는 그림으로 생각한다Thinking in Pictures》에서 그녀는 자폐증 환자들이 그림으로 생각한다고 말했다. 이것은 자폐증 환자들의 정신적인 장점과 사회적인 약점을 모두 설명해 주는 말이다. 그러나 이것은 정확한 지적은 아니다. 자폐증 환자들 중 어떤 사람들은 그림으로 생각하지만, 대부분의 자폐증 환자들은 평범한 사람들과 비슷하거나 그보다 못한 수준으로 그림으로 생각한다. 여기서 우리는 두 가지 사실에 주목해야 한다. 첫째, 이것은 그랜딘이 자신의 생각을 표현한 것이다. 둘째, 이것은 우리가 사람들에 대해 생각할 때 작용하는 우리의 일상적인 생각을 표현한 것이 아니다. 그랜딘은 생각—바람think—want 이론을 가지고 있지 않았고 세상을 데이터 마이닝으로 표현했다.

그랜딘은 밤에 올리버 삭스와 산책을 하면서 이렇게 말했다. "나는 한밤중에 별을 올려다보면 '신비로운' 감정을 느껴야 한다는 걸 알지만 느낄 수 없어요. 나도 그런 감정을 느끼고 싶어요. 나는 그런 감정을 생각으로만 이해할 수 있어요."

삭스는 "장엄하다는 감정을 느끼나요?"라고 물었다.

그랜딘은 "나는 장엄하다는 것을 생각으로 이해해요"라고 대답했다. 그녀는 데이터 마이닝을 통해서 '장엄하다'라는 단어가 수많은 별이 빛나는 밤이나 베토벤의 소나타나 고대 유적지 같은 것에 적용된다는 것을 알고 있다. 그러나 그녀에게는 그런 감정이 없다.

이것은 감정이 부족하다거나 그랜딘의 뇌의 감정회로가 비정상적이라는 의미가 아니다. 그랜딘은 슬픔, 분노, 심지어 사랑 같은 기본적인 감정을 경험한다. 그녀는 소를 사랑한다. 그러나 장엄함은 기본적이고 원초적인 감정이 아니라 생각과 결합된 감정이다. 그것은 놀라운 감정이지만 우리가 우리 자신보다 더 큰 신비와 의미를 접하고 감동받고 압도당할 때 느끼는 놀라운 감정이다.

그랜딘은 이러한 감정을 지적으로 이해하는 수준에 도달했지만 그것은 평범한 사람들의 이해와는 다른 것이다. 심지어 어린아이들이 노력을 전혀 들이지 않고서도 얻는 이해와도 다른 것이다. 우리가 그러한 "이해에 도달하는 것"은 우리가 마음이론을 사용하고 개발하는 방식에서 비롯된다. 다른 자폐증 환자들과 마찬가지로 그랜딘은 우리의 일반적인 마음이론을 가지고 있지 않기 때문에 평범한 어린아이도 얻을 수 있는 마음이론을 얻을 수 없는 것이다.

일상적인 이론들

우리는 그랜딘과 우리의 차이점을 통해 우리가 일상적인 이론, 특이 마음이론을 형성하는 방식을 이해할 수 있다. 이 과정은 과학자들이 이론을 만들어 내는 방식과 매우 비슷하다. 과학자들은 관찰이나 실험을 통해 데이터를 축적한다. 과학자들은 단지 데이터에서 규칙적인 패턴을 찾아내는 것보다 더 중요한 작업을 한다. 그들은 왜 다른 방식이 아니라 그 방식으로 이루어지는지 이해하고 설명하기 위해 노력한다. 유명한 이론물리학자 스티븐 호킹은 "상이한 현상들을 단순하게 풀이할 때 과학은 가장 아름답다"고 말했다. 우리는 모두 이런 종류의 아름다움을 만들어 내기 위해 노력한다.

과학자들은 일어나고 있는 일을 설명하고 이해하기 위해 이론을 사용한다. 과학자들은 이론에 의해 복잡한 현상들을 체계화하고 단순화한다. 그리고 개별적인 사실들과 상호관계가 아닌, 이론을 이용해서 관찰된 다양한 사실들의 연관성을 도표화한다. 그 다음 순서로 과학자들은 수많은 다양한 생각들을 아인슈타인의 상대성 이론이나 다윈의 진화론 같은 더 큰 시스템으로 구성한다. 하나의 이론은 또한 미래를 예측하는 데 사용될 수 있다. 새로운 데이터를 수집하면 그 데이터는 어떤 현상을 보여 줄까?

이론을 만드는 과정은 복잡하게 보이지만 우리는 모두 매일 이론을 만들어 낸다. 당신은 지금 한 식당의 2인용 테이블에 혼자 앉아 있다. 당신의 데이트 상대인 스테이시는 아직 오지 않았다. 당신은 스테이시가 약속을 "잊어버린 게 분명해"라고 생각한다. 당신의 더 큰 마음이론은 사람들이 자주 약속을 잊어버리고 기억은 오류가 있다고 말한다. 당신은 스테이시에 대한 자신의 이론도 적용한다. 스테이시는 대체로 성실한 편이지만 요즘 들어 좀 산만해진 것 같다. 그의 휴대폰이 망가져서 일정을 확인하거나 전화를 할 수 없었을 것이다. 당신이 할 수 있는 가장 좋은 설명은 그가 오지 않은 것이 이례적이긴 하지만 충분히 이해할 수 있는 일이라는 것이다. 그것은 당신의 일반적인 마음이론과 스테이시의 생각과 행동에 대한 구체적인 이론이 상호작용했기 때문에 가능한 해석이다. 이 문제는 그렇게 해결된 것 같았다.

그러나 다음 날 당신이 스테이시에게 전화를 하자 그는 사과하기는커녕 다음 약속을 거절하고 주제를 바꾸고 전화를 금방 끊어 버린다. 스테이시는 그 후 며칠 동안 당신의 전화를 받지 않고 당신이 건 전화에 회답도 하지 않는다. 이제 당신은 이 상황을 다시 생각해야 한다. 당신의 마음이론은 새로운 설명을 제시한다. 스테이시의 애정이 식었거나 감정이 시들해졌다. 아마도 스테이시와는 "끝난 것" 같다.

이것은 데이터 마이닝이 아니다. 당신은 단지 외적인 현상과 전화를 받지 않는 스테이시의 행동을 기반으로 이 현상을 계산하지 않는다. 당신은 데이터를 넘어서서 당신의 이론과 생각에 의해 이 상황을 이해한다. 당신은 스테이시가 약속장소에 오지 않은 것은 통계적인 변칙이 아니라는 결론을 내린다. 그는 자기가 원하는 것을 가져다준다고 생각하는 일을 하는 사람이다. 그는 갑작스럽게 이별을 통보하고 있다. 당신은 그에게 차였다. 당신은 단지 데이터를 축적하는 것이 아니라 자신의 이론을 이용해서 데이터를 빠른 속도로 의미 있는 방식으로 이해한다.

그리고 당신의 이론 즉, "스테이시"와 "우리의 관계"에 대한 이론은 발전한다. 그것은 당신이 축적해 온 데이터를 기반으로 기억의 오류로부터 식어 버린 애정으로 이동한다. 물론 당신의 새로운 이론이 틀릴 수도 있다. 스테이시가 가벼운 뇌졸중을 일으켜서 일시적으로 기억을 못할 수도 있다. 이처럼 당신의 이론은 당신을 잘못된 방향으로 이끌어갈 수도 있다. 그러나 이론은 지속적으로 작용하고 변화를 허용한다.

마음이론은 세상을 보는 우리의 관점이다. 어린아이들도 마찬가지다. 아이들은 아주 어릴 때부터 마음이론을 개발한다. 그리고 그것은 우리가 일생 동안 의지하고 살아가는 토대가 된다.

이론 만들기

과학적인 이론들은 변화하고 수정되면서 세 가지 대표적인 특징을 나타낸다.

① 이론은 단계적으로 발전하면서 변화한다. 예를 들면, 천문학 이론은 다음과 같은 단계를 거치면서 발전했다. 지구는 편평하다 → 지구는 둥글다 → 태양은 지구의 둘레를 회전한다 → 지구는 거대한 태양의 둘레를 회전한다.

② 이러한 변화는 증거로부터 시작된다. 바다를 항해하는 그리스인들의 관찰, 그 다음은 관측소의 관찰, 마지막으로 망원경과 카메라를 이용한 관찰이 천문학 이론의 변화에 기여했다. 새롭고 다양한 종류의 증거들은 발전을 지연시키거나, 촉진시키거나, 변화시킬

수 있다.

③ 이전 이론은 나중 이론을 제한하거나 발전시킬 수 있다. 천문학자들은 지구가 둥글다는 사실을 이해함으로써 태양이 지구의 둘레를 회전한다고 생각할 수 있었다. 이 개념은 처음에는 지구가 태양의 둘레를 회전할 수도 있다는 생각을 방해했지만, 태양, 달, 행성들을 더 주의 깊게 관찰하게 했고, 다양한 추정과 비교를 가능하게 했다. 결국, 이러한 추정은 태양 중심설을 이끌어 냈다. 알버트 아인슈타인은 뉴턴의 이론으로 시작해서 그 이론을 변형시켰다. 스티븐 호킹은 아인슈타인의 이론으로 시작해서 그 이론을 확장시켰다.

이론? 또는 비이론?

우리의 마음이론 또한 이런 방식으로 작동한다. 마음이론도 실제로 하나의 이론이기 때문이다.

이것은 쉽게 이해되지 않는 말일 수도 있다. 과학은 소수에 의해 실행되고 지식인들과 기술자들에 의해 뒷받침된다. 과학은 일상적인 생각에는 적용되지 않는다. 그러나 마음이론과 과학 사이에는 분명히 유사점이 존재한다. 첫째, 우리가 사람들, 행동, 생각을 이해하기 위해 사용하는 이론도 과학적인 이론처럼 데이터와 이론(데이터 마이닝이 아닌)의 상호작용으로부터 발전한다.

둘째, 우리의 마음이론도 과학적인 이론이 작용하는 방식으로 작용한다. 우리의 마음이론은 일상적으로 일어나는 일들을 통합하고 이해하는 틀을 제공한다. 마음이론은 일상적인 경험과 관찰에 의해 뒷받침되고, 과학적인 이론은 지식과 망원경에 의해 뒷받침된다는 점에서 다르지만 작용하는 방식은 동일하다.

일상적인 이론에 대한 이해는 난해하고 복잡한 사실들에 대한 이해를 가능하게 한다. 과학의 존재 가치가 설득력이 있는 이유는, 우리가 우리 주변에서 일어나는 일들을 설명하고 예측하는 것이 기본적으로 가치 있는 일임을 인식하기 때문이다. 우리는 항상 이런 일들을 하면서 살아간다. 과학과 과학적인 이론 또한 같은 방식으로 발전해 왔다. 그것은 과학자들도 우리와 똑같은 뇌를 가지고 있기 때문이다. 과학자들이나 과학자가 아닌 사람들 모두에게 있어서 기본적인 이론 형성은 유아기와 아동기에 배우는 마음이론 기술로부터 발전한다.

내 동료인 앨리슨 고프닉의 말처럼 이것은 어린아이가 작은 과학자라는 의미가 아니다. 그것은 과학의 복잡성에 초점을 맞춘 것이다. 고프닉의 주장이 의미하는 것은 과학자들이 우리와 마찬가지로 이론을 만들어 내는 큰 어린아이들이고 단지 더 많은 시스템을 가지고 더 세심하게 그 이론을 사용한다는 점이 다르다는 것이다. 이러한 비교는 어린아이에게 초점을 맞춘다. 스티븐 호킹은 이렇게 말한다. "나는 자라지 않는 어린아이와 같다. 나는 아직도 '어떻게', '왜'라는 질문을 계속한다. 그리고 때때로 나는 그 질문에 대한 답을 발견한다." 우리의 이론 만들기는 가장 인간적인 학습과 이해의 틀을 제공한다.*

과학과 일상적인 삶의 차이, 과학적인 이론과 일상적인 이론의 차이는 실제로 존재한다. 그러나 그 사이의 유사성 또한 실제로 존재한다. 이것은 모든 이론이 인간의 이해로부터 시작된 것임을 의미한다. 더 구체적으로 말하면 모든 이론이 인간의 사회적인 이해로부터 기원한 것임을 나타낸다. 과학은 사회적인 작업이다. 과학은 협력을 필요로 한다. 다시 말해서 과학은 다른 사람들이 믿는 것에 대한 민감성을 필요로 한다. 과학은 또한 믿음을 기반으로 한 증거를 이용해서 다른 사람들을 설득하는 방법에 대한 지식을 필요로 한다. 이것은 4세 아이들이 대부분 할 수 있는 일이다. 과학은 또한 이전의 지식 위에 나중의 지식을 쌓고, 증거를 토대로 가설을 세우는 작업을 필요로 한다. 이것 또한 아이들이 할 수 있는 일이다. 과학은 어린아이들의 "왜?" "왜?" "왜?"라는 질문에 대한 설명을 중요시한다. 우리의 복잡한 과학적인 이론들은 인지적인 능력과 사회적인 기술을 필요로 한다. 그리고 이것은 아이들이 마음이론을 형성하면서 생겨나고 발달하는 능력이다.

이론화 과정이 실제로 아이들의 아이디어를 축적하는 방식을 설

---

* 물론, 우리는 많은 분야에서 이론을 만든다. 템플 그랜딘은 동물 시설을 설계할 때 이론을 만든다. 그랜딘은 데이터를 모으고, 사실의 가능성을 저울질하고, 가축과 가축 주인들을 위해 가장 좋은 설계를 결정한다. 그러나 그랜딘은 자폐증 환자가 아닌 사람들이 쉽게 습득할 수 있는 기술, 즉 동료들의 심리를 이해하는 일에는 같은 방식을 적용하지 못한다.

명한다면, 아이들의 마음이론은 과학적인 이론과 동일한 세 가지 대표적인 특징을 가진다고 볼 수 있다.

① 마음이론 발달은 단계적으로 진행된다.
② 변화는 증거로부터 발전한다. 따라서 다른 경험은 다른 일정표와 다른 이해의 순서를 나타낼 수 있다.
③ 이전의 지식이 나중의 학습을 제한할 수도 있고 아니면 가능하게 할 수도 있다.

6장

블록 쌓기

말리는 검은 곱슬머리와 커다란 검은 눈동자, 통통한 얼굴을 가진 예쁜 아기였다. 말리의 부모 조와 엘렌은 첫 아이인 말리를 병원에서 집으로 데리고 오면서 말리가 미래에 축구 선수가 될지, 과학자가 될지 아니면 미국 대통령이 될지 꿈꾸면서 행복해했다.

말리는 순하고, 반응을 잘 하고, 옹알이도 많이 했다. 엘렌이 "아기 돼지 놀이"를 하거나 조가 말리의 동그란 배를 간질이면 말리는 얼굴에 방그레 미소를 띠었다. 조와 엘렌은 말리가 세상에서 가장 멋진 아기라고 확신했다. 정말 사랑스러운 아기였다.

엘렌이 말리가 좀 이상하다고 생각하기 시작한 것은 말리가 한 살이 조금 지났을 때였다. 말리는 옹알이가 줄어들었고 아직 한 마디도 말을 하지 않았다.

조는 걱정하는 엘렌을 안심시켰다. "말리는 아주 잘 하고 있어. 말은 아직 못 해도 괜찮아. 말리의 지능은 아무 문제가 없어. 우리가 가르쳐준 베이비사인baby signs*을 다 할 수 있고 자기만의 사인도 만

---

* 많은 부모들이 자녀가 말을 시작하기 전에 베이비 사인이라는 단순화한 사인

들어 냈잖아."

그러나 엘렌은 마음을 놓을 수가 없었다. 말리는 그 나이 또래의 다른 아이들에 비해 반응을 잘 하지 않는 것 같았다. 얼굴을 마주 보고 있을 때는 괜찮지만 그렇지 않을 때는 자기 세계에 빠져 있는 것 같았고 바로 옆에 있지 않으면 주의를 끌 수 없었다.

말리가 두 살 때 소아과의사가 말리를 청각 전문가에게 소개했다. 말리는 한 달 전에 선천적으로 귀가 전혀 들리지 않는다는 진단을 받았다.

말리의 예는 정상 청각 부모들에게서 태어난 청각장애 아동들에게 드문 일이 아니다. 청각장애는 생각보다 진단하기 어렵기 때문이다. 말리 같은 청각장애 아이들은 대부분 옹알이를 하고 반응도 하고 큰 소리에 놀라기도 한다. 큰 소리는 음파뿐 아니라 충격파를 일으키기 때문에 청각장애 아동들이 충격파에 반응하는 것이다. 그들은 가까운 곳에서 울리는 큰 소리의 베이스 스피커의 진동을 느낄 수 있다. 정상 청각 아동들과 청각장애 아동들의 차이는 미묘하다. 부모들과 심지어 소아과 의사들도 자주 그 점을 놓친다. 그리고 말리가 태어

몸짓을 사용한다. 이 용어는 캘리포니아 데이비스 대학교의 린다 아크레돌로 Linda Acredolo가 만든 용어이다. 대표적인 사인은 "더", "우유", "그만", "없어" 같은 것이다. 아이들이 몇 달 후 단어를 사용하기 시작하면 베이비 사인은 대부분 사용하지 않게 된다.

날 당시에는 미국의 모든 신생아들이 청력검사를 받지는 않았다.*

진단을 받은 후 조와 엘렌은 충격, 부정, 비탄, 분노의 감정을 겪었다. 두 사람은 말리의 아동기와 미래에 대한 생각을 완전히 바꿔야 했다. 그리고 부모로서 말리를 가장 잘 양육할 수 있는 방법을 배우기 시작했다. 그것은 매우 더디고 힘든 과정이었다. 대부분의 미국 성인들이 그렇듯이 그들은 청각장애에 대해 아는 것이 없었고, 청각장애 아동들의 교육, 활동, 기회에 대해서는 더욱 몰랐다.

말리가 세 살이 되었을 때 엘렌은 미국 수화ASL; American Sign Language를 배우기 시작했다. 그것은 매우 어려운 일이었지만 말리의 언어 학습과 읽기 같은 나중의 교육에도 도움이 되었다. 빨리 시작하면 할수록 말리와 엘렌에게 더 유익한 과정이었다.

물론 말리와 말리의 부모는 이미 서로 소통하고 있었다. 그들은 물건을 손가락으로 가리키고 손을 흔들었다. 몇 가지 베이비사인을 사용했고 자연스럽게 "가족사인"을 만들었다. 예를 들면, "간지럼 태우기"는 손가락 흔들기, "나"는 가슴을 가볍게 두드리기, "모자"나 "머리카락"은 머리를 가볍기 치기 같은, 그들이 모두 이해할 수 있는 제스처였다. 말리와 말리의 부모는 "나를 간지럽혀주세요"와 "엄마 모자"같은 더 복잡한 생각과 요구를 표현하기 위해 두 개의 사인을 연결해서 사용했다.

---

* 2010년에 모든 주에서 의무적으로 신생아 청각검사를 실시하게 했지만 전국에서 제대로 실행되지는 않았다. 지금도 미국의 신생아들 가운데 약 5퍼센트가 청각검사를 받지 않는다.

말리와 말리의 엄마는 이렇게 시작했다. 그러나 다른 신호어sign language와 구어spoken language와 마찬가지로 수화는 복잡하고 임의적이었다. "엄마", "집", "이름"을 나타내는 구어는 실제의 엄마, 집, 이름과 연관성이 없다. 수화도 마찬가지다. 게다가 수화는 자신의 문법과 구문론을 가지고 있고, 그것은 영어나 다른 구어와 다르다. 또한 수화는 단어를 연결하지 않고 공간과 입체를 이용한다.

엘렌은 수화를 배우려고 굳게 마음먹고 노력했지만 수화를 유창하게 할 수 없었다. 정상 청각 부모들이 수화를 잘하는 경우는 드물고 아이가 어릴 때는 특히 더 그렇다. ASL를 배우려는 결연한 노력에도 불구하고 엘렌은 실제로 유창한 수화를 습득할 수 없었다. 엘렌은 스페인 상용 회화집으로 처음 스페인어를 배우는 사람들처럼 지금 여기에 있는 물건을 가리키기 위해 간단한 사인이나 몸짓을 사용해서 신호를 보냈다.

엘렌은 수화 문법과 구문론에 숙달하는 데 한계가 있다는 것을 인식하고 자신이 할 수 있는 것에 집중했다. 그녀는 말리에게 책, 여자아이, 공, 개, 달리기, 마시기, 숟가락 같은 일상적이고 눈에 보이는 것을 나타내는 사인을 가르쳤다. 대부분의 정상 청각 부모들과는 다르게(그리고 청각장애 부모의 청각장애 아동들과 다르게), 엘렌이 말리와 보내는 시간의 대부분은 말리를 가르치는 일에 사용되었다.

엘렌과 조는 열심히 노력했지만, 말리의 경험은 청각장애 부모에게서 태어난 청각장애 아동과는 매우 달랐다. 청각장애 부모에게서 태어난 청각장애 아동들은 "수화언어 습득자native signer"가 된다. 정상 청각 아동들이 자라면서 정상 청각 부모로부터 점점 더 복잡한 문장을 접하게 되는 것처럼, 청각장애 아동들도 어렸을 때부터 다른 수화언어 습득자들로부터 점점 더 복잡한 문장을 접하게 된다. 그리고 수화언어를 습득한 아동들 주위의 어른들은 그 아동들이 이해할 수 있는 방식으로, 즉 시각적으로 의사소통을 한다. 이러한 청각장애 아동들은 태어날 때부터 그들이 이해할 수 있는 방식으로 상호작용적이고 자연스러운 환경에서 성장한다. 이런 아동들과 비교할 때 말리의 상호작용은 단절되고 교훈적인 방식으로 이루어졌다.

학교에 다니기 시작하면서 말리는 수화를 능숙하게 사용하는 교사들과 다른 청각장애 아동들과 매일 접촉했다. 그 아이들 중에는 수화언어 습득자들도 있었다. 그 결과 말리의 수화실력이 빠른 속도로 엘렌의 수화 실력을 뛰어넘었다. 말리의 공동체는 가족을 넘어 확장된 동시에 좁아졌다. 말리는 점점 더 수화 사용자들과 교류하는 것을 좋아했다.

마음이론 만들기

말리와 다른 청각장애 아동들은 상호작용, 사회화, 소통의 차이 때문에 마음이론의 발달 속도가 정상 청각 아동들과 매우 다르다. 이것은 그들의 미래에 매우 큰 영향을 미친다. 청각장애는 마음이론 발달에 영향을 미치는 많은 요인 중 하나로 아동기에 그 영향력이 매우 크다.

마음이론은 사람들의 정신적인 삶을 이해하는 복잡한 생각 체계이고 복잡한 아이디어 체계이다. 마음이론은 의도, 생각, 감정, 상상, 정신적인 개체, 생각의 프라이버시를 기반으로 이루어지고 또한 만들어 낸다. 이러한 요소는 자신을 가장하고, 남을 속이고, 이해하고, 설득하고 가르치는 인간 속성의 근원이다.

따라서 마음이론은 엄청난 정신적인 발달을 가능하게 한다. 그러나 다른 복잡한 과제가 그렇듯이 마음이론 또한 오랜 시간에 걸쳐 단계적으로 발달한다. 연구원들은 몇 가지 중요한 단계에 초점을 맞추는 방법으로 아동의 발달 단계를 추적했다.

① 다양한 욕망: 사람들은 같은 사물에 대해 다양한 선호도를 가질 수 있다. 이것을 이해하는 아이는 예를 들어 어떤 사람은 사과를 좋아하지만 어떤 사람은 사과를 좋아하지 않는다는 것을 이해할 수 있다.

② 다양한 믿음: 사람들은 같은 상황에 대해 다른 믿음을 가질 수 있다. 한 아이가 두 사람이 닫혀 있는 평범한 상자를 생각하는 것을 보고 있다고 가정해 보자. 사람들이 다른 믿음을 가질 수 있다는 것을 이해하는 아이는 두 사람이 상자 안에 들어 있는 물건에 대해 다른 생각을 가질 수 있다는 것을 이해한다.

③ 앎—욕망: 사람들은 다른 믿음을 가지고 있을 뿐 아니라, 어떤 사람은 상자 안에 무엇이 들어 있는지 알고(사과 한 개!), 어떤 사람은

모를 수도 있다. 아이는 그 차이를 이해할 수 있고, 더 일반적으로 말해서 어떤 사람들은 다른 사람들이 알고 있는 것을 모를 수도 있다는 것을 이해한다.

④ 잘못된 믿음: 모르는 것은 잘못된 믿음을 가지고 있는 것과 다르다. 《로미오와 줄리엣》에서 로미오는 줄리엣에게 어떤 일이 일어났는지 모르는 게 아니라 그녀가 죽었다고 생각한다(잘못된 믿음). 이 단계에 이르면 아이는 어떤 사건이 사실이라고 해도 그 사건에 대해 완전히 틀린 사실을 믿는 사람도 있다는 것을 이해한다.

⑤ 숨겨진 생각: 욕망, 앎, 모름, 생각 같은 내면의 상태가 반드시 그 사람의 행동이나 표정으로 드러나지는 않는다. 사과를 싫어하는 사람이 집주인에게 예의를 차리기 위해서 좋아하는 척할 수 있다. 어떤 것을 모르는 사람이 요행으로 맞춰서 아는 것처럼 보일 수도 있다. 이처럼 아이들은 생각을 숨길 수 있다는 것을 이해한다.

그림 6.1은 이 단계를 보여 준다.

이 만화 같은 그림은 아동이 사람들의 정신적인 상태를 이해하는 단계를 보여 준다. 연구원들은 각각의 단계를 깊이 탐색했다. 내가 좋아하는 대표적인 브로콜리—금붕어 연구는 첫 번째 단계인 다양한 욕망을 나타낸다.

캘리포니아 버클리 대학교의 베티 레파촐리와 앨리슨 고프니크는 18개월 된 아이들에게 브로콜리와 금붕어 크래커를 먹게 하고 어떤 것이 더 좋은지 물었다. 당연히 대부분의 아이들이 금붕어 크래커를 선택했다. 다음에 베티는 아이를 보면서 과자를 먹었다. 금붕어 크래커를 먹을 때는 "냠냠"소리를 내면서 미소를 지었고 브로콜리를 먹을 때는 "웩"소리를 내면서 얼굴을 찌푸렸다. 아이들 중 절반 정도가 자신이 좋아하는 것과 일치하는 상황Match situation을 지켜보았다. 베티는 크래커를 좋아하고(냠냠), 브로콜리를 싫어했다(웩). 이것은 아이가 좋아하는 것과 일치했다. 나머지 절반의 아이들에게 베티는 불일치 상황Mismatch situation을 보여 주었다. 베티는 브로콜리를 좋아하고 크래커를 싫어했다.

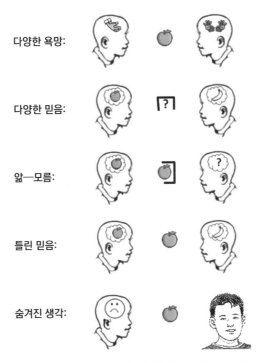

다양한 욕망:

다양한 믿음:

앎—모름:

틀린 믿음:

숨겨진 생각:

그림 6.1 마음이론 이해의 단계. 이 그림들은 아동이 다른 사람들의 정신 상태를 이해하는 단계를 나타낸다.

다음 테스트가 시작되었다. 베티와 아이 사이에 있는 테이블 위에 두 개의 작은 그릇이 놓여 있었다. 한 그릇에는 금붕어 크래커가 들어 있고 다른 그릇에는 브로콜리의 꽃 부분이 들어 있었다. 베티는 아이를 보면서 두 개의 그릇 사이에 손을 뻗으며 "나는 더 먹고 싶어. 내게 크래커 좀 더 줄래?"라고 말했다.

베티는 주의해서 각각의 그릇을 가리키지 않았지만, 18개월 된 아이들은 대부분 베티가 좋아한다고 말했던 과자를 주었다. 불일치 상황을 지켜본 아이들은 베티에게 브로콜리를 주었고, 일치 상황을 지켜본 아이들은 금붕어 크래커를 주었다.

브로콜리—금붕어 테스트는 아이들이 다양한 욕망을 이해한다는 것을 보여 준다. 서로 다른 사람들이 다른 바람, 욕구, 회피성을 가지고 있다는 것을 이해한다는 것이다. 아이는 금붕어를 좋아하지만 베티는 브로콜리를 좋아한다. 조금 더 큰 아이들은 이것을 명확하게 설명할 수 있다.

로스(3살 반)   이건, 내 빵 위에 있었던 건데, 신맛이 나….

나는 이거 싫어요.[아빠에게 빵을 건넨다]

아빠   왜 아빠가 그걸 좋아할 거라고 생각해?

로스   아빠는 신 걸 좋아하잖아요. 그러니까 아빠가 그걸 드세요.

단계적인 발달

이 다섯 단계의 차이는 너무 상세하게 보일지도 모른다. 우리는 아이들이 마음이론을 이해하게 되는 과정을 자세히 모른다. 그러나 3장에서 살펴본 것처럼, 아이들이 마음이론을 잘 이해하게 되는 시기에 대한 상세한 설명은 아이들의 먼 미래의 삶에 영향을 미칠 수 있다.

연구원들은 미국, 캐나다, 오스트레일리아, 독일, 기타 다른 나라의 수백 명의 미취학 아동들을 대상으로 마음이론 이해의 다섯 단계를 측정했다. **그림 6.2**에서 볼 수 있듯이 아이들은 왼쪽에서 오른쪽으로 차례로 단계를 올라간다. 아이가 한 가지만 알고 있다면 그것은 다양한 욕망이다. 세 가지를 알고 있다면 그것은 다양한 욕망, 다양한 믿음, 앎—모름이다. 아이들은 왼쪽 단계를 습득하기 전에는 오른쪽에 있는 기술(예를 들면, 잘못된 믿음)을 습득하지 못한다.

마음이론 습득은 5장의 마음이론의 발달과 적용에서 요약한 일반적인 마음이론의 대표적인 특징을 따른다.

우리는 또한 많은 서구 국가의 아동들이 한 가지 과제를 습득하는 평균 연령을 파악했다. **그림 6.2**는 대부분의 아동들이 5세 반에 다섯 가지 단계를 모두 습득한다는 것을 보여 준다.

그러나 마음이론 발달이 늦어지는 경우도 있다. 정상 청각 부모에게서 태어난 심한 청각장애 아동들은 말리처럼 마음이론 발달이 매우 늦어질 수 있다. 청각장애 아동들의 마음이론 발달은 원인은

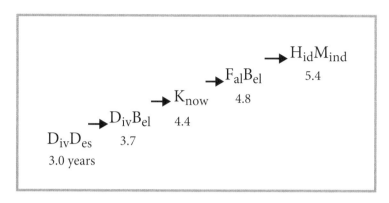

그림 6.2 마음이론 이해의 계단식 단계. Div_{Des} = 다양한 욕망Diverse Desires; Div_{Bel} = 다양한 믿음 Diverse Beliefs; Know = 앎-모름Knowledge-Ignorance; FalBel = 잘못된 믿음False Belief; HidMind = 숨겨진 생각Hidden Mind. 숫자(예: 3.7세)는 아동이 각 단계를 이해하는 평균 연령을 나타낸다.

전혀 다르지만 자폐아동들의 경우만큼 오래 지연될 수 있다.

그림 6.3은 청각장애 아동들과 정상 청각 아동들을 분리해서 그들의 마음이론 발달 과정을 보여 준다. 정상 청각 부모를 둔 청각장애 아동들은 정상 청각 아동들과 같은 순서로 발달 단계에 진입하지만 각 단계를 더 늦게 습득한다.

청각장애 부모에게서 태어난 청각장애 아동

부모 중 한 명 또는 두 명이 모두 청각장애자인 5퍼센트의 청각장애 아동들의 마음이론 이해는 매우 다르다. 이 아동들도 정상 청각 아동들처럼 어릴 때부터 언어와 사회적인 의사소통을 하면서 자란다. 유일한 차이는 그것이 언어가 아니라 신호로 이루어진다는 것이다. **그림 6.3**에서 볼 수 있듯이 수화언어 습득자들은 정상 청각 아동들과 같은 시간표대로 마음이론 단계를 올라간다.

청각장애 아동들 중 나머지 95퍼센트는 구어를 접하지 못한다. 그들은 수화를 배울 수 있지만 말리처럼 나중에 배우게 된다. 이들을 늦은 수화자late signer라고 한다. 이들의 마음이론은 매우 늦게 발달하고 십대 초기나 심지어 성인기까지 늦어지기도 한다. 그리고 앞에서 살펴본 것처럼, 아동의 마음이론이 조금만 늦어져도 그것은 사회적인 기술, 또래들과의 사회적인 상호작용, 학교 생활에 영향을 미칠 수 있다.

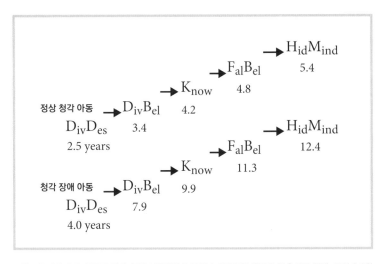

그림 6.3 정상 청각 아동과 정상 청각 부모에게서 태어난 청각장애 아동의 마음이론 이해. 그림 6.2와 동일하게 Div$_{Des}$ = 다양한 욕망Diverse Desires; Div$_{Bel}$ = 다양한 믿음Diverse Beliefs; Know = 앎-모름 Knowledge-Ignorance 등을 의미한다. 숫자는 아동이 각 단계를 이해하는 평균 연령을 나타낸다.

청각장애 아동들은 마음이론이 선천적인 것이 아니라 학습되는 것임을 보여 준다. 그들의 마음이론 발달은 예측할 수 없다. 또한 정상 청각 부모들의 청각장애 아동들은 정상 청각 아동들과 같은 시간표대로 발달하지 않는다. 니카라과의 청각장애인 공동체는 이 결론을 뒷받침해준다.

수화의 발달

수화는 무언극pantomime이나 흉내 맞추기에서 사용하는 몸짓이나 부족 간의 물물교환을 위해 발달된 미국 원주민의 기호 체계와 다르다. 수화는 구어처럼 복잡한 문법과 문장 구조를 사용하는 완전한 언어이다. 그리고 스페인어가 중국어와 다르고 중국어가 영어와 다른 것처럼 수화도 나라마다 다르다. 실제로 수화의 차이는 훨씬 더 광범위하다. 미국, 오스트레일리아, 영국의 구화법적 수화 사용자들은 서로 이해하지만, 미국 수화ASL, 오스트레일리아 수화Auslan, 영국 수화BSL를 사용하는 사람들은 서로 이해하지 못한다.

청각장애인 공동체가 여러 세대 동안 함께 살면서 소통할 때 수화가 발달한다. 니카라과는 최근까지 청각장애인들이 고립되어 살았기 때문에 수화가 없었다. 청각장애인들은 주로 시골 공동체에서 살았다. 그러다 1979년에 산디니스타Sandinistas가 니카라과를 점령하면서부터 교육 시스템을 개혁했다. 그들은 마나과에 청각장애인들을 위한 학교를 세웠고 전국의 많은 청각장애 아동들이 이 학교에 다녔다.

이 학교는 철저한 "구화법oralist method"을 사용해서 아이들을 가르쳤다. 이 방법은 아이들에게 구어를 가르치기 위해 입술 읽기와 입 움직임을 훈련시키는 데 중점을 두었다. 교사들도 청각장애인이 아니라 정상 청각을 가진 사람들이었다. 그 당시 청각장애 교육의 기본적인 방식이었다. 그러나 이것은 니카라과의 경우와 마찬가지로 암울한 결과를 가져왔다.

그러는 동안에도 아이들은 버스 안에서나 운동장에서 그리고 점심시간에 서로 몸짓으로 소통을 했다. 학교가 설립된 후 2, 3년 동안 입학한 첫 번째 학생 집단은 아직 엉성하지만 최초의 미국 수화 같은 몸짓 시스템을 만들었다.

몇 년 후 두 번째 집단이 도착했을 때 그들은 최초의 몸짓 시스템을 접했고, 그리고 그 시스템을 개선하는 움직임이 있었다. 학교에선 동사에 시제를 더하고, 명사에 수식어를 더하고, 점점 더 긴 문장과 비슷한 단어를 연결해서 사용하게 했다. 그들은 몸짓 시스템을 더 복잡하고 완전하게 만들었다.

몇 년 후 도착한 세 번째 집단은 이 언어를 더 개선해서 니카라과 수화ISL: Idioma de Signos Nicaraguenese를 만들었다. ISL은 여러 집단이 계승해서 상호 소통하는 청각장애 학생들의 공동체가 만들어 낸 집단적인 생산물이었다.

구어건 수화건 어떤 언어를 습득할 때 그 언어를 유창하게 사용하게 되는 결정적인 시기가 있다. 충분히 어린 나이에 언어를 접하지 않으면 항상 스페인어나 중국어 관용구집에서 배운 것 같은 어색하고 불완전한 외국어를 사용하게 된다.

십대에 수화를 배운 첫 번째 ISL 수화 사용자 집단들도 같은 경험을 했다. 그들은 기본적으로 매우 불완전한 몸짓 시스템을 부자연스럽고 단순하게 사용했다. 그들의 신호는 주로 지금 이곳에서 일어나는 일을 가리키는 것이었다. "고양이", "달리다", "집" 같은 단어들은 "고양이 달리다 집" 같은 단순한 구로 만들어졌다. 첫 번째 ISL 세대와 그 언어를 사용한 사람들에게는 눈으로 볼 수 없는 것들을 표현할 수 있는 말이 거의 없었고, "생각하다", "원하다" 같은 정신적인 상태(그들의 바람, 아이디어, 또는 마음)를 표현하는 말은 전혀 없었다.

그 뒤를 이은 집단이 도착하면서 상황이 달라졌다. 세 번째 집단의 경우, 더 어린 수화 사용자들은 이 언어를 더욱 발전시켜서 오늘날과 같은 ISL을 완성시켰다. 현재 수화 사용자들은 정신적인 상태를 표현하는 단어들을 포함해서 완전한 단어 세트와 언어 구조를 가지고 있다.

정신 상태를 표현하는 단어나 문법이 없는 언어를 사용하면서 성장한 첫 번째 ISL 집단을 대상으로 종단 연구longitudinal study가 실시되었다. 첫 번째 집단이 22세 정도일 때 진행된 잘못된 믿음 테스트에서 대부분이 통과하지 못했다(그들은 정상 청각을 가진 니카라과 아동들이 5세에 터득하는 마음이론 측정의 네 번째 단계도 통과하지 못했다).

그 후 몇 년간 그들은 청각장애자 클럽에 가입해서 정신 상태를 표현하는 수화를 사용하면서 성장한 더 어린 청각장애 집단과 대화를 나누면서 수화를 습득했다. 그들이 사용하는 문법의 정확성은 바뀌지 않았지만 어휘는 달라졌다. 그들이 25세가 되어 다시 테스트했을 때는 어린 집단의 성적과는 견줄 수 없을 정도로 향상되어 있었다.

마음이론 습득 시간표는 아이들이 겪는 경험에 따라 달라지고 심하게 지연될 수도 있다. 더욱이 지체 아동들의 경우에는 마음이론 습득이 성인기까지 이어질 수 있다.

마음이론의 발달

부정적인 상황은 마음이론이 늦게 발달하는 원인이 될 수 있고 나쁜 결과를 초래할 수도 있다. 그렇다면 긍정적인 상황은 마음이론을 빨리 발달하게 하거나 향상시킬 수 있을까? 긍정적인 상황은 마음이론 발달에 영향을 줄 수 있다.

나는 제니퍼 암스터로, 마저리 로디스와 함께 마음이론 발달의 중요한 지표인 잘못된 믿음 이해에 초점을 맞추었다. 우리는 몇 가지 연구에서 3세 아동들을 관찰했는데 그들은 모두 잘못된 믿음 테스트에 실패했다. 이 아동들 가운데 절반 정도는 환경을 전혀 바꾸지 않는 기본 그룹에 배정되었다. 이 나이의 아동들이 지속적으로 잘못된 믿음을 이해하지 못하는 상태로부터 지속적으로 잘못된 믿음을 정확하게 판단하는 상태로 발달하는 데는 1~3년의 기간이 걸린다. 따라서 기본 그룹에 속한 아동들이 12주의 연구 기간에 잘못된 믿음 발달에 있어서 진전을 보이지 않았던 것은 당연한 결과였다.

표적 실험 집단 아동들에게는 발전된 경험을 할 수 있는 기회가 주어졌다. 6주에 걸친 다양한 세션에서 이 아동들은 수십 가지의 다양한 잘못된 믿음 스킷skit에 참가했다. 막스는 숨겨진 사탕을 찾았고, 사라는 자기가 좋아하는 인형을 놀이방에 놓았지만 그 인형은 사라가 보지 않을 때 침실로 옮겨졌다. 호세의 개는 도망가서 차고에 숨었다. 각 스킷을 실시한 후 아이들에게 숨긴 물건을 찾는 사람이 어디서 그 물건을 찾을 거라고 예상하는지 물었다.

처음에는 계속 잘못된 믿음 테스트에 실패했던 이 아동들은 틀린 예측을 했다. 예를 들면, 그들은 사라가 놀이방에 인형을 두었고, 그 인형이 옮겨진 것을 보지 못했지만 사라가 인형이 있는 침실에서 인형을 찾을 거라고 말했다.

예측을 한 후 아이들은 사라가 인형을 찾기 위해 놀이방에 가지 않고 침실로 가는 것을 보았다. 그때 연구원은 아이들에게 "사라가 왜 그렇게 했을까?"라고 물었다. 아이가 무슨 대답을 하든지 연구원은 "고마워"라고 대답했다.

처음에 사라의 행동에 대한 아이들의 설명은 앞뒤가 맞지 않고 상황을 빗나간 것들이었다. 그들은 사라가 인형에 대해 "사라의 마음이 달라졌어요. 이제 사라는 그 인형을 좋아하지 않아요", 또는 그냥 "난 몰라요"라는 엉뚱한 말을 했다.

그러나 세션이 진행되는 동안 아이들의 설명은 발전했다. 아이들은 "사라는 인형이 옮겨진 걸 보지 못했어요", 또는 "사라는 인형이 거기에 없다는 걸 몰라요", 심지어 "사라는 인형이 놀이방에 있다고 생각해요"라고 말했다. 아이들이 "고마워"라는 말 이외에 그들의 설명에 대한 피드백을 받지 못했는데도 아이들의 설명이 발전한 것이다.

잘못된 믿음에 대한 예측은 아이들의 설명과 더불어 발전했다. 아이들의 예측의 정확도는 처음에는 1퍼센트였지만 12세션이 끝날 때에는 약 70퍼센트였다.

우리는 아이들의 마음이론 추론이 발전할 수 있다는 것과 마음이론 추론을 향상시킬 수 있는 방법을 알아냈다. 아이들에게 예측을 하게 하고 그 예측에 대한 설명을 하게 하는 것은 스스로 이론을 만들고 설명할 수 있는 기회를 주었다. 그 기회는 아이들을 마음이론 만들기에 참여하게 했고 그것은 마음이론이 발전할 수 있는 기폭제가 되었다**(사이드바 6.1)**.

이러한 연구들은 청각장애 아동 데이터와 더불어, 이론을 기반으로 한 학습의 두 번째 지표의 시간표를 뒷받침해준다. 마음이론의 변화는 증거로부터 만들어지므로 경험이 다르면 시간표와 이해의 순서도 달라진다.

사이드바 6.1 왜? 왜?

우리는 연구 과정에서 아이들이 사물을 설명하게 하는 데 중점을 두었다. 아이들은 어떤 일이 일어나는 이유에 마음을 빼앗긴다. 이것은 대부분의 미취학 아동들이 계속 "왜?" "왜?" "왜?"라고 물어서 부모를 힘들게 만드는 이유이기도 하다.

아이(3년 9개월)	엄마, 달팽이 먹을 수 있어요?
엄마	응, 달팽이를 먹는 사람도 있어.
아이	왜요?
엄마	왜냐면 좋아하니까.
아이	왜요? … 나는 달팽이 먹기 싫은데…
	왜 어떤 사람들은 달팽이를 좋아할까?

아이들이 가장 알고 싶어하는 주제는 사람들이 왜 그 일을 하는가이다(달팽이를 먹는다고?).

좋은 경험을 하면 아이들의 마음이론 발달 속도가 빨라질 수 있고 경험이 부족하면 발달 속도가 느려질 수 있다. 첫 번째 단계에 도움이 되는 것은 아이가 사물을 설명해야 하는 경험을 하는 것이다. 이런 경험은 아이들에게 이론을 만들고 수정할 수 있는 기회를 제공한다.

실제로 관련 연구에서 집에서 부모와 대화를 나눌 때 설명을 많이 하는 아이들은 실험실의 잘못된 믿음 테스트에서 높은 점수를 받았다.

아이들도 어른들처럼 사물이 발생하는 이유를 예측하고 설명하기 위해 이론을 만들어 낸다. 자신의 예측이 틀리면 아이들은 그 일에 대한 더 좋은 설명을 찾기 위해 실패의 원인을 파악하려고 노력한다. 그들은 이런 경험을 통해 수정된 이론을 만들어 낸다. 우리의 연구에서 중점을 두었던 것도 바로 아이들이 이런 경험을 갖게 하는 것이었다.

순서가 바뀔 수 있을까?

지금까지의 논의는 시간표에 관한 것이었다. 그렇다면 순서는 어떨까? 마음이론이 경험을 통해 학습된다면 다양한 경험은 순서를 통해 아이들의 발달 단계를 바꿀 수 있을 것이다. 서양 문화에서 성장한 아동들과 중국 문화에서 성장한 아이들을 비교하는 자연 실험 natural experiment 은 이러한 추측에 새로운 정보를 제공해 준다.

연구원들은 개인주의와 집단주의라는 측면에서 서양 문화와 아시아 문화가 근본적으로 다르다고 말한다. 서양 사람들은 개별성과 독립성을 중요하게 생각한다. 반면에 중국 사람들은 집단 공통성과 상호 의존성을 강조하는 보편적인 아시아인들의 관점을 가지고 있다. 역사가들은 이러한 차이의 기원이 진리와 주관성, 믿음을 강조했던 아리스토텔레스와, 실용적이고 합의적인 지식을 강조했던 공자로 거슬러 올라간다고 본다.

아이들과 어떤 사람에 대해 이야기할 때 중국 부모들은 누가 옳고 좋은 지식을 가지고 있고 누가 그런 지식을 가지고 있지 않은가 같은, "지식"에 대해 이야기한다. 반면에 미국의 부모들은 "생각"과 다양한 사람들의 아이디어와 생각의 차이에 대해 더 많은 이야기를 한다.

이런 차이와 같은 맥락에서, 중국의 미취학 아동들은 마음이론 측정에서 서양의 미취학 아동들과 다른 마음이론 순서를 나타낸다. **그림 6.4**는 미국과 오스트레일리아의 아동들과 중국 베이징에서 자라는 아이들을 비교한 것이다. 서양과 중국의 아이들 모두 처음에는 다양한 욕망을 이해하지만, 그 후에는 서양 아동들은 다양한 믿음을 습득하고, 중국 아동들은 앎—모름을 습득한다. 2단계와 3단계가 바뀐 것이다.*

---

* 이러한 생각과 발달은 중국에서만 유일하게 나타나는 특징이 아니다. 이란과 다른 공산주의 문화의 아동들도 중국의 아동들과 마찬가지로 앎—모름 이해가 다양한 믿음에 대한 이해보다 먼저 발달한다.

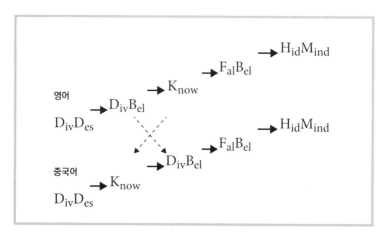

그림 6.4 마음이론 학습의 순서: 베이징의 미취학 아동들과 영어를 사용하는 미국과 오스트레일리아의 미취학 아동들의 비교.

이러한 비교는 서로 다른 지역에서 성장하는 아이들이 다른 방식으로 마음이론 이해를 형성할 수 있다는 것을 보여 준다. 마지막에는 대부분의 아이들이 "표준적인" 통찰력과 마음읽기 기술을 습득하지만 그것을 습득하는 순서는 문화적인 차이에 의해 달라질 수 있다.

이러한 추가적인 연구는 마음이론의 두 번째 대표적인 단계를 뒷받침한다. 변화는 증거로부터 생겨나고 따라서 다른 경험은 다른 시간표와 다른 이해의 순서를 만들어 낼 수 있다. 마음이론의 시간표와 순서는 모두 아이들의 사회적인 경험과 소통 경험에 따라 달라진다.

이론은 이론을 낳는다

이론을 기반으로 한 학습의 세 번째 특징은 무엇일까? 그것은 이전의 이론들은 나중의 이론들을 제한하거나 가능하게 한다는 것이다.

마음이론 훈련 세션에서 아이들은 평균적으로 향상되었지만 성취 범위는 편차가 심했다. 사후 평가에서 어떤 아동들은 잘못된 믿음 과제를 100퍼센트 정확하게 맞췄지만, 어떤 아이들은 50퍼센트만 맞췄고, 어떤 아이들은 거의 다 틀렸다. 이 아이들은 모두 같은 경험을 접했다. 그런데 왜 결과가 그렇게 다르게 나타났을까?

일부 연구에서 우리는 아이들이 마음이론 측정에서 어떤 단계인지 알아보기 위해 초기 테스트를 실시했다. 사전 평가에서 우리가 연구한 모든 아동들은 잘못된 믿음 테스트에 계속 실패했다(4단계). 50퍼센트 정도의 아동들은 앎—모름(3단계)을 이해했지만, 50퍼센트는 다양한 믿음(2단계)에만 도달했다. 따라서 어떤 아동들은 마음이론 발달에 있어서 다른 아동들보다 출발 지점에서 더 멀리 나간 것을 알 수 있다.

3단계(앎—모름)에 도달한 아동 중에서 75퍼센트는 연구가 끝날 때까지 계속 잘못된 믿음 테스트를 통과했다. 2단계(다양한 믿음)까지만 도달한 아동 중에서 잘못된 믿음 테스트를 계속 통과한 아동은 없었다.

아동들의 발달은 그들의 경험에 따라 달라진다. 훈련을 받은 아동들만 발달했다. 그러나 아동의 발달은 또한 훈련을 시작할 때 그 아동이 무엇을 이해했는가에 따라 달라진다. 3단계에서 시작한 아이들은 대부분 잘못된 믿음을 이해했지만, 2단계에서 시작한 아이들은 대부분 잘못된 믿음을 이해하지 못했다.

이것은 세 번째 대표적인 특징에 대한 증거가 된다. 즉 아동의 발달은 형성기의 경험뿐 아니라 최초의 이론에 따라 달라진다는 것이다. 아동들이 잘못된 믿음 이해에 더 가까워질수록 학습 능력이 가능했고 실제로 향상되었다. 그러나 잘못된 믿음 이해에 도달하지 못했을 때는 학습 능력이 제한적이었다.

블록 쌓기

아동기의 학습은 단지 지식을 쌓는 것이거나 성향을 찾는 것, 즉 데이터 마이닝이 아니다. 이것은 과학자가 이전의 이론을 발전시켜서 새로운 이론을 만들어 가는 것과 비슷하다. 코페르니쿠스는 새로운 데이터를 이용해서 톨레미의 이론을 발전시켰고, 그런 다음 갈릴레오가 코페르니쿠스의 이론을 발전시켰다. 아이들은 이전의 이해와 경험 위에 그들의 마음이론을 세운다.

사람들이 원하는 것에 대한 아이들의 최초의 이해는 사람들과 그들의 행동을 이해하는 방법을 알려준다. 아빠는 도넛을 매우 좋아하기 때문에 도넛을 가지러 부엌 선반으로 간다. 그러나 아빠가 선반이 아닌 냉장고 같은 다른 곳에서 도넛을 찾는다면 어떨까? 우리는 쉽게 "그가 도넛이 어디에 있는지 모른다"고 생각할 것이다(앎—모름). 아니면 "도넛이 냉장고에 있다고 생각한다"고 생각할 것이다(잘못된 믿음).

그러나 사람들이 원하는 것에 대해 제한된 이해력을 가진 아이로선 그것은 수수께끼다. 아빠는 왜 도넛을 가지러 선반으로 가지 않을까? 아빠가 원하는 것은 도넛인데. 아이는 그것을 사람들에게 설명하려고 노력하면서 사람들에 대한 새로운 생각을 배운다. 사람들이 무엇을 원하는가가 중요할 뿐 아니라 사람들의 생각 또한 중요하고, 때로는 사람들의 생각이 가장 중요하다는 것을 알게 된다.

아이들은 정말 마음이론을 단계적으로 만들어 나갈까? 이것은 아이들에게 가능한 일로 보이지 않을 수도 있다. 그러나 우리는 아이들이 맨 밑에 더 큰 블록을 놓아 꼭대기에 있는 블록을 지탱할 수 있게 하면서 탑을 쌓는 모습을 본다. 아이들은 탑을 무너뜨리고 그런 다음 더 멋있고 높은 탑을 쌓기도 한다. 블록 쌓기는 미취학 아동들의 모든 IQ 테스트에 사용되는 과제 중 하나이다. 더 복잡하고 높은 탑을 쌓기 위해서는 미취학 아동의 향상된 지능이 필요하다.

마음이론을 쌓는 것은 블록을 쌓는 것처럼 눈에 보이지는 않지만 같은 방식으로 이루어진다. 즉 탐색과 발견을 통해서 단계적으로 발달한다. 이 경우, 아이는 인지적인 블록과 인지적인 아이디어의 집합을 이용한다. 이 과정은 아동을 연구하는 사람들에게는 신비스럽게 보이지만, 아이들에게는 블록을 쌓는 것 같은 놀이다.

마음이론은 단계적으로 세워지는 건물과 같다. 그리고 그 단계는 우리에게 마음이론의 본질을 보여 줄 뿐 아니라 그것이 발달하기 위해 무엇이 필요한가를 알려준다. 아이들은 이론을 만들고 바꾸는 방법을 습득해야 한다. 그것은 성인인 우리가 마음읽기를 할 수 있게 하는 아동기의 중요한 성취 단계이다. 또한 그것은 우리의 어린 자아가 우리에게 전해 주는 선물이며 우리가 평생 사용하고 계속 발달시켜야 할 기술이다.

7장

베이비 붐 마음읽기가 시작되는 곳

마음읽기는 유아기에 시작된다. 유아기에 마음읽기의 간이역이 설치되기 때문이다. 이 시기의 성공은 아동기 학습의 목적지가 되고 미래 학습의 출발점이 된다. 이 유아기의 이해는 유아 도약대^{launch pad}에서부터 시작된다.

이 장의 첫 번째 메시지는 아기들이 생각을 못하는 존재가 아니라는 것이다. 태어난 첫해에도 아기들은 그들의 세상에 대해 놀라운 지식을 가지고 있다. 아기들이 작다고 생각까지 작은 것은 아니다. 두 번째 메시지는 무엇일까? 그것은 아기들의 지식이 선천적인 것이 아니라는 것이다. 아기들이 선천적으로 가지고 태어나는 능력 중에는 학습하는 능력, 특히 그들의 사회적인 세상에 대해 학습하는 놀라운 능력이 있다.

유아기가 끝나는 2세 이전에 아기들은 앞으로 이어질 사회적인 발달의 기초를 확립하고, 미취학 아동기의 사회적인 이해가 발달할 성장의 무대를 만든다. 유아들은 그들의 미취학 연령의 형제들이 그렇게 했던 것처럼 주의 깊게 주변을 관찰하고, 블록으로 탑을 쌓듯이 그들의 지식을 쌓아 나간다.

오랫동안 유아들의 이런 능력에 대해 아무도 알지 못했었다. 그렇다면 우리는 어떻게 알 수 있었을까? 이 작은 사람들은 말을 하지 못하고 신체적인 통제력에도 한계가 있다. 그렇기 때문에 아기들이 얼마나 영리한가를 발견하는 데 오랜 기간에 걸친 조사와 연구가 필요했다. 연구원들이 유아들이 무엇을 이해하는가를 밝혀 낸 이야기는 지금까지의 어떤 발견보다 경이롭다.

유아들의 사회적인 이해

연구원들이 파악하기 오래전부터 부모들은 아기들이 아주 어릴 때부터 사회적인 이해력을 가지고 있다는 것을 알았을 것이다. 트레이가 태어난 지 몇 달밖에 안 되었을 때 나는 처음 그것을 알았다. 그때 나는 새를 쳐다보고 있었다. 그러자 트레이도 고개를 돌려 새를 쳐다보았다. 그러고 나서 트레이는 나에게 고개를 돌리고 미소를 지었다.

나는 "와! 트레이와 내가 관심을 공유하고 있어"라며 놀라워했다. 트레이는 나에게 "아빠도 그 새를 좋아하고 나도 좋아해요"라고 말하고 있었다.

정말 그랬을까? 아니면 나의 마음읽기가 과도하게 작용해서 트레이처럼 어린 아이에게도 생각, 감정, 바람이 있다고 생각한 것은 아닐까? 아기가 다른 사람이 무엇을 좋아하는지 이해할 수 있을까? 아기의 표정과 미소는 알 수 없는 본능 때문에 자동적으로 나타나는 거라고 추정하는 것이 더 과학적인 해석이 아닐까?

이것은 부모들의 주장을 무시한 채 오랫동안 지속되어 온 과학적인 합의였다. 1890년에 심리학의 아버지 윌리엄 제임스는 아기들의 세상은 "너무나 복잡하고 시끄러운 혼란"이라고 말했다. 제임스와 다른 많은 심리학자들은, 유아의 감각을 통해 마구 쏟아져 들어오는 사건들이 무의미하게 펼쳐지면서 유아의 주의를 끌어당긴다고 믿었다. 마음이론 같은 체계적인 이론을 제안한 사람은 없었다.

그렇다면 트레이는 내가 좋아하는 것이나 우리가 공유한 경험을 인식했을까? 아니면 단지 그것은 부모의 장밋빛 색안경을 통해 바라본 착각이었을까? 아기들은 사람들에 대해 어떻게 생각할까? 그리고 과학자들은 그것을 어떻게 알아낼 수 있었을까?

아이들의 사회적 이해를 관찰하는 방법

역사적으로 우리에게는 아이들의 사회적인 이해에 관해 기록된 정보가 거의 없다. 엄마들과 할머니들, 유모들의 경험에 근거한 지식이 구전으로만 전해졌다. 그들의 일기는 아이들의 사회적 이해에 대한 정보를 지속적으로 제공했다. 흐르는 시간에 따라 성장하는 아이들을 기록한 부모들의 육아일기 같은 것들이 대표적인 경우다. 그러나 그것은 체계적이고 포괄적인 기록은 아니었다. 어떤 부모가 어느 날 아기에 대해 주목한 사실이 기록된 것이었다. 아니면 부모들은 아기가 발달하는 과정의 단편적인 사건, 즉 아기가 처음 한 말이나 처음 뒤집기, 앉기, 기기, 걷기를 한 날을 기록했다. 1930년대에 장 피아제가 출간한 '육아 일기'가 엄청난 영향력을 미칠 때까지 그런 상황이 계속되었다. 피아제의 일기는 놀랄 만큼 체계적이고 포괄적이었다.

피아제의 육아 일기는 세 자녀가 태어난 후 몇 년간 매시간 아이들을 상세하고, 구체적이고, 체계적이고, 통찰력 있게 기록한 내용을 담고 있었다. 이 일기는 직접 손으로 종이에 기록한 것이었다. 그 당시에는 피아제의 작업을 도와줄 녹음기나 컴퓨터가 없었다. 이 기록을 읽어 보면 이 일기가 한 사람의 작업으로 이루어졌다는 게 불가능해 보인다. 실제로 그 기록은 한 사람의 작업에 의해 이루어지지 않았다. 많은 부분을 피아제의 아내 발렌틴이 기록했다. 발렌틴은 피아제가 대학에 있는 동안 아이들과 함께 집에서 생활한 훈련된 학자였다. 우리는 이 사실을 역사적인 추론을 통해서 알 수 있다. 피아제 자신이 그 일기를 아내가 기록했다고 언급한 적은 없다. 이 일기는 오늘날까지도 획기적인 과학적 성과, 통찰력 있는 가치 있는 문헌으로 남아 있다. 그러나 이것은 한 사람이 아니라 두 사람의 관찰자에 의해 이루어진 결과였다.

선호

피아제는 신생아들도 시각적인 선호와 청각적인 선호를 가지고 있다는 결론을 내렸다. 현재 우리는 아기들의 선호가 주로 사람들의 모습과 소리에 초점을 맞춘다는 것을 알고 있다. 이 점이 왜 중요할까? 그것은 아기들이 사람들의 모습에 점점 더 주의를 기울이는 것이 사회적인 학습에 시동을 걸어 주기 때문이다. 사회적인 집중은 생존하기 위해 자신의 사회적인 세상을 이해해야 하는 생명체—어린 아기—에게 엄청난 추진력을 제공한다.

피아제가 유아의 발달을 관찰한 이후로 과학자들이 유아가 사람들의 세상에 집중한다는 사실을 증명할 수 있는 방법을 찾아내기까지 수십 년이 걸렸다. 1961년에 로버트 팬츠는 클리블랜드 대학에서 최초로 영아들의 시각 자극에 대한 주의visual attention를 체계적으로 측정했다. 팬츠는 영아들에게 반쪽은 사람의 얼굴이 그려져 있고 다른 반쪽은 과녁의 중심이 그려진 그림을 보여 주었다. 이 그림에는 작은 구멍이 나 있었다. 팬츠는 그 그림 뒤에 숨어서 구멍으로 아기들이 어디를 보는지 관찰했다.

팬츠는 2세 유아들이 과녁 중심보다 얼굴을 두 배 더 오래 본다는 것을 알았다. 그가 궁금한 것은 두 가지였다.

팬츠는 아기들에게 사람 얼굴 옆에 그 그림과 비슷한 정도로 복잡한 그림을 보여 주었다. 이번에도 영아들은 분명히 사람의 얼굴을 보았다. 팬츠는 유아들이 사람의 얼굴보다 더 복잡한 그림도 식별할 수 있다고 판단했다. 태어난 지 2주밖에 안 된 유아도 자기 엄마의 머리카락과 비슷한 길이와 색깔의 머리카락을 가진 다른 여자의 사진보다 자기 엄마의 사진을 더 오래 보았다.

또 다른 연구원들은 더 많은 사실을 발견해 냈다. 아기들은 젖꼭지를 빠는 힘과 세기로 그들의 선호도를 나타냈다. 아기들은 배가 고플 때 더 많이 더 세게 빤다. 그러나 배가 고프지 않을 때도 빠는 것을 좋아하며, 그들의 흥미를 끄는 것을 보거나 들을 때 더 많이 더 세게 빤다.

연구원들은 빨기를 자동으로 기록하는 고무젖꼭지를 이용해서 영아가 시각적인 것에 주의를 기울이는 것처럼 소리에 주의를 기울이는 것 또한 사회적인 행동이라는 것을 발견했다. 태어난 지 며칠밖에 안 된 아기들은 낯선 사람의 목소리나 소음을 들을 때보다 자기 엄마의 목소리를 들을 때 더 많이 빤다.

더 많은 연구를 통해 영아들이 세상의 어떤 소리보다 자기 엄마의 목소리를 더 잘 듣는다는 것이 밝혀졌다.

유아들이 이렇게 주의를 집중시키는 것은 생각보다 더 많은 노력이 필요하다. 빠는 것은 힘든 일이고 세게 빠는 것은 더 힘든 일이다. 갓난아기들은 엄마의 목소리를 듣기 위해 더 열심히 노력한다. 필요하면 훨씬 더 세게 빤다.

물론 이러한 발견들은 아기들이 주의를 기울이는 대상을 어떻게 생각하는지는 알려주지 않는다. 예를 들면, 우리는 새미가 엄마의 목소리에 더 주의를 기울인다는 것과 힘이 들어도 그렇게 한다는 것은 알지만, 그것만으로 새미가 엄마의 목소리를 더 "좋아한다"고 말할 수 없다. 그러나 아기들이 주로 사람들에게 주의를 집중하는 능력은 새미의 조상들이 생존하는 데 도움을 주었을 것이고 앞으로 새미가 학습하는 데에도 도움을 줄 것이다.

　과학자들은 유아들이 무엇에 주의를 기울이고 무엇을 알기 원하는지 판단할 수 있다는 것을 발견한 후 유아들이 받아들인 사회적인 정보를 이해할 수 있는지 알고 싶었다. 유아들이 사회적인 정보를 이해할 수 있다면 그것은 미취학 아동기에 완전하게 발달할 마음이론의 시작을 보여 줄 것이다.

　그러나 처음에는 그런 방법을 찾아내는 일이 불가능해 보였다. 영아들은 말을 못하고 의도적인 몸짓을 거의 하지 않기 때문에 연구 범위가 매우 제한적이었다. 1980년대가 되어서야 연구원들은 그 비밀을 밝혀 낼 수 있었다. 그들은 아기들이 같은 것을 자주 보면 지루해한다는 점을 이용했다. 지루해지면 아기들은 시선을 다른 곳으로 돌리기 시작한다. 평소에 수지는 엄마의 사진을 쳐다보지만 똑같은 엄마의 사진을 되풀이해서 보여 주면 결국 수지는 지루해하고 다른 곳을 쳐다본다. 그때 수지에게 모르는 사람의 사진을 보여 주면 수지는 그 낯선 사람을 더 오래 쳐다본다. 수지는 낯선 사람을 새로운 대상으로 인식하고 지루해진 아기는 새로운 것을 보기를 더 좋아하는 것이다.

　이 방법은 유아에게 "이게 너에게 새로운 것이니?"라고 묻는 것과 같다. 아기가 더 오래 주의를 기울이면 그 대답은 '네'이다. 아이가 주의를 기울이지 않으면 대답은 '아니오'다. 연구자들은 더 깊은 연구를 위해 기대 위반violation of expectation 반응을 이용했다. 영아들이 무엇을 생각하는지 알기 위해 '네''아니오' 질문도 함께 실시되었다.

　나는 엘리자베스 스펠크의 실험실에서 처음 이 방법을 진행하는 것을 보았다. 스펠크는 하버드 대학교의 유명한 심리학자이다. 그녀는 기대 위반 방법론의 창시자이고 그 과정에서 인간의 인지에 대한 우리의 이해를 근본적으로 바꿔놓았다. 그녀의 실험실은 영유아 인지를 다양한 측면에서 방대하게 동시에 진행하는 연구자들의 집합소였다. 여기서 "베이비 레이디baby lady"라는 애칭으로 불리는 스펠크가 연구를 주도했다. 내가 유아를 연구하는 방법을 배운 곳도 바로 그녀의 실험실이었다. 미시간 대학에서 부모들이 아기들을 실험실로 데려오도록 하는 방법이나 조교들을 훈련하는 방법을 포함한 유아 인지 프로젝트("베이비 랩Baby Lab"으로도 알려진)를 진행하는 과정도 스펠크의 직접적인 영향을 받은 것이다.

　최근까지 스펠크의 작업은 아기들이 공, 벽, 테이블, 딸랑이 같은 물리적인 사물에 대해 어떻게 생각하는가에 초점을 맞추었다. 그러나 나는 아기들이 사람들의 사회적인 세계와 생각에 대해 어떻게 생각하는지 알고 싶었다.*

---

* 스펠크는 최근에 이렇게 말했다. "나는 지금까지 유아들이 어떻게 행동하는지 알기 위해 그들에게 잡을 수 있는 물건을 주거나 방 안에서 유아들을 관찰했다. 그러나 유아들이 정말 원하는 것은 다른 사람들에게 참여하는 것이었다! 내가 이 연구를 시작하는 데 왜 30년이나 걸렸을까?"

아기들은 사람들을 어떻게 이해할까

"아기들은 사람들을 어떻게 생각할까?"라는 문장을 처음 읽으면 당신은 말이 안 되는 이야기라고 생각할지도 모른다. 아기들이 생각을 한다고? 태어난 지 몇 달밖에 안 된 아기들이? 아기들은 그저 주위를 둘러보고 때로는 집중하고 때로는 지루해하는 것 아닌가? 아기들이 생각을 한다면 그것을 증명할 수 있는 과학적인 증거를 어떻게 모을 수 있을까?

1990년대에 스펠크의 포스트닥터 과정 학생인 아만다 우드워드는 하버드 대학에서 시카고 대학으로 옮겨서 기대 위반 방법the violation—of—expectation method으로 유아들이 사람들을 어떻게 이해하는지 관찰했다. 작은 인간 발전기인 우드워드와 연구팀은 4개월 이하의 아기들을 대상으로 짧은 스킷skit을 진행했다. 수지는 한 남자가 두 개의 물건 가운데 앉아 있는 것을 보고 있다. 그 남자의 오른쪽에는 오렌지색 매트 위에 장난감 개구리가 있고, 왼쪽에는 자주색 매트 위에 장난감 오리가 있다. 그 남자는 수지에게 "안녕, 수지야"라고 말한다. 그런 다음 오른쪽으로 팔을 뻗어서 개구리를 잡은 채 움직이지 않는다. 연구원은 수지가 시선을 돌리기 전에 정지한 장면을 얼마나 오랫동안 보는지 측정한다. 수지가 그 장면을 보자마자 시선을 돌릴 때까지 같은 스킷이 여러 번 반복된다.

우드워드가 제기한 질문은 '아기가 이 스킷을 어떻게 인식하는가?'라는 것이었다. 수지는 그것을 반복적인 움직임으로만 인식할까 아니면 그 이상으로 인식할까? 수지는 '저 남자는 저 개구리를 원한다'라고 생각할까? 우드워드의 다음 스킷—테스트 이벤트—은 그 질문에 대한 답변을 제공했다.

수지가 보지 않는 동안 물체의 위치가 바뀌었다. 그 남자는 이제 오른쪽으로 손을 뻗어 새로운 물건, 개구리가 아닌 오리를 잡는다. 이 경우 아기들은 새로운 물건을 얻기 위한 이전과 동일한 동작을 본다. 이제 그 남자는 왼쪽으로 손을 뻗어서 개구리를 집는다. 이때 아기들은 이전과 동일한 물건을 얻기 위한 새로운 동작을 본다.

이 스킷은 수지를 포함한 다른 아기들이 그 남자가 손을 뻗는 동작을 어떻게 보는지 테스트하는 것이다. 그 동작은 단지 특별한 이유가 없는 반복적인 동작이었을까? 아니면 그 남자는 개구리를 원했기 때문에 손을 뻗었을까?

아기들이 단순히 그 남자의 동작이 아니라 그 남자가 원하는 것의 관점으로 처음 스킷을 본다면, 그 남자가 개구리를 향해 손을 뻗는 것(이전과 동일한 물건을 집으려는 새로운 동작)을 예상했을 것이다. 그 남자는 다시 개구리를 잡는다. "그것은 너에게 새로운 것이니?" "아니요."

그러나 그 남자가 새로운 물건을 잡기 위해 이전과 동일한 동작을 사용했다면(이전과 동일한 동작, 새로운 물건 테스트 스킷) 그것은 아기들의 주의를 집중시켰을 것이다. 아기들은 그 남자가 개구리를 원한다고 예상했다. 그러나 그는 오리에 손을 뻗었다. "이것은 너에게 새로운 것이니?" "네!" 그 남자는 아기들이 이미 몇 번 보았던 똑같은 동작을 사용했지만 그의 행동은 아기들의 예상을 벗어났다.

4개월 이상의 아기들은 그 남자가 오리에게 손을 뻗을 때 (비유적으로) "네, 그것은 예상하지 못했던 거예요"라고 대답한다. 아기들은 그 남자가 욕망을 가지고 있다고 해석한다. 그 남자는 개구리를 원했기 때문에 개구리를 잡으려고 손을 뻗었다. 이것은 마음이론으로 가는 아기들의 첫 번째 단계이다.

아니면 이것은 너무 마음이론에 치우친 해석일까? 아기들이 딥블루나 템플 그랜딘처럼 정말 데이터 마이닝을 하고 있는 것은 아닐까? 아기들은 그 남자와 손을 뻗는 동작과 개구리와 오렌지색 매트를, 그 남자가 원하는 목적과 연결된 것으로 보지 않고 단순히 자동적인 행동으로 보는 것은 아닐까?

연구원들은 이 점을 확인하기 위해 스킷을 진행했다. 나의 베이비 랩도 이 스킷을 사용했다. 우리가 사용한 스킷에서 한 여성이 15개의 오리 장난감과 5개의 개구리 장난감이 가득 들어 있는 투명한 상자를 보고 있다. 아기들 중 절반은 그 여자가 상자에서 5개의 오리를 꺼내고 개구리는 꺼내지 않는 것을 지켜본다. 이 동작은 아기가 지루해져서 더 이상 쳐다보지 않을 때까지 반복된다. 이것을 다수 스킷Majority skit이라고 한다. 다수 스킷을 보는 어른들은 "오리가 많기 때문에 그 여자는 항상 오리만 꺼낸다" 또는 "오리를 잡기가 더 쉽다"고 생각할 것이다.

다른 아기들은 소수 스킷Minority skit을 본다. 그 여자는 다시 오리와 개구리가 들어 있는 상자를 본다. 그러나 이 스킷에서는 상자 안에 15개의 개구리 장난감과 5개의 오리 장난감이 들어 있다. 그 여자는 상자에서 5개의 오리를 모두 꺼내고 개구리는 꺼내지 않는다. 이 동작은 아기가 지루해져서 더 이상 보지 않을 때까지 반복된다. 어른들은 소수 스킷을 설명할 때 "그 여자는 정말 오리를 좋아한다" 또는 "어떤 이유인지 모르지만 그 여자는 분명히 오리를 원한다" 라고 말한다.

다수 스킷이나 소수 스킷을 본 아기들과 어른들이 같은 동작을 보았다는 사실에 주목해야 한다. 그 여자는 오리와 개구리가 들어 있는 상자에서 5개의 오리를 꺼내기 위해 같은 손동작을 사용했다(여자, 잡는 동작, 5개의 오리, 상자). 그러나 소수 스킷을 본 어른들은 그 여자가 분명히 오리를 원한다고 말한다. 그들은 그 여자의 속마음, 즉 오리를 원하는 마음 상태를 추측한다.

여기서 인상적인 것은 우리가 연구한 10개월 된 아기들(우리가 테스트한 아기들 중에서 가장 어린 아기들)도 같은 행동을 한다는 점이다. 이것을 어떻게 알았을까? 아기들이 다수 스킷이나 소수 스킷을 지루해할 때 우리는 아기들에게 테스트 스킷을 보여 주었다. 이 스킷에서 그 여자는 두 개의 작은 투명 그릇 사이에 앉아 있다. 한 개의 그릇에는 개구리가 들어 있고, 다른 한 그릇에는 오리가 들어 있다. 그 여자는 이제 개구리나 오리를 잡기 위해 손을 뻗는다.

여자가 개구리를 잡으려고 할 때 방금 전에 소수 스킷을 본 아기들은 그 장면을 오래 쳐다본다. 아기들은 그 여자가 오리를 좋아한다고 생각했는데 그 여자는 지금 개구리를 잡으려고 한다. 이것은 아기들의 예상을 벗어난 것이다. "이것은 새로운 것이다."

방금 전에 오리를 잡았던 다수 스킷을 본 아기들은 두 가지 선택 모두에 대해 별로 반응을 보이지 않는다. "이전과 똑같이 그 여자는 손에 쉽게 잡히는 장난감을 집는다."

의도적으로 사물을 주고받을 수 있는, 더 큰 유아들은 그 여자에게 장난감을 건네주는 실험에 참가한다. 18개월 된 아기들은 소수 스킷 여자에게 두 개의 작은 통에서 한 개의 오리를 주는 것을 선택한다. 이것은 그 여자가 상자에서 선택할 때 그녀가 좋아했던 것이다. 그러나 그들은 다수 스킷 여자에게는 개구리나 오리 중 하나 또는 둘 다 준다. 그 여자가 오리를 좋아한다는 명확한 동작을 보이지 않고 단지 손에 잡히는 것을 집었기 때문이다.

이런 스킷들은 아기들이 단지 데이터 마이닝을 하는 것이 아님을 명확하게 보여 준다. 아기들은 이 여자는 오리를 좋아한다거나 저 남자는 개구리를 좋아한다는 식으로 어느 정도 다른 사람들이 무엇을 원하는지 이해한다. 이것은 아기들의 마음이론이 형성되고 있다는 것을 보여 준다. 다시 말해서 마음읽기가 어떻게 시작되는가를 보여 준다.

추가적인 질문

유아들이 다른 사람들이 무엇을 원하는지 이해할 수 있다는 말을 처음에는 믿기 어려울지도 모른다. 그러나 축적된 연구 결과는 이 점을 보다 명확하게 증명했다. 연구가 계속되면서 유아에 관한 놀라운 결론들이 도출되었으며, 어떤 질문에 대한 결론은 아직 격렬한 논쟁 중에 있다.

원초적인 자기중심성?

오랫동안 유아들은 매우 자기중심적이라는 견해가 지배적이었다. 아기들은 자신의 행동과 상태의 관점에서만 사람들을 이해한다. 즉 유아들은 다른 사람의 행동과 상태를 인식하지 못한다는 것이다. 피아제는 갓난아기들은 사물에 그들의 시선을 집중하거나 빨고 잡는 그들의 자동적인 행동 같은 감각적인 경험에 제한되어 있다고 말했다. 아기들은 자신의 경험(나는 새를 보고 있고 그 새를 좋아한다)과 너의 경험(너는 새를 보고 있고 새를 좋아한다)을 분리하지 못한다는 것이다.

이것은 내가 방금 전에 제시한 내용과 배치된다. 예를 들면 개구리와 오리 연구에서 유아들에게 동물을 선택하게 했을 때 절반 정도가 개구리를 더 좋아했다. 아기들이 자기중심적이라면 그 여자에게 개구리를 주었을 것이다. 아기들이 자기중심적으로 생각한다면 그 여자는 아기들이 원하는 개구리를 원할 것이다. 그러나 소수 스킷을 지켜봤던 아기들은 계속해서 그 여자에게 오리를 주었다. 이전

164

에 그 여자가 선택한 것을 보고 아기들은 그녀가 무엇을 원하는지 이해했다. 아기들은 그 여자가 오리를 꺼내기 위해 손을 뻗는 것을 보았고 그래서 그 여자에게 오리를 준 것이다.

이전에 언급했던 브로콜리—금붕어 연구도 같은 결과를 보여 준다. 아기들은 베티가 브로콜리를 좋아하는 것을 보고("냠냠!") 자기는 크래커를 더 좋아하지만 베티에게 브로콜리를 주었다.

많은 연구 결과를 보면, 10개월밖에 안 된 아기들도 다른 사람들이 원하는 것이 있다는 것을 이해한다는 것을 알 수 있다. 아기들은 '나는 금붕어를 좋아하지만 너는 브로콜리를 좋아한다'는 것을 이해한다. 기존의 개념과는 달리, 아주 어린 아기들도 다른 사람들을 자기중심적으로 이해하는 수준을 넘어서 이해할 수 있다.

잘못된 믿음?

특별히 논란을 불러일으키는 분야는 유아들이 잘못된 믿음을 이해하는가에 대한 것이다. 유아들이 잘못된 믿음을 이해한다면 그것은 완전하게 발달한 마음이론의 초기 형태라고 할 수 있다.

오랫동안 연구자들은 그러한 질문을 제기하지도 않았다. 미취학 아동들에 관한 연구는 미취학 기간에 아이들의 잘못된 믿음 이해가 발달한다는 것을 증명했다. 미취학 시기에 또한 아동들의 거짓말, 설득하기, 비밀 지키기, 잘못된 믿음의 일상적인 사용도 발달한다. 연구자들은 '유아들이 잘못된 믿음에 대한 초기 이해를 가지고 있는가?'라는 질문을 제기하기 시작했다.

2005년에 크리스틴 오니시와 르네 바야르종은 이 분야 연구의 기초가 되는 연구를 시작했다. 그들은 이번에도 유아들에게 그들의 예상을 빗나가는 스킷을 제기했을 때 유아들이 무엇에 주의를 돌리는가를 관찰하는 방법을 사용했다. 바야르종은 아만다 우드워드처럼 엘리자베스 스펠크의 실험실에서 포스트닥터로서 전문적인 경험을 쌓았다.

첫 번째 스킷에서 15개월 된 유아는 한 어른이 초록색 상자에 빨간색 장난감 수박을 넣는 것을 보았다. 그런 다음 그 아기는 그 장난감을 옆에 있는 노란색 상자로 옮기는 것을 보았다. 그 어른은 그 장면을 보지 못했다.

테스트 스킷에서 아기들은 그 어른이 상자에 손을 넣는 것을 보았다. 아기들 중 반은 그 어른이 수박이 원래 있었던 초록색 상자에 손을 넣는 것을 보았다. 그리고 나머지 반은 어른이 모르는 사이에 수박이 옮겨진 노란색 상자에 손을 넣는 것을 보았다. 어떤 테스트 스킷이 유아들의 예상을 벗어났을까?

그 어른이 수박이 원래 있던 자리에 있을 거라고 생각한다는 것(잘못된 믿음)을 이해하는 아이는 그 어른이 초록색 상자에 손을 넣을 거라고 예상할 것이다. 그러나 그 어른이 노란색 상자에 손을 넣으면 그 아기의 잘못된 믿음에 대한 예상이 깨질 것이고, 그 아기는 그 장면을 더 오래 쳐다볼 것이다. 그러나 그 아기가 잘못된 믿음을 이해하지 못한다면 그 어른이 실제로 수박이 있는 곳을 들여다볼 거라고 예상할 것이고, 어른이 초록색 상자에 손을 넣을 때 더 오래 쳐다볼 것이다.

이 연구에서 유아들은 잘못된 믿음 반응을 나타냈다. 그 어른이 노란색 상자에 손을 넣는 것을 본 15개월 된 유아들은 그 어른이 초록색 상자에 손을 넣는 것을 본 유아들보다 테스트 스킷을 훨씬 더 오래 쳐다보았다.

그러나 바야르종도 참여했던, 다른 사람들이 원하는 것에 대한 유아들의 이해 연구와는 다르게, 이 결과들은 반복적으로 증명되지 못했다. 우리의 유아 실험은 동일한 결과를 얻을 수 없었다. 반복 연구에 대한 최근의 개요에서 독일의 발달 과학자 한네스 라코치는 기대 위반 방법을 이용해서 잘못된 믿음 이해를 발견하려는 시도의 절반 정도가 실패했다는 사실을 알았다. 전반적으로 유아의 잘못된 믿음 이해에서 우리는 50대 50이라는 판독하기 어려운 결과에 직면했다.

반면에 바야르종 같은 옹호자들은 성공적인 결과들을 증거로 들어 이것들은 유아들의 타고난 이해의 초기 형태를 입증한다고 주장한다. 이들의 해석을 따르자면 이 데이터는 유아들이 배우지 않아도 잘못된 믿음을 이해할 수 있다는 것을 증명한다. 그러나 정상 청각 부모를 둔 청각장애 유아들의 경험은 그런 주장을 반박한다.

6장에서 설명했듯이 정상 청각 부모를 가진 청각장애 아동들은 믿음, 잘못된 믿음, 지식을 이해하는 데 있어서 발달이 더디다. 그것은 최초의 사회적인 경험이 원활하지 못한 것과 의사소통의 어려움 등이 사회적인 학습을 느리게 만들기 때문일 것이다. 그렇다면 청각장애 유아들은 어떨까? 그들은 오니시와 바야르종의 방법을 이용해서 배우지 않고서도 잘못된 믿음 이해를 선천적으로 습득할 수 있을까? 만일 잘못된 믿음 이해가 선천적인 것이라면, 청각장애 아동이나 정상 청각 아동들 모두 같은 시간표대로 잘못된 믿음 이해 정도를 나타내야 한다. 잘못된 믿음 이해가 아동의 발달에 포함되어 있기 때문이다. 그러나 잘못된 믿음 이해가 학습되는 것이라면, 청각장애 아동의 잘못된 믿음 이해는 늦어질 것이다. 청각장애 유아와 아동들은 청각장애와 언어 장벽 때문에 사회적인 정보에 접근할 수 없기 때문이다.

내가 좋아하는 최근 실험에서 스웨덴의 마레크 마리스토와 그의 동료들은 오니사와 바야르종처럼 17개월밖에 안 된 청각장애 유아들에게 과제를 실행했다. 실험의 청각장애 유아들은 잘못된 믿음에 대한 반응을 보이지 않았다. 더 나이가 많은 청각장애 아동들만 잘못된 믿음에 대해 반응을 보였고, 이 반응에 대한 아동들의 시간표는 다른 마음이론 발달 시간표만큼 지연되었다. 이 결과는 잘못된 믿음에 대한 선천적인 이해의 가능성이 매우 낮다는 것을 암시한다.

그러나 마음이론 이해는, 심지어 보편적으로 유아기에 나타나는 마음이론 이해도 아동의 경험과 그 경험으로부터 얻는 학습에 따라 달라진다. 결론적으로 이러한 이해의 일부는 매우 어린 시기에 시작되고 일부는 더 늦은 시기에 시작된다.

인간의 학습: 실제적인 베이비 붐

우리는 마음읽기가 어떻게 시작되는가에 대해 많은 것을 밝혀냈지만 완벽한 것은 아니다. 때문에 인간의 사회적인 발달에 있어서 어떤 것이 후천적이고 어떤 것이 선천적인가에 대해 많은 논쟁을 지속시켰다. 엘리자베스 스펠크는 유아의 사회적인 이해의 많은 부분이 선천적인 것이라고 확신한다. 그녀는 아기들이 사회적인 이해를 습득할 수 없는 아주 어린 시기에도 사회적인 세계에 대한 많은 이해를 나타낸다고 말한다. 스펠크에 따르면 수천 년의 진화를 통해 인간은 태어날 때부터 기본적으로 독특한 특징을 갖는다. 두 다리, 뛰어난 시력, 그리고 사람들이 내면적인 마음 상태를 가지고 있다는 것에 대한 유아들의 이해가 그러한 특징이다.

이러한 관점의 일부는 분명한 사실이다. 인간은 시각과 두 다리를 가지고 있다. 인간은 또한 자신을 둘러싼 사회적인 세계에 깊은 관심을 갖는다. 아주 어릴 때 사람들이 서로 다른 욕망을 가지고 있다는 것에 대한 이해를 비롯한 사회적인 통찰력이 발달한다. 그러나 이것은 이러한 능력이 선천적인 것임을 증명하지 않는다. 나는 스펠크가 인간을 고유한 존재로 만드는 사고의 핵심적인 부분을 과소평가했다고 생각한다. 우리는 놀랄 만큼 빠른 속도로 거대한 범위를 망라해서 배울 수 있는 선천적인 능력을 가지고 있다. 이 능력은 인간의 진화의 선물이고 재능이다. 아동기의 학습 능력은 인간의 특징과 본성의 핵심이다. 또한 그것은 인간을 정의하는 요소이기도 하다.

우리는 수천 년 전 인류가 시작했던 장소가 아닌, 지금 현재 우리가 존재하는 생태계에 적응하는 종이다. 다른 종들은 자신들이 있어 온 곳에서 대물림된 본능에 따라 생존한다. 인류가 이토록 오랫동안 생존할 수 있었던 것은 거의 모든 장소에 적응하는 방법을 학습할 수 있는 능력을 가지고 있기 때문이다. 우리는 기술, 옷, 사냥, 농사, 동물 사육 등 여러 수단을 개발해 생태계에 적응한다. 그리고 이 모든 것들은 '학습'이라는 인간의 능력을 기반으로 한 것이다.

오랫동안 부모의 보호를 받는 아동기는 우리의 학습 능력을 위한 특별한 창과 같은 역할을 한다. 그리고 우리는 이 아동기의 능력을 기본으로 하여 일생 동안 학습자가 될 수 있다. 이 능력은 우리가 나이 들어 과학을 탐구하고, 수학을 창조하고, 시를 창작하고, 생명을 유지하는 기술을 발명할 수 있게 한다.

이 장의 핵심은 아기들이 아주 어릴 때 매우 많은 것을 알고 있다는 사실이 아니다. 물론 아기들은 많은 것을 알고 있다. 유아들의 이해력에 대해서는 계속해서 새로운 사실이 밝혀지고 있으며 우리를 놀라게 한다. 유아들의 이해가 선천적이라고 믿는 것은 아기들의 노력을 과소평가하는 것이다. 유아들의 이해력이 우리를 놀라게 하는 이유는 아기들이 아주 어릴 때부터 빠른 속도로 배울 수 있는 놀라운 능력을 갖고 있기 때문이다.

아기들은 태어난 지 몇 주 안에 놀랄 만큼 복잡한 이해력을 갖는다. 이것은 사회적인 세상에 대한 아기의 학습 모습에서 분명하게 드러난다. 이것이 부모들이 경이롭게 관찰하는 베이비붐이다. 아기들은 사물을 주의 깊게 관찰하고 블록으로 높은 탑을 쌓듯이 지식의 조각들을 연결해 나가며 학습한다. 이것은 유아용 높은 의자에 앉아 있는, 아직 말도 하지 못하고, 균형 잡힌 동작도 할 수 없는 작은 존재가 이루어 내는 놀라운 성취이다. 우리의 아기들은 2살 때 이미 미래의 모든 사회적인 발달의 기초를 형성한다.

연구자들이 유아들의 사회적인 학습에 대해 더 많은 것을 발견할수록, 우리는 유아기와 아동기에 언어를 포함한 관찰 능력보다 사회적인 학습 능력이 월등히 빨리 발달한다는 것을 알게 된다. 그리고 아이들의 학습 능력은 폭발적으로 성장한다. 마음읽기는 이렇게 시작되고 사회적인 능력은 성인기까지 지속된다. 우리는 어린 시절의 이론의 토대 위에 새로운 이론을 하나씩 쌓아 간다. 이것을 가능하게 하는 능력은 유아기에 처음 불빛을 깜빡이듯 시작된다.

8장

초능력, 신, 전지전능함, 내세

거의 다섯 살이 되었을 때 내 손자가 자기 주변 사람들의 초능력을 그림으로 표현했다. 엄마는 뜨거운 용암을 건널 수 있고, 아빠는 먼 거리를 볼 수 있고, 누나는 힘이 엄청 세고, 자기가 좋아하는 동물 인형은 열두 시가 지날 때까지 자지 않고 깨어 있을 수 있었다.

초능력에 대한 이런 생각은 유치하지만, 아이들이 초능력에 대해 공상하기 시작하는 시기를 이해할 수 있게 한다. 여기에는 비범한 능력, 추상적인 사고, 신, 슈퍼히어로, 지옥, 전능함 같은 개념이 포함된다.

초능력은 미취학 아동들의 영역은 아니다. 미취학 아동들은 뛰어난 학습 능력과 소질, 적성을 가지고 있지만, 초월적인 존재의 추상적이고 심오한 세계는 초등학생 이상의 아동들이 이해할 수 있는 영역이다. 초능력은 새로운 세계로 들어가는 관문이고—나니아Narnia로 가는 길을 열어 주듯이—, 성인기로 접어들 학습의 영역과 이어진다.

미취학 아동들은 공룡과 중장비 기계들에 대한 사랑과 함께 이 여정을 시작한다. 아이들은 약하고 무력하지만 티라노사우루스나 불도저는 거대하고 힘이 세다. 트레이도 어릴 때 몇 시간 동안 도로 공사하는 장면을 지켜보곤 했다.

슈퍼히어로

슈퍼히어로는 아이들의 마음이론이 평범한 것을 넘어 비범한 것으로 이동함을 보여 주는 상징이다. 슈퍼맨은 크고 힘이 세고 초능력을 가지고 있다. 슈퍼맨은 또한 날아다닐 수 있고 투시력이 있다. 그러나 한편으로는 슈퍼맨도 평범한 세상에 발을 딛고 있다. 슈퍼맨도 음식을 먹어야 하고 로이스 레인에게 반하기도 한다. 어린아이들은 슈퍼히어로를 현실에 있는 존재들과 비교한다. 슈퍼맨은 자동차보다 강하고, 고속 탄환보다 빠른, 강철로 만들어진 인간이다.

페어런트디시 유케이Parentdish UK, 지금은 없어진 부모들을 위한 웹사이트의 제임스 무어는 네 살짜리 아들이 슈퍼히어로 놀이를 하자고 매일 졸라댄다고 말했다.

"그래 알았어," 나는 약간 지쳐서 말했다.

"그럼 나는 배트맨이고 아빠는 아이언맨이야."

"그럼 아이언맨은 뭘 하지?" 내가 물었다. 아들은 모르는 게 분명했다.

아들은 잠시 생각하더니 "음, 아이언맨은 아이어닝(다림질)을 해요!"라고 말했다.

아이들은 특별한 속력, 특별한 힘, 달리기보다 더 비범한 것, 예를 들면 신 같은 존재에 대해 어떻게 생각할까? 대부분의 신은 아이들이 경험한 것과는 전혀 다른 완전히 추상적인 개념이다.

아이들은 신과 어떻게 연결될까

아이들의 신에 대한 관심은 부분적인 이해로 시작되고 힘과 능력에 대한 관심으로부터 시작된다. 신을 그려 보라고 하면 아이들은 신을 초능력을 가진 인간으로 표현한다. 한 5세 아동은 신을 "세상을 구원하는 슈퍼히어로"로 그렸고, 한 9세 아동은 신을 "우리가 하는 말을 모두 들을 수 있는 엄청나게 큰 귀"를 가진 존재로 그렸다.

아이들이 좀 더 자라나면서 이런 수준을 넘어 비범한 존재에 대해 생각하기 시작한다. 영국의 여배우이자 작가인 모니카 파커는 일곱 살짜리 아들이 신에 대해 물었던 경험을 이야기했다.

우리는 아들에게 신을 볼 수는 없지만 신이 살아 있는 모든 것 안에 살고 있다고 믿는다고 말했다.

다음 날 아침에 아들이 우리 방에 들어와서 신을 본 사람을 알고 있다고 말했다. 그 사람은 아들의 의사였다. 아들은 그 의사가 사람들을 고치기 위해 배를 가를 때 그 안에서 신을 보았을 거라고 말했다.

아이들은 이런 식으로 신, 전지전능함, 내세, 영혼의 개념을 이해하려고 노력한다. 이것은 신학자들과 많은 사람들이 일생 동안 수없이 논쟁을 벌이는 주제이기도 하다. 아이들의 단순한 출발점은 우리의 복잡한 목적지로 안내하는 길잡이가 된다.

나는 이 과정을 신인동형론anthropomorphism (자연현상, 동물, 신, 영혼 등에 인간의 형태나 특성을 귀속시키는 것—옮긴이)의 맥락에서 이해할 수 있다고 생각한다. 아이들은 제한적이기는 하지만 보통 사람들의 오류가 있는 생각을 파악하는 것으로부터 첫걸음을 뗀다. 그리고 이를 기반으로 점차적으로 비범한 존재에로 이해력을 확장해 나간다.

이 이론을 대체하는 이야기도 있다. 어린아이들은 자신의 근원을 신의 존재에서 찾는 본성이 있기 때문에 신에 대한 특별한 이해를 가지고 있다는 주장이다. 이러한 관점은 19세기 낭만파에 의해 처음 옹호되었다. 그들은 아이들의 마음이 아직 세속적인 경험으로 오염되지 않았기 때문에 어른들이 이해할 수 없는 신에 대한 개념을 이해할 수 있다고 믿었다. "하늘의 왕국이 그들의 것임이니라."

저스틴 배럿도 이 개념을 지지했다. 배럿은 독실한 기독교 신자로서 아동 발달 연구원과 풀러 신학교의 교수로 일하고 있다. 그는 어린아이들이 하나님이 무오한infallible 존재라는 것을 이해한다고 믿었다. 배럿은 동료들과 함께 표준화된 잘못된 믿음 테스트 틀을 이용해서 아이들을 관찰했다. 그들은 미취학 아동들에게 크래커 과자 상자를 선물했다. 아이들은 그 상자 안에 크래커가 들어 있으리라 기대했다. 그러나 상자를 열자 그 안에는 작은 돌들만 가득했다. 배럿은 상자를 닫은 후 아이들에게 엄마나 하나님은 그 상자 안에 무엇이 들어 있을 거라고 생각할지 물었다. 4세와 5세 아동들은 대부분 엄마는 그 상자 안에 무엇이 들어 있는지 모를 거라고 답했다. 이것은 전형적인 잘못된 믿음에 대한 답변이었다. 그런데 하나님은 알 것이라고 많은 아이들이 답했다. 아이들은 하나님은 절대적으로 확실하게 알고 있다고 생각했다.

배럿은 이것은 신인동형론이 아니라 "준비됨preparedness" 가설을 뒷받침한다고 주장했다. 아이들은 처음부터 하나님을 인간보다 더 높은 이해력을 가진 존재로 생각할 준비가 되어 있다는 것이다. 이 이론에 따르면 아이들은 타고난 신자들이다.

배럿의 연구는 논란을 불러일으켰다. 논란 중 하나는 배럿이 연구를 실행할 때 미취학 아동들을 한 살 간격으로 분류한 것에 대한 비판이었다. 이는 아이들의 초기 믿음을 보여 주기에는 간격이 너무 컸다. 보다 정확한 검증을 위해 현재 밴더빌트 대학교의 교수인 존 레인이 이끄는 추적 연구는 아이들을 더 좁은 나이 간격으로 분류했다.

우리는 배럿의 방식대로 다양한 세상의 존재들이 얼마나 많은 것을 알고 있는지 아이들에게 판단하게 했다. 우리는 아이들에게 하나님과, "사물을 꿰뚫어 볼 수 있는" 영웅과, 평범한 사람들 특히 엄마에 대해 물었다. 그리고 하나님이 특별한 정신적인 능력을 가지고 있다고 아이들이 생각하고 있는지 확신할 수 없었기 때문에 우리는 스마트 씨를 도입했다. 그리고 아이들에게 스마트 씨는 "보지 않고도 모든 것에 대해 빠짐없이 알고 있다"고 말하고 스마트 씨의 사진을 보여 주었다. 머리가 크고 모든 것을 알고 있는 것 같은 모습의 노인이었다.

4세 그룹에서 가장 어린 아이들은 모르는 것과 잘못된 믿음을 평범한 사람들이 가지는 속성으로 여겼다. 이 아이들은 하나님과 스마트 씨도 인간과 동일한 한계를 가지고 있다고 생각했다. 하나님도 엄마처럼 닫힌 상자 안에 무엇이 들어 있는지 모를 거라고 생각했다. 4세 그룹에서 가장 나이가 많은 아이들과 4세 이상의 아이들은 배럿의 연구와 같은 결과를 나타냈다. 그들은 하나님이나 스마트 씨는 상자 안에 무엇이 들어 있는지 알고 있지만 엄마는 모를 거라고 답했다.

우리는 많은 사람들이 전지전능한 존재에 대한 믿음을 갖고 있는 미국에서 연구를 진행했다. 퓨 리서치 센터Pew Research Center에 따르면, 미국에 살고 있는 사람들의 90퍼센트 이상이 하나님을 믿고 있고, 따라서 대개의 아이들도 자연스럽게 하나님에 대한 기본적인 이해가 있다. 우리는 독실한 기독교 가정에서 자라고 기독교 설립 유치원에 다니는 아이들, 즉 어릴 때부터 하나님을 배운 아이들을 물색했다.

그런데 종교적이거나 종교적이지 않은 가정에서 자란 아이들 모두가 명확하게 '준비됨'보다는 '신인동형설'에 따른 특징을 나타냈다. 기독교 가정에서 양육된 아이들은 더 어린 나이에 하나님의 비범한 능력에 관한 이야기를 듣게 되지만 이들의 이해력엔 한계가 있기 때문이다. 주일학교에 다녀온 4세 아이와의 대화에서 이 점이 명확하게 나타난다.

"선생님이 예수님이 눈먼 바리새인을 고치셨다고 했어요, 그리고 나중에 선생님은 하나님이 바리새인을 고쳤다고 했어요."

나는 "넌 예수님이 그 사람을 고쳐주셨다고 말하지 않았니?"라고 물었다.

그러자 딸아이가 말했다. "그렇지만 예수님은 하나님이에요."

"그래? 하나님이 어떻게 자신의 아들이 될 수 있지?"

미취학 아동들이 하나님을 특별한 이해력을 가지고 있는 존재—엄마보다 많은 것을 아는 특별한 존재—로 믿기 시작할 때도 그것은 하나님이 인간의 능력을 무한히 뛰어넘을 수 있다는 것을 이해하는 것과는 거리가 멀다. 아이들이 그런 이해에 도달하기 위해 거쳐야 하는 단계는 긴 시간을 필요로 하는 어려운 과정이다. 실제로 하나님의 속성 중 어떤 속성은 아이들뿐 아니라 어른들도 이해하기 쉽지 않다.

전지전능함?

전지전능함은 강력한 신의 속성 중 가장 보편적으로 인식되는 속성이다. 기독교 신학자 제임스 패커는 전지전능함에 대해 이렇게 설명했다.

성경은 하나님의 눈이 모든 곳을 감찰하신다고 선언한다. 그분은 모든 마음을 살피고 모든 사람의 길을 지켜보신다. 다시 말해서 그분은 항상 모든 사물과 모든 사람에 대한 모든 것을 아신다. 또한 그분은 과거와 현재뿐 아니라 미래도 아시고 항상 순간마다 모든 것을 아신다.

코란은 "알라Allah는 하늘에 있는 모든 것과 대지에 있는 모든 것을 아시노라. 실로 알라는 모든 것을 모두 아시노라"라고 선언한다. 불교에서는 부처가 비범한 지식을 소유한 깨달음의 경지에 도달했다고 주장한다. 힌두교의 주신인 비슈누Vishnu 역시 전능한 존재로 묘사된다.

어른들은 쉽게 하나님이 모든 것을 아신다고 말하지만, 전지전능함은 특히 어린아이들에게는 이해하기 어려운 개념이다. 한 7세 어린이는 이렇게 말했다.

나는 예수님이 모든 것을 아신다고 배웠어요. 예수님은 "네 머리카락까지 세신다"고 했어요. 하지만 세상에 할머니의 머리카락만큼 큰 숫자는 없어요.

로버트 콜스는 그의 책 《어린아이들의 영적인 생활The spiritual life of children》에서 하나님과 대화하면서 "하나님의 시간을 너무 많이 뺏는다"고 걱정하는 한 십대 아이의 이야기를 소개하고 있다.

슈퍼맨을 이해하기 위해서라면 전지전능함을 고민할 필요는 없다. 슈퍼맨이 마음을 읽을 수 있다면 그는 렉스 루터의 계획을 미리 알고 저지할 것이고 메트로폴리스에는 평화가 찾아올 것이다. 선과 악도 없고, 가슴을 뛰게 하는 서스펜스도 없고, 드라마도 없을 것이다. 그렇다면 우리는 언제 전지전능함을 이해하기 시작할까, 그리고 그것은 어떤 형태로 나타날까?

나는 존 레인과 함께 어른뿐만이 아니라 3세부터 11세의 아이들이 전지전능함을 어떻게 이해하는지 파악하기 위해 노력했다. 우리는 아이들이 하나님의 전지전능함에 대해 어떻게 알고 있는지 확신할 수 없었기 때문에 다시 "모든 것에 대해 빠짐없이" 알고 있는 스마트 씨를 소환했다. 우리는 이번에는 아이도 스마트 씨도 "전에 보지 못한" 닫힌 판지 상자를 가져갔다. 그리고 아이들에게 그 상자 안에 무엇이 들어 있는지 아느냐고 물었다.

아이들은 "몰라요"라고 대답했다.

스마트 씨는 "그 안에는 스테이플러가 들어 있어"라고 말했다. 정말 그 안에는 스테이플러가 들어 있었다.

우리는 또다시 "스마트 씨는 모든 것에 대해 모든 것을 알고 있어"라고 말한 뒤 이번에는 다른 것에 대해 물었다. "너희들은 이 스테이플러가 어디서 만들어졌는지 알아? 나는 모르는데 너희들은 아니?"

아이들은 모른다고 하거나 추측으로 대답했다. 꽤 많은 아이들이 중국이라고 대답했다.

"스미스 씨는 '캐나다'라고 했어. 어디 확인해 보자." 스테이플러를 뒤집자 "메이드 인 캐나다"라는 스티커가 붙어 있었다.

우리는 몇 가지 시현을 더 하고 항상 "스마트 씨는 모든 것에 대한 모든 것을 알고 있어! 보지 않고도 알아!"라는 말로 끝냈다. 마침내 우리가 아이들에게 "스마트 씨는 얼마나 많은 것을 알고 있지?"라고 물으면 아이들은 "모든 것이요!"라고 대답했다. 우리는 아이들이 이해할 수 있는 말로 스마트 씨가 전지전능하다는 개념을 확고하게 가질 수 있도록 최선을 다했다.

그런 다음 우리는 아이들이 이 지식을 어떻게 적용하는지 살펴보았다. 먼저 우리는 하나님과 스마트 씨와 엄마의 지식의 넓이breadth에 대해 물었다. 그들 중에서 누가 "지금 네가 무엇을 생각하고 있는지", "어디에서 세상에서 가장 큰 나무를 찾을 수 있는지", "내년 여름에 날씨가 얼마나 더운지" 알고 있을까? 누가 현재, 과거, 그리고 미래에 대해 알고 있을까? 그들은 어떤 사람의 은밀한 생각을 알고 있을까?

다음에 우리는 그들의 지식의 깊이depth에 대해 물었다. 그들은 비행기, 자동차, 행성 같은 한 가지 분야에 대해 전문가처럼 많은 것을 알고 있을까? "의사, 비행기 조종사 중에서 누가 비행기에 대해 더 많이 알고 있을까?", "비행기 조종사와 스마트 씨 중에서 누가 비행기에 대해 더 많이 알고 있을까?"

전지전능한 존재의 지식은 전문가의 지식을 능가하는 게 당연하다. 전지전능한 존재는 모든 것에 대한 모든 것을 알기 때문이다. 전지전능한 존재의 지식은 불완전한 인간의 이해와 다르고 전문가의 이해와도 다르다. 그것은 또한 슈퍼히어로의 초능력과도 다르다. '전지전능함'은 '슈퍼'를 능가한다.

그러나 우리는 미취학 아동들이 신이나 스마트 씨 같은 전지전능한 존재일지라도 많은 것을 알지는 못한다고 생각한다는 것을 알았다. 하나님이나 스마트 씨는 엄마보다 약에 대해 더 많이 알지만 의사보다 더 많이 알지는 못한다. 하나님이나 스마트 씨는 비행기에 대해 많이 알지만 비행기 조종사나 비행기 정비사보다 더 많이 알지 못한다(아마도 더 모를 것이다).

아이들의 연령대가 높아질수록 아이들은 하나님과 스마트 씨가 더 많은 것을 알고 있다고 생각했다. 그러나 우리의 연구에서 11세 아이들도 전지전능한 존재가 "모든 것에 대한 모든 것"보다 훨씬 적은 지식을 가지고 있다고 생각했다.

종교가 도움이 될까?

조 레인과 나는 이 점을 더 탐색하고 싶었다. 종교적인 훈련을 더 많이 받은 아이들은 종교적인 훈련을 덜 받은 아이들보다 전지전능함을 더 잘 이해할까? 두 번째 연구를 위해서 우리는 하나님과 하나님의 능력에 대해 배우는 기독교 설립 유치원에 다니는, 독실한 기독교 가정에서 자라는 아이들을 대상으로 테스트를 실시했다.

종교적인 배경을 가진 미취학 아동들은 비종교적인 배경에서 자란 또래 아이들과 마찬가지로 전지전능한 존재가 많은 것을 모른다고 답했다. 3세에서 11세 아이들은 연령대가 높아질수록 점차적으로 하나님과 스마트 씨가 엄마보다 더 많은 지식을 가지고 있다고 생각했다. 종교적인 배경에서 몇 년 동안 하나님의 초월적인 능력에 대해 배운 아이들도 하나님과 스마트 씨(모든 것에 대한 모든 것을 안다는 데 동의했던)가 비행기에 대해 엄마나 의사보다 더 많이 알지만, 비행기 조종사보다 더 많이 알지는 못한다고 말했다. 그러나 약간의 차이는 있는데, 하나님에 대한 개념을 더 많이 접한 아이들은 그렇지 않은 아이들보다 조금 더 일찍 하나님이 더 많은 지식을 가지고 있다고 생각했다. 그럼에도 매우 오랜 기간 종교적인 배경에서 양육된 아이들도 전지전능한 존재가 "모든 것에 대한 모든 것"을 아는 것보다 훨씬 적은 지식을 가지고 있다고 생각했다.

어른도 이해하기 어려운 개념

어른들도 역시 전지전능함을 이해하기 어려운 개념으로 생각한다. 다른 연구에서 미국 성인들에게 하나님의 능력을 정의하게 하자 많은 사람들이 하나님은 전지전능하고 지각의 제한을 받지 않는다고 대답했다. 그러나 그들은 이 개념을 실제적으로 적용하는 데는 어려움을 겪었다. 연구원들이 많은 사람들이 동시에 하나님께 기도한다는 문제를 제시하자 하나님의 전지전능함에 대해 명확하게 말했던 사람들은 하나님이 기도하는 사람들 가운데 일부 사람들의 기도를 먼저 다루고 다른 사람들의 기도는 나중에 다룰 거라고 말했다. 이 어른들은 하나님의 시간을 너무 많이 빼앗는다고 걱정하던 십대 소녀처럼 하나님도 인간처럼 제한된 능력에 갇혀 있다고 생각하는 오류를 범했다.

완전한 전지전능함을 개념화하는 것은 수 세기 동안 신학자들이 겪은 난제였다. 1800년대의 성 아우구스티누스와 그 이전인 1200년대의 성 토마스 아퀴나스는 인간과 완전히 "다른" 존재에 대해 이야기하는 것은 어려운 일이라고 지적했다. 어떠한 인간적인 제한도 갖지 않는, 무한한 존재를 이해하는 것은 어른이나 아이들에게나 불가능한 일이다.

삶과 죽음

미국 성인들의 거의 75퍼센트가 내세를 믿는다. 이 숫자는 기독교도, 이슬람교도, 유대인들을 포함한 것이다. 같은 비율의 사람들이 착하게 산 사람들은 천국에 간다고 믿는다. 2005년 해리스 폴에 따르면, 미국인들 10명 중에서 6명이 지옥과 내세를 믿는다고 한다.* 인류학적인 증거를 보면 이러한 믿음이 매우 오래전으로 거슬러 올라가는 것을 알 수 있다. 원시 인류는 시체를 물건과 음식과 함께 매장했다. 이것은 아마도 내세에서 사람들이 그 물건과 음식을 사용할 거라고 믿었기 때문으로 추정된다.

이처럼 많은 사람들이 내세를 믿는 것을 어떻게 설명할 수 있을까? 우리는 언제 어떻게 이러한 믿음을 갖게 되었을까? 이것은 유아들의 이해를 넘어서는 차원의 설명이 필요하다.

대부분의 아이들은 초등학교 저학년 때부터 죽으면 몸의 기능이 끝난다는 것과 죽음은 모든 생명체가 겪는 일이고 되돌릴 수 없다는 것을 이해한다. 그러나 아이들은 죽음 후의 삶을 이해할까, 그리고 이해한다면 어떻게 이해하고 있을까? 그들의 이해는 언제 시작될까?

내 친구인, 피츠버그 대학교의 발달 심리학자 칼 존슨은 3살짜리 딸 이브와 죽음에 대한 대화를 나누었다고 한다. 이브의 친구의 엄마가 죽은 직후에 나눈 대화였다.

나는 이브에게 사람이 죽으면 몸의 모든 부분이 활동을 멈춘다고 설명했다. 그리고 몸이 고장 나서 고칠 수 없다고 말했다. 마지막으

---

* 초월적인 능력과 상태에 대한 우리의 생각과 믿음이 모두 희망적인 개념은 아니다. 예를 들면 지옥에서의 영원한 고통은 특히 사악하고 바람직하지 않은 내세이다. 아이들도 초월적인 존재의 어두운 모습을 직면하고 고민한다. 가톨릭 학교에서 수녀들에게 배우는 취학 연령의 한 아이는 로버트 콜스에게 자기가 수녀에게 악마가 어떤 존재냐고 물었을 때 그 수녀가 "악마는 너를 잡으면 절대 놓아주지 않을 거야"라고 대답했다고 말했다.

로 (죽은, 고장 난) 몸이 땅에 묻힌다고 설명했다.

이 대화를 나눈 지 몇 달 후 두 사람은 박물관을 관람했다. 이브는 십자가상의 그리스도를 그린 그림을 보고 충격을 받았다. "저 사람에게 무슨 일이 일어난 거야?"

칼은 이브에게 《예수님의 작은 책The Little Book of Jesus》을 읽어 주었다. 예수의 부활에 관한 이야기였다.

예수님이 죽어서 매장되었다가 부활한 부분을 읽을 때 딸아이가 내게 "예수님은 죽은 거야, 안 죽은 거야?"라고 물었다.

내가 생각해 낼 수 있는 최선의 대답은 예수님이 특별한 사람이라는 것이었다.

이브는 내게 그 이야기를 다시 읽어 달라고 했다. 예수님이 죽는 같은 부분에 이르자 이브는 또다시 "예수님은 죽은 거야, 안 죽은 거야?"라고 물었다

나는 "특별한 사람"이라는 설명을 반복했다. 이브는 내 대답에 만족하지 못하고 "아이들은 이 이야기를 이해할 수 없어"라고 말했다.

며칠 후 이브는 자기가 좋아하는 책 중에서 《인체의 신비The Body Book》라는 책을 꺼내왔다.

그 책의 끝에 시체가 매장되는 이야기가 나온다.

이브는 그 책을 외우고 있었고 계속 그 이야기를 나에게 들려주었다. 내가 이브에게 가르쳐준 것처럼 그 책에는 시체가 매장되는 내

용이 있었다. 그러나 이브의 주의를 끈 것은 다른 부분이었다. 그것은 몸이 죽고 매장된 후에 무덤 위에서 꽃이 자라는 그림이었다. 이브는 의기양양하게 말했다. "몸은 묻혀 있고 꽃이 자랐어."

이것으로 문제가 해결되었다. 이것이 미취학 아동이 죽음 이후의 생명을 이해하는 방식이다.

아이들이 성인기에 다가갈 때 아이들의 생각은 어떻게 바뀔까?

내세

폴 해리스와 마르타 기메네즈는 스페인의 미취학 아동들과 유아원생들에게 마음과 "영생"에 대해 물었다. 그들은 종교적인 학교와 비종교적인 학교에서 교육받은 아이들에게 많은 주제를 놓고 하나님과 친구의 능력을 판단하게 했다. 생명에 대해 물었을 때 비종교적인 학교와 종교적인 학교의 아이들 모두 하나님은 친구처럼 죽지 않는다고 말했다.

그러나 하나님의 불멸성은 인간의 내세와 다르다. 그래서 해리스와 기메네즈는 7세와 11세 아이들에게 할아버지와 할머니가 죽으면 무슨 일이 일어나는지 물었다. 이 연구를 위해서 아이들에게 의학적인 이야기와 종교적인 이야기 중 한 이야기를 들려주었다.

의학적인 이야기는 한 할머니가 아파서 병원에서 수술을 받았는데 수술실에 들어간 지 얼마 후 의사가 가족들에게 할머니가 사망했다고 말했다는 이야기였다. 이 이야기를 들은 7세 어린이들 중 겨우

10퍼센트 정도가 죽음 후에도 어떤 기능이 계속된다고 생각했다. 같은 이야기를 들은 11세 어린이들 중에서 60퍼센트 정도는 죽음 후에 정신적인 기능(손자들을 생각하는 것 같은)이 계속된다고 생각했다.

종교적인 이야기는 할머니가 병이 들었고 신부님을 만나고 싶다고 해서 신부님이 할머니의 방에 앉아 있었는데 얼마 후 신부님이 가족들에게 할머니가 돌아가셨다고 말했다는 이야기였다. 이 종교적인 이야기를 들은 아이들 중 약 50퍼센트가, 그리고 좀 더 나이가 많은 아이들 중 85퍼센트가 할머니가 돌아가신 후에도 할머니의 정신적인 기능의 일부가 계속된다고 말했다.

이 아이들은 발달 추세를 분명하게 보여 주었다. 나이가 많을수록 내세를 더 많이 믿었다. 또한 나이가 많을수록 죽은 후에는 육체적인 기능이 아니라 정신적인 기능이 계속된다고 말했다. 할머니는 음식을 먹거나 숨을 쉬지 않지만, 손주들을 보고 싶어 하고 손주들이 잘 되기를 바란다. 죽음 후에도 일부 기능이 계속된다고 했던 아이들도 좀 더 나이가 든 후에는 정신적인 기능이 계속된다고 말했다.

초월적인 지식과 내세 같은 개념은 기초가 되는 생각의 블록 위에 세워진다. 초월적인 존재나 능력에 대한 아이들의 초기 개념은 인간의 한계와 일상적인 삶에 뿌리를 내리고 있다. 아이들은 이 기초 위에 아킬레스와 아마존 같은 신화적인 영웅이나 슈퍼맨, 원더우먼, 아이언맨 같은 슈퍼히어로를 추가한다. 그리고 나중에 하나님, 전지전능함, 내세 같은 훨씬 더 추상적인 개념에 대한 이해를 더한다.

당신의 마음은 눈에 보일까? 당신의 뇌는?

초월적인 존재에 대한 이해의 중요한 디딤돌은 아이들이 뇌와 정신을 구별하는 것이다.

처음에 아이들은 뇌와 정신이 같다고 말한다. 뇌는 "우리가 생각을 하는 곳"이다. 칼 존슨과 나는 아이들이 뇌와 정신을 언제 구별하기 시작하는지 알고 싶었다. 그래서 미취학 아동들부터 9학년 아이들에게 "정신이 없어도 나무에 대해 생각할 수 있을까?" 그리고 "뇌가 없어도 꽃에 대해 생각할 수 있을까?"라고 물었다. 우리는 아이들에게 생각하기와 기억하기 같은 정신적인 행동뿐 아니라 보는 것과 듣는 것 같은 감각, 신발을 신고 손뼉을 치는 것 같은 자발적인 행동, 호흡하기와 재채기 같은 무의식적인 동작에 대해서도 물었다.

미취학 아동들과 1학년 아동들 그리고 많은 3학년 아동들은 생각하거나 기억하기 같은 "정신적인" 행동을 할 때만 뇌와 정신이 필요하다고 말했다. 그들은 보고("눈만 있으면 된다"), 듣고("귀만 있으면 된다"), 하품을 하는("입만 있으면 된다") 행동은 뇌와 정신이 필요하지 않다고 말했다.

5학년 아동들과 9학년 아동들은 보기, 읽기, 생각하기뿐 아니라 재채기, 호흡, 하품 같은 모든 행동을 하는 데 뇌가 필요하다는 것을 알고 있었다. 이 아이들은 정신이 없어도(뇌가 담당한다) 재채기나 하품을 할 수 있지만, 생각하거나 느끼기 위해서는 정신이 필요하다고 말했다. 또한 뇌는 항상 작동하고 있지만 정신은 때로는 "작동" 상태이고 때로는 "작동하지 않는" 상태가 될 수 있다고 말했다. 이 아이들은 정신과 뇌가 다른 기능을 가지고 있다는 것을 이해했다.

보이지 않는 뇌

이전에 살펴본 것처럼 미취학 아동들과 1학년 아동들은 생각과 아이디어가 눈에 보이지 않는다고 생각한다. 그러나 칼과 나는 그들이 생각과 아이디어뿐 아니라 **뇌**도 눈에 보이지 않는다고 생각한다는 것을 알았다. 그들에게 뇌 = 정신이기 때문이다. 정신은 만질 수 없고 보이지 않는다고 말한 1학년 아동들의 100퍼센트가 뇌도 만질 수 없고 보이지 않는다고 말했다. 우리의 연구에서 3학년 아동들과 특히 5학년과 9학년 아동들은 형태가 있는 뇌가 형태가 없는 정신과 다르다는 것을 알고 있었다. 9학년이 되면 아이들 중 90퍼센트가 뇌와 정신이 다르다고 생각했다. 그들은 정신은 볼 수 없지만, 뇌는 머리를 열거나 특별한 엑스레이 기기를 사용해서 보고 만질 수 있다고 생각했다.

정신이 뇌와 분리된다는 것을 이해하는 아이들은 내세를 추정할 수 있다. 뇌와 몸은 죽지만 정신은 다르기 때문에 뇌의 기능 중 일부는 죽음 이후에도 계속될 수 있다. 그들은 몸은 없지만 거대한 정신을 가지고 있는 신을 이해할 수 있다. 그들은 심지어 영혼도 이해할 수 있다.

영혼은 그것을 가지고 있다

사람의 어떤 부분이 죽음을 초월할 수 있을까? 어른들은 아마도 사람의 영혼이라고 말할 것이다. 우리는 사람의 정신(어느 정도 가능성이 있다고 판단한다)이나 몸(가능성이 없다고 판단한다)보다 영혼이 지속될 가능성이 높다고 생각한다. 이것은 종교적인 개념에도 적용된다. 종교는 인간의 영혼 또는 혼이 죽음을 초월할 가능성이 가장 높다고 가정한다.

레베카 리허트와 폴 해리스는 초등학교 아동들에게 사람이 죽은 후에 몸의 기능(호흡), 감각 기능(시각), 정신 기능(기억), 영적인 기능(영혼) 중에서 어떤 기능이 계속되는지 물었다. 아이들은 영혼이 생각이나 기억보다 지속될 가능성이 높고, 호흡, 보는 것, 듣는 것보다 지속될 가능성이 훨씬 더 높다고 말했다.

관련 실험에서 5세부터 12세 아동들에게 유아세례 시나리오를 보여 주고 세례를 받으면 무엇이 달라지는지 물었다. 가장 어린 아이들도 세례가 눈에 보이지 않는 무형의 변화를 가져온다고 말했다. 모든 연령 그룹에서 아이들은 세례가 영혼을 가장 많이 달라지게 하고, 정신을 약간 달라지게 하고, 뇌에는 거의 영향을 미치지 않는다고 말했다.

아이들이 정신, 뇌, 몸, 영혼, 한계, 능력 같은 개념을 더 깊이 이해할수록 그들은 영웅, 슈퍼히어로, 마법에 걸린 공주, 정신과 육체가 특이하게 결합된 좀비, 뱀파이어, 뇌 이식 수술 같은 것에 대해 관심을 갖고 이해할 뿐 아니라 종교에 대해서도 더 깊이 탐색할 수 있었다(**사이드바 8.1**).

사이드바 8.1 정신, 육체, 정체성

뇌 이식을 받은 사람을 상상해 보자. 누군가가 당신의 위, 눈, 머리카락, 귀뿐 아니라 당신의 몸과 당신의 외모를 가지고 있고 그의 뇌와 정신은 다른 사람의 것이라고 생각해 보자. 어른들은 그것은 당신이 아니라고 생각한다. 그러나 어린아이들은 그렇게 생각하지 않는다. 아이들은 정신과 뇌를 구별할 수 있을 때 개인의 정체성을 이해한다.

칼 존슨은 유치원 아동들에게 돼지우리 안의 돼지 가비의 그림을 보여 주고 가비가 좋아하는 것들과 아이들이 좋아하는 것들을 비교했다. 가비는 (침대 대신에) 오물통에서 자는 것을 좋아했고, (아이 친구들이 아니라) 돼지 친구들을 가지고 있었고, (아이의 기억이 아니라) 돼지의 기억을 가지고 있었다. 다음에는 아이들에게 "우리는 너의 머리에서 뇌를 빼내서 돼지의 머리에 집어넣는 연기를 할 거야"라고 말했다.

"그럼 어떻게 될까? 이 돼지가 너의 뇌를 가지면 오물통에서 자는 걸 좋아할까 아니면 침대에서 자는 걸 좋아할까?", "너의 뇌를 가지면 이 돼지는 돼지의 기억을 가지고 있을까 아니면 남자아이의 기억을 가지고 있을까?", "우리가 이 돼지를 집에 데리고 가면 '가비야 이리 와'라고 말하면 가비가 올까, 아니면 '이리와, 〔아이의 이름〕'이라고 부를 때 가비가 올까?"

2학년(7세나 8세)이 될 때까지 아이들은 뇌 이식이 어떤 사람의 존재, 정신, 정체성에 미치는 영향을 이해하지 못했다. 1학년 아동들 중 거의 90퍼센트가 아이의 뇌를 가진 돼지는 여물통에서 자는 것을 좋아하고 돼지의 기억을 가지고 있을 거라고 말했다. 4학년이 되면 아이들 중 90퍼센트 이상이 아이의 뇌를 가진 가비가 침대에서 자기를 원할 거라고 말했다. 마찬가지로 더 큰 아이들은 돼지가 돼지의 기억을 가지고 있지 않을 거라고 말했다. 그들은 "가비는 **나의** 기억을 가지고 있을 거예요!"라고 말했다.

더 어린 아이들은 생각하고 기억하기 위해 뇌가 필요하다고 말하지만, 뇌가 개인의 기억, 생각, 좋아하는 것, 정체성을 가지고 있다고 생각하지 않는다. 그들은 당신에게 다른 뇌를 주면 "당신"이 다른 사람이 된다는 것이 무엇을 의미하는지 이해하지 못한다. 7세에서 8세가 되어야 미국 아동들은 뇌가 모든 생각과 정신을 가지고 있기 때문에 뇌가 어떤 사람의 존재와 정체성에 매우 중요한 역할을 한다는 것을 이해한다.

평범한 것을 초월하다

평범한 것에 대한 아동기의 생각은 결국 우리를 신, 정신, 영혼, 내세를 이해하도록 이끈다. 이것은 겹치는 구간이 반복되는 긴 여정이다.

유아들은 사람들이 각자 좋아하는 것을 가지고 있고, 만질 수 있는 사물을 얻기 위해 의도적으로 행동하는, 실제적인 세계를 파악할 수 있는 이해력을 형성한다. 미취학 아동기의 세상에 대한 이해는 사람들은 자기가 원한다고 생각하는 것을 얻기 위해 행동한다는 마음이론으로 체계화된다. 이 이론은 초등학교 아동들의 초능력자와 초월적인 존재, 신, 원더우먼, 죽음 후의 삶에 대한 기초 개념이 된다. 이는 또한 무소부재함, 영생, 전지전능함, 영혼 같은 개념을 형성하는 기초가 된다.

이처럼 더 높은 수준의 사고는 훨씬 더 깊고 복잡한 철학적인 질문과 신학적인 문제에 대한 질문을 제기한다. 정신과 육체, 영혼과 물질, 생각과 실재, 믿음과 신앙은 어떤 관계를 갖고 있는가? 정신은 물질의 산물인가, 아니면 물질이 정신의 산물인가? 우리의 궁극적인 실체는 물질적인 것인가 영적인 것인가?

이러한 차원의 생각과 추론은 점점 더 초월적인 개념을 포함하게 되지만 이 개념들은 우리가 아동기에 평범한 존재, 뇌, 사람들, 몸에 대해 가졌던 개념에 뿌리를 내리고 있다.

9장

가능한 세계, 가능한 생각

얼굴에 하얀색 페인트를 칠하고, 정교하게 만든 동물 머리쓰개를 쓰고, 말린 나뭇잎 스커트를 입은 한 남자가 당신 옆에서 걷고 있다고 상상해 보자. 당신의 문화적 배경에서 생각하면 그 남자는 무당이나, 악마, 미친 사람, 아니면 핼러윈 놀이를 하고 있는 사람일 것이다.

성인들의 사회와 사회적인 사고는 문화권에 따라 다르고 어떤 경우에는 엄청난 차이가 있다. 한 문화에서 정상적인 것이 다른 문화에서는 이상한 것으로 간주될 수 있다. 어떤 그룹에서는 흥미롭고 중요한 개념이 다른 그룹에서는 흥미롭지 않고 지엽적인 개념이 될 수 있다. 인류학자들은 이것을 문화의 민중 심리folk psychology 차원에서 다룬다. 민중 심리는 어떤 그룹의 사람들과 그들의 행동을 이해하는 프레임워크와 믿음을 말한다. 민중 심리가 국가마다 다르다는 것은 인류학적 진리이다. 이 사실은 다른 나라에서 한동안 살아본 경험이 있는 사람라면 누구나 인정할 것이다.

그러나 성인들 간의 이런 큰 차이를 아동기에 시작되는 이해력으로 바라보게 된다면 좀처럼 사실을 받아들일 수 없게 된다. 앞 장에서 살펴본 것처럼 전 세계의 아이들은 어느 시점에 사람들이 살아가는 방식에 대해 비슷한 이해도와 이론을 갖게 된다. 이것은 아프리카, 중국, 미국, 또는 다른 수많은 문화권에서도 마찬가지다.

어떻게 사람들에 대한 성인들의 다양한 믿음이 최초엔 동일한 아동기의 이론으로부터 시작될 수 있을까? 그리고 성인기의 믿음들은 실제로 매우 다르고 다양한 것일까?

감정에 무관심한 사람들

1970년대 말부터 코넬 대학교의 민족 심리학자 제인 파얀스는 뉴기니에 살고 있는 전통적인 부족인 바이닝Baining족을 연구해 왔다. 그녀는 바이닝족이 사람들에 대해 생각하는 전통적인 관점은 민중 심리와는 거리가 멀다고 주장한다.

바이닝족을 연구할 때 가장 도전적이고 흥미로운 사실은 그들에게는 민중 심리folk psychology가 없다는 점이었다. 민중 심리가 애정과 감정이 내포된 관심, 개인과 자아에 대한 개념, 일탈 이론, 행동에 대한 해석, 인식과 인성에 대한 개념을 포함하는 것이라면 바이닝족은 이러한 부분에 관심을 거의 드러내지 않는다.

민중 심리는 주로 전통적인 부족의 생각과 관습을 연구하는 인류학의 한 분야이다. 민중 심리는 한 집단이 사람들의 행동방식과 사고방식을 어떻게 이해하는가, 자신의 사회를 심리학적으로 어떻게 고찰하는가, 또는 심리학적으로 고찰하지 못하는가를 중요하게 다룬다.

파얀스에 따르면 바이닝족은 자기 자신과 다른 사람들을 대할 때 내적인 심리 상태보다는 행동과 사회적인 역할을 우선 고려한다. 그들의 상호관계에서 욕망, 의도, 생각, 지식, 감정은 중요하지 않다.

바이닝족의 어른들은 매일 빈랑나무 열매를 씹는다. 그들은 빈랑나무가 벌레를 죽이고, "입을 아름답게 하고", 전반적인 정화작용을 한다고 말한다. 빈랑나무 열매는 미미한 각성 효과를 가지고 있어서 (실험실 테스트에서 증명되었다), 정신이 맑아지고 건강해지는 느낌을 준다고 한다. 이는 스타벅스가 지배하는 세상에서 많은 사람들이 커피를 마시는 것과 다르지 않다.

파얀스는 피남이라는 한 여성을 인터뷰했다. 그녀는 빈랑나무 열매를 씹거나 빈랑나무 열매가 없을 때 대용품으로 사용하는 나무즙을 마시지 않는다고 했다. 파얀스가 왜 빈랑나무 열매를 사용하지 않는지 묻자 그 여성은 과거에 그녀가 겪은 이야기를 들려주었다.

어렸을 때 나는 몇몇 여자들과 함께 숲으로 갔다. 우리는 한 나무로 다가갔다. 〔나무즙을 빈랑나무 열매 대용품으로 사용한다〕. 우리는 나무즙을 빈랑나무 열매처럼 채취하고 라임 열매와 함께 씹었다. 우리는 씹고, 씹고, 또 씹었다. 그리고 나서 나는 토하고, 토하고, 또 토했다. 나는 다시는 빈랑나무를 씹지 않겠다고 말했다. 나는 즙이 담긴

커다란 통을 두고 왔지만 다른 여자들은 다시 그곳으로 돌아가서 서로 갖겠다고 싸우면서 그 통을 가져왔다.

서양 사회에서 "왜"라는 질문은 보통 마음이론 설명을 끌어낸다. 그러나 피남은 그렇게 하지 않았다. 그녀는 "나는 끔찍한 기분을 느꼈다", "그걸 씹지 말았어야 했는데", "나는 빈랑나무가 정말 싫다"라고 말하지 않았다. 그녀는 단지 자신이 한 행동만 묘사했다. 그녀는 수액을 씹었고, 토했고, 다시는 그것을 씹지 않겠다고 말했다.

파얀스가 피남에게 왜 담배를 피우지 않는지 물었을 때도(바이닝족 사회에서는 담배를 피우지 않는 사람이 거의 없다), 피남은 역시 자신의 심리적인 상태는 전혀 언급하지 않았다. 파얀스는 이렇게 말했다.

나는 피남의 3대 후손들이 살고 있는 집에서 피남의 이야기를 들었다. 피남의 가족들은 모두 피남이 담배를 피우지 않고 빈랑나무 열매도 씹지 않는다는 것을 잘 알고 있었다. 내가 그녀에게 빈랑나무 열매나 담배를 권했을 때 그들이 그렇게 말했다. 그러나 그 집에서 전에 피남이 겪었던 숲속 이야기를 들어본 사람은 아무도 없었다. 가족들은 피남의 이야기를 듣자 웃고 재미있어 했지만, 피남은 이제까지 그 이야기를 한 번도 스스로 들려준 적이 없었다. 가족들 모두 피남이 말한 나무를 알고 있고, 수액이 흘러나온 나무껍질의 자른 부분을 봤는데도 아무도 그 이야기를 하지 않았던 것이다.

피남의 가족들은 피남이 빈랑나무 열매를 씹지 않고 담배도 피우지 않는다는 것을 알고 있었지만 한 번도 "왜"냐고 묻지 않았다. 그들은 서양 사람들이 두 살 이후로 계속하는 질문에 관심이 없었다. 우리와 멀리 떨어진 지역에 살고 있는 바이닝족은 우리의 마음이론과 비교할 때 매우 다른 마음이론을 가지고 있는 것처럼 보인다. 그러나 대화를 나누어 보면 그들의 마음이론이 물리적인 거리만큼 멀리 동떨어져 있지는 않음을 알 수 있다.

하나님이 대답하실 때

《하나님이 대답하실 때When God Talks Back》는 스탠포드 대학의 인류학자 타냐 루어만이 쓴 책의 제목이다. 그녀는 시카고와 샌프란시스코 근처에 본 교회를 두고 많은 도시에 지부 교회를 두고 있는 복음주의 교회 바인야드 처치the Church of the Vineyard의 목사와 교인들을 관찰하고 연구한 내용을 바탕으로 이 책을 썼다. 이 교회의 목사와 교인들은 하나님이 예수의 모습으로 나타나서 그들과 대화를 나누는 것을 인지할 수 있다고 믿는다.

내가 받은 감리교의 가르침과 감리교 목사이신 할아버지의 신앙에 따르면 하나님은 인간에게 정기적으로 말씀하시고 대화하시는 분이 아니었다. 그러나 바인야드 교회의 하나님은 구체적인 문제에 대해 교인들에게 자주 말씀하신다. 여기에는 어느 대학에 진학할까 같은 큰 결정뿐만이 아니라 그날 교회에 갈 때 무슨 옷을 입을까 같은 소소한 일상도 포함된다. 하나님과의 대화는 마음속에서 은밀하게 이루어지기 때문에 "바인야드에서 예배를 드리는 사람은 자신의 생각이 아니라 하나님의 생각을 인지하는 능력을 개발해야 한다." 우리의 일상적인 마음이론에 따르면 생각과 세상은 분리되어 있기 때문에 하나님의 생각을 인지하는 능력은 훈련과 지도가 필요하다.

바인야드 교회는 교인들에게 마음이론을 개발할 것을 권고한다. 이것은 갓난아기들이 갖고 있는 기본적인 마음이론과 근본적으로 다르지 않다. 그러나 이 새로운 기독교의 마음이론—우리는 이것을 "참여적participatory" 마음이론이라고 한다—은 교인들에게 정신세계의 장벽을 투과하는 경험을 요구한다.

이 투과성은 하나님과의 개인적인 대화 영역에서만 사용된다.
바인야드 교회에 처음 온 사람들이 이런 방식으로 마음이론을 수정하는 것이 일반적인 마음이론을 수정하는 것과 "근본적으로 다르지 않지만", 지속적인 노력이 필요한 작업이다. 그래서 그들은 목사들의 도움을 받고 교회 안의 "기도 팀"의 지지와 인도를 받는다.

정신은 현실을 극복한다

정신에 관한 불교의 이론과 가르침은 서양의 마음이론과 또 다른 대조를 이룬다. 서양의 마음이론에서 성인들은 생각이 의식의 흐름 안에서 일어난다고 말한다. "일련의 생각들이 연속적으로 번개처럼 다음 생각으로 이어진다." 우리는 인식, 앎, 인지의 정신적인 상태가 내면적인 자아를 외적인 "현실" 세계와 연결시켜 준다고 이해한다.

대승불교는 여러 종파의 불교 가르침과 전통 중에서 큰 두 흐름 중 하나를 이룬다. 대승불교는 기독교 시대가 열리기 직전에 인도에서 발생했고 그 후 티벳, 중국, 인도차이나반도, 일본, 한국 등으로 전파되었다.

대승불교 사상에 따르면 인간의 일상적인 이해와 정신적인 경험은 오류가 많고 기만적이다. 의식의 흐름은 불안정하고, 불안하고, 혼란스럽고, 변덕스러운 "원숭이 마음monkey mind, 시끄럽고 집중을 못 하는 마음가짐"의 한 증상이다. 또한 생각이 자아를 현실 세계와 연결한다는 믿음은 우리를 외적인 유혹과 반발, 욕구와 혐오감 같은 욕망에 빠뜨린다. 정신, 자아, 현실에 대한 우리의 믿음은 악순환의 관계를 지속시킨다. 원숭이 마음은 우리의 자아를 무지와 고통에 빠뜨리는 외적인 유혹과 반발에 연결짓는다.

붓다의 위대한 깨달음은 정신과 현실이 기만적인 일상의 인상과 다르다는 것이었다. 불교 신자들은 명상 훈련 같은 수행과 가르침을 통해 두 가지 진리를 발견할 수 있다. 첫째, 우리는 원숭이 마음을 다스리고, 순간적으로 지나가는 의식의 흐름이 아니라 현재의 순간에 주의를 기울이는 보편적이고 지속적인 의식에 몰입할 수 있다. 둘째, 현실은 생각, 이끌림, 반발의 만화경이 아닌 고요한 평안함으로 이루어져 있다. 불교의 승려들은 수 세기 동안 이러한 수행에 참여하고 교리를 완성시켜 왔다. 가장 최근의 달라이 라마의 등장은 이러한 사상을 서양 문화에 도입시켰다.

바이닝 부족, 기독교 복음주의자, 불교 신자들은 서로 매우 다르고 앞에서 내가 설명한 마음이론과 다른 민중 심리를 지지한다. 그러나 나는 이러한 근본적인 차이에도 불구하고 일상적인 마음이론이 모든 인간에게 해당되는 보편적인 이론이라고 확신한다.

모든 곳의 사람들은 다르다, 모든 곳의 사람들은 똑같다

논리에 있어서 모순은 패배의 신호지만,
실제적인 지식의 진화에서 모순은 승리를 향한 진전을 의미한다.
— 알프레드 노스 화이트헤드

상호모순적인 이 주장이 둘 다 진리일 수 있을까? 마음이론은 보편적이지만 민중 심리는 기본적으로 다른가? 그 대답은 발달development에서 찾을 수 있다.

가르침과 시간

발달의 중요한 한 가지 측면은 가르침과 지도를 기반으로 한 변화이다. 루어만이 설명한 것처럼 가르침과 지도는 성인들이 이전의 마음 이해를 수정하는 데 도움을 준다. 바인야드 교회의 신도들은 정신과 세계가 분리되어 있다는 지침을 하나님은 현실에 투과하며 일상을 이끈다는 이론으로 치환하는 방법을 배운다.

가르침과 지도가 어린 시절에 시작되어 아동의 삶에 체화되면 더 많은 근본적인 변화가 이루어질 수 있다. 우리는 아동들의 가정, 가족, 문화적 공동체에서의 사회적인 적응이 마음이론에 영향을 미친다는 것을 알고 있다. 중국의 어린이들이 미국의 어린이들과 다른 마음이론 순서를 통해 마음이론 규모를 발달시키는 것을 상기해 보자. 아이들은 전지전능함과 슈퍼히어로를 단계적으로 이해한다.

사람들은 일생에 걸쳐 마음이론을 발달시킨다. 그러나 개인뿐만이 아니라 공동체와 문화적인 그룹들도 몇 세대를 거쳐 그들의 이해를 수정하고 완성해 나간다. 루어만은 그에 대한 한 가지 예시를 제시했다.

모든 기독교인이 하나님의 무조건적인 사랑을 느낄 수 있다는 바인야드 교회의 주장은 엄청난 약속이다. 무조건적인 사랑에 대한 약속은 기독교의 하나님에 대한 필연적인 이해가 아니다. 기독교의 많은 역사를 보면 기독교인들이 하나님을 두려워했다는 것을 알 수 있다. 중세 유럽의 교회를 넘어 저편으로 가면 너무나 유명한 모습인 심판대에 앉아 있는 그리스도가 있다.

감리교 목사이셨던 할아버지는 바울이 쓴 성경을 본문으로 인용해서 하나님의 사랑에 대해 설교를 하셨다. 고린도전서에서 바울은 "사랑은 오래 참고, 사랑은 온유하고⋯ 성내지 아니하며 악한 것을 생각하지 아니하며"라고 말한다. 할아버지는 또한 하나님과 인간의 거리에 대해 설교하셨다. 하나님은 경이롭고, 압도적이고, 경외감을 불러일으키신다. 하나님은 경외감뿐 아니라 염려와 두려움도 일으키시는 분이다. 할아버지는 하나님의 용서에 대해서 설교하셨지만 하나님의 심판과 진노에 대해서도 설교하셨다.

루어만은 계속해서 말한다.

그러나 개신교 복음주의 교회의 하나님은 잔혹한 심판자가 아니다. 바인야드 교회는 한계를 갖는 인간과 무한한 전능자 하나님의 거리에 대한 기본적인 기독교의 해석을 바꿔서 인간의 불완전함으로부터 하나님의 초월적인 능력으로 관점을 이동시켰다. 여기서 하나님과의 관계의 단절에 대한 두려움이 배제된다. 무저갱에 대한 두려움도 배제된다. 당신이 하나님은 사랑이시며, 하나님은 살아 계시고, 무엇보다 하나님이 당신의 몸무게와 여드름을 포함해서 있는 그대로의 당신을 사랑하신다는 사실을 받아들이기만 하면, 그것은 지금 당신이 얻을 수 있는 하나님의 무한하고 개인적인 사랑의 이야기가 된다.

바인야드 교회 같은 현대 개신교 복음주의 교회들은 1960년대부터 교리를 수정하고 완성해왔다. 그들은 또한 수십 년 동안 교회 공동체의 믿음과 이해를 수정하고 완벽하게 만들어 왔다. 기독교적이면서도 "새로운" 개념을 형성하기 위해서는 많은 시간과 지지자들의 승계가 필요했다. 불교는 수 세기에 걸쳐 전 세계에서 수행되는 다양한 형태의 불교로 발전했다. 오랜 시간에 걸친 변화는 민중 심리가 보편적인 동시에 민족과 공동체에 따라 매우 다른 이유를 설명하는 데 있어서 매우 중요한 요소이다.

다른 이론과 마찬가지로 마음이론도 기본적인 수준과 더 구체적인 수준에서 형성된다는 것을 이해해야 한다. 기본적인 생각—바람 구조는 "프레임워크 마음이론"으로 작용한다. 여기에 부가되는 세부적인 요소들은 구체적인 마음이론을 제공해 준다. 우리는 생각—바람 프레임워크를 통해 2장에서 다루었던 에바 롱고리아의 행동을 이해할 수 있다. 롱고리아는 자신이 원하는 것을 얻기 위해 행동했다. 더 나아가서 롱고리아는 구체적인 사항들로 이 프레임워크를 채웠다. 그녀는 "나는 라틴계이고 우리 공동체는 도움이 필요하기 때문에" 재단을 설립했다. 그녀는 무언가를 하기 원했고 "교육에 집중하기를 원했다." 그래서 그녀의 재단은 "라틴 여성들이 교육을 통해 그들의 삶을 향상시키는 데" 기여했다. 그녀는 자신의 재단이 성공한 것을 행복해하고 자랑스러워한다. 우리가 그녀를 이해할 수 있는 것은 기본적인 생각—바람 프레임워크뿐만이 아니라 그것을 채우는 세부 사항의 필요성을 이해하기 때문이다.

프레임워크는 뼈대와 같고 구체적인 사항들은 뼈 위의 살과 같다. 뼈와 살은 서로 필요한 요소이다. 아이들이 자라면서 뼈와 근육이 발달하고 변하듯이 프레임워크와 구체적인 세부사항들도 둘 다 시간이 지나면서 발달하고 변화한다.

고무줄 발달

어떻게 마음이론은 보편적이면서 동시에 매우 다를 수 있을까? 이 질문에 대한 간단한 대답은 보편적인 진행 과정과 시작이, 서로 매우 다른 믿음 체계를 발달시키고 촉진시킬 수 있다는 것이다.

전 세계의 사람들, 특히 어린이들이 공유하고 있는 것은 프레임워크 마음이론이다. 2세나 3세가 되면 미국, 영국, 인도, 페루, 미크로네시아, 중국, 일본, 이란의 아이들은 사람들이 생각, 바람, 인식, 감정을 갖고 있다는 것을 이해한다. 이것은 얼굴이나 사회적인 교류나 다른 사람의 시선을 보는 것을 좋아하는 등의 유아들의 반응으로부터 추정한 가정이다.

이러한 뼈대 위에 아이들은 구체적으로 그들의 문화의 살을 입힌다. 우리나라 사람들은 어떻게 생각할까? 예를 들면, 소도 사람처럼 생각—바람을 가지고 있을까(인도에 살고 있는 아이들)? 나는 합의된 지식보다 개인적인 믿음을 더 좋아하는가(미국에서는 그렇지만, 중국에서는 그렇지 않다)? 어떤 감정을 좋다 나쁘다로 표현하기에 "이상적인" 인가(서양의 개인주의적 사회에서는 적극적이고 활발한 표현이 이상적이지만, 동양의 집단주의적 사회에서는 차분하고 평화로운 조화를 선호한다)? 하나님은 경외감의 대상인가 무한한 사랑을 가진 존재인가?

뼈대는 구체적인 학습의 틀을 형성한다. 세부적인 요소들은 공동체마다 다르고 전체적인 시스템은 역동적이다. 인간 해부학에서 뼈는 몸의 근육을 형성하고 근육은 뼈를 형성한다. 지속적인 수영은 몸매를 만들어 준다. 넓은 어깨는 어깨뼈와 갈비뼈를 움직이는 근육으로 만들어진다.

마음이론 프레임워크 발달 과정에서 뼈대가 발달하고 그것은 또한 우리가 배우는 구체적인 내용을 포함한 더 많은 것들을 발달시킨다. 우리는 발달 학습에 한계를 가지고 있기 때문에 프레임워크는 우리가 배우는 구체적인 내용을 가능하게 할 수도 있고 제한할 수도 있다. 이것이 발달 학습의 고무줄 모델이다.* 우리는 아동기의 몇 년 동안 많은 것을 학습할 수 있지만 모든 것을 다 학습할 수는 없다. 아이들의 생각이 발달하는 데는 한계가 있다.

이것은 역사—오랜 세월과 여러 세대를 거친 발달—가 보충할 수 있는 부분이다. 오랜 세월 동안 여러 부족과 사회 공동체는 걸어서, 말을 타고, 기차, 자동차, 비행기, 제트기, 우주선을 이용해서 이동할 수 있었다. 그들은 구약의 하나님으로부터 신약의 하나님으로, 복음주

---

* 나는 스탠포드에 있는 탄야 루어만의 사무실에서 그녀와 대화하면서 이 비유를 처음 들었다. 그것은 우리의 이해가 한계점 안에서 얼마나 탄력적인가, 그리고 우리의 기본적인 이해가 다른 많은 이해와 어떻게 연결되는가를 멋지게 표현한 말이었다.

의의 인격적인 친구 같은 하나님으로 이동할 수 있었다. 그들은 손가락으로 하던 계산을 주판이나 컴퓨터로 할 수 있게 되었다. 그리고 정치적 신념은 왕의 신적인 권리로부터 자유^{liberté}, 평등^{égalité}, 형제애^{fraternité}, 동지애^{comrade}로 이동할 수 있었다.

역사를 통해 전개되는 문화적인 변화는 광범위하고 이질적이지만 그 변화 또한 고무줄 같은 한계를 가지고 있다. 모든 문화는 기본으로부터 출발해서 뻗어나가고, 확장되고, 휘어져서 마음에 관한 다양하고 새로운 생각을 만들어 낸다. 아니면 바이닝족처럼 행동과 언어에 초점을 맞춤으로써 생각을 위축시킬 수도 있다. 그 결과 다른 민족 사이에 매우 다른 민중 심리가 만들어진다. 그러나 민중 심리는 무한정 뻗어나갈 수는 없다. 그것은 그 공동체의 아이들이 학습할 수 있는 것이 되어야 한다. 고무줄을 너무 멀리 잡아당기면 그 고무줄은 끊어지고 만다. 마찬가지로 아이들이 새로운("자연스럽지 않은") 생각을 학습하지 못하면 그 전달의 사슬은 끊어지게 된다.*

---

* 전적으로 비정상적인 민중 심리의 명백한 예를 찾는 것은 실제적으로 불가능한 일이다. 역사적인 기록은 우리에게 오랜 시간과 여러 세대를 견뎌 온 아이디어들을 보여 준다. 역사는 어떤 사람은 배울 수 있지만 어떤 사람은 배울 수 없는, 자연스럽지 않은 아이디어를 삭제한다.

모순과 발전

마음이론은 보편적이지만 민중 심리는 지역마다 근본적으로 다르다는 사실은 모순처럼 생각될 수도 있다. 그러나 알프레드 노스 화이트헤드가 주장한 것처럼, 두 가지를 모두 진리로 받아들이는 것이 우리가 실제적인 지식을 향해 발전하고 있다는 진정한 표시가 된다.

아동기의 마음이론에서 볼 수 있듯이 보편적인 사회적 인식은 실제로 존재한다. 물론 단일 문화의 그룹에 속한 아이들은 문화적 영향에서 벗어난 보편적인 마음이론을 나타내지 않는다. 아이들은 태어나면서부터 문화적인 학습을 시작하기 때문이다. 그러나 전체적으로 볼 때 전 세계의 아동들은 보편적인 프레임워크를 보여 준다. 우리는 전 세계의 아동들 안에서 초기 단계의 학습과 발달을 볼 수 있다.

전 세계의 어른들이 사람들에 대해 갖는 개념은, 아이들이 사람들에 대해 갖는 개념처럼 각기 다르다. 문화는 오랜 시간에 걸쳐 사람들, 자아, 사회에 대한 고유한 믿음을 진화시킨다. 한 사회는 몇 년 동안 한 아이의 보편적인 프레임워크를 확장시키고 고유한 믿음과 세계관을 가르친다. 그 결과로 나타나는 성인들의 민중 심리는 전 세계의 여러 지역에 따라 매우 다르게 나타날 수 있고 실제로도 매우 다르다. 그러나 동시에 민중 심리는 모든 아동들의 동일한 초기 프레임워크에 뿌리를 내리고 있다.

10장

침팬지, 개, 우리: 마음읽기의 진화

아프리카 정글에서 땅바닥에 앉아 침팬지를 관찰하는 제인 구달의 다큐멘터리를 본 적이 있을 것이다. 이 유명한 다큐멘터리는 BBC가 제작한 '제인 구달의 야생 침팬지Jane Goodall's Wild Chimpanzees'다. 이 다큐멘터리가 만들어졌을 때 구달은 탄자니아의 곰비 국립공원에서 동일한 침팬지들을 40년 넘게 연구하고 있었다. 2018년에 구달은 55년째 침팬지를 연구하고 있었다. 역사상 가장 길고 지속적인 침팬지 행동 연구였다.

구달은 이전의 인류학적인 관습을 깨고 침팬지들에게 번호를 붙이는 대신 데이비드 그레이비어드, 플로, 피피, 피간, 프로도라는 이름을 붙여 주고 각각의 성향을 표현했다. 프로도는 "깡패", 폭력배였다. 구달은 "놀랍게도 프로도는 사납지만 부드럽고 온순한 면도 가지고 있다"고 말했다. 기기는 새끼가 없는 암컷인데 많은 새끼 침팬지들에게 "'이모'가 되어 주는 것을 좋아했다." 데이비드 그레이비어드는 구달을 따뜻하게 대해 준 첫 번째 침팬지였다. 그는 구달의 친구가 되어 주었고 구달과 사회적인 교류를 함으로써 구달이 침팬지 그룹에 들어갈 수 있게 했다.

구달은 "인간은 개성을 가지고 있고 합리적인 생각과 기쁨과 슬픔 같은 감정을 가질 수 있는 유일한 존재가 아니다"라고 주장했다. 구달의 침팬지들이 먹고 털을 손질하기만 하는 것이 아니라 그 이상의 행동을 하는 것을 보면 구달의 주장이 옳다는 것을 알 수 있다. 엄마 침팬지는 새끼를 데리고 다니고 함께 놀고 간지럼을 태운다. 수컷 침팬지는 다른 새끼에게 뽀뽀를 하고 암컷은 다른 암컷의 새끼를 보호한다. "나는 이곳 곰비에서 매우 많은 것을 보았다. 정치적인 음모, 잔혹성, 전쟁뿐 아니라 사랑, 연민, 심지어 유머를 보았다." 구달은 그녀의 침팬지들이 다양한 "인간적인" 행동을 한다고 말한다.

인간은 어떻게 인간이 되는가?

침팬지는 인간과 가장 가까운 동물 친척이다. 우리는 침팬지와 DNA의 95퍼센트 이상을 공유하고 있다. 생물학자들—영장류 동물학자—은 인간의 영장류 조상들을 연구하고, 인간이 아닌 영장류가 인간 영장류로 발달하는 과정에서 어떤 진화가 이루어졌는지 이해하기 위해 침팬지를 연구한다. 동물을 연구하는 것은 우리를 고유한 인간으로 만드는 특징이 무엇인지 발견하는 매우 중요한 방법이다. 우리를 동물 왕국의 다른 동물들과 다르게 만드는 것은 무엇일까? 도구 사용과 두 발 보행인가? 아니면 다른 근원으로부터 파생된 것인가?

1890년대 말에 아프리카를 탐험하던 유럽 탐험가들이 처음으로 침팬지와 고릴라 같은 유인원을 묘사하기 시작했다. 그들이 묘사한 모습은 사납고 이해할 수 없는 무서운 동물이었다. 그 당시에 유인원은 인간과 약간 비슷한 외모를 가졌지만 인간과 큰 차이가 있는 것으로 묘사되었다. 그러나 구달의 발견은 인간과 유인원의 유사성이 유전자를 넘어 정치적인 관습과 문화적인 관습뿐 아니라 지능, 감정, 사회적인 관계의 유사성까지 포함한다는 것을 보여 주었다.

구달의 침팬지에 대한 묘사는 침팬지를 인간의 사촌으로 보고 그들의 사회적 인지를 인간의 사회적 인지와 유사한 것으로 보는, 영장류에 대한 풍부한 관점을 갖게 했다. 침팬지의 언어 학습에 대한 초기 연구는 이러한 관점을 유지했다. 1970년대에 암컷 침팬지 워쇼Washoe가 미국 수화 중 300가지 수화를 사용해서 그의 주인인 베아트리체와 알렌 가드너와 사물, 사람, 자기 자신에 대해 유창하게 대화를 나누는 모습이 촬영되었다. 워쇼는 가드너 가족의 일원으로 대우받았다.*

그러나 이것은 일진일퇴하는 과학적인 논쟁의 한 측면에 불과하다. 영장류에 대한 풍부한 인간 중심적인 관점 이외에 빈약한 관점lean view도 있다.

---

* 워쇼가 사춘기가 되어 어른 침팬지의 크기, 이빨, 힘을 갖게 되었을 때 워쇼는 인간 가족으로부터 연구 기지로 옮겨졌다.

풍부한 관점 또는 빈약한 관점

빈약한 관점

1980년대와 1990년대의 실험실 테스트는 침팬지의 사회적인 이해에 대해 훨씬 덜 관대한 모습을 띠기 시작했다. 그 중 하나는 침팬지의 언어는 매우 제한적이고 이전에 생각했던 것처럼 인간의 언어와 비슷하지 않다는 것이었다. 더 빈약한 증거는 루이지애나에 있는 영장류 실험실의 다니엘 포비넬리와 독일에 있는 영장류* 실험실의 마이클 토마셀로가 동료들과 함께 제시한 증거였다. 그들의 연구는 침팬지가 인간의 행동 밑에 깔려 있는 인식, 의도, 믿음 같은 심리적인 원인을 거의 이해하지 못한다는 것을 보여 주었다. 다른 사람들이 무엇을 보는가에 대한 침팬지들의 이해를 연구한 결과는 그 사실을 가장 명확하게 보여 주었다.

나는 케이준 컨트리 중심에 있는 루이지애나 뉴 이베리아의 유인원 인지 실험실로 대니 포비넬리를 방문했다. 해수면보다 약간 높은 평지에 있는, 예전 공군 기지 자리에 수천 마리의 원숭이와 수백 마리의 침팬지가 수용되어 있었다. 대부분의 동물들이 의학적인 연구를 위해 사용되었지만, 포비넬리의 실험실은 침팬지의 행동을 통해 침팬지의 생각을 읽는 침팬지 행동 연구실로 사용되었다.

---

* 지금부터는 유인원을 인간과 분리해서 언급할 것이다. 유인원은 인간이 아닌 영장류를 표현하는 말이다. 인간도 물론 영장류다.

포비넬리의 연구는 본능적으로 먹을 것을 달라고 요구하는 침팬지의 행동을 기반으로 진행되었다. 침팬지는 다른 침팬지에게 먹을 것을 얻기 위해 손을 펼친다. 포비넬리의 실험에서 침팬지들은 투명한 플랙시 유리 뒤에 앉아 있는 조련사에게 먹을 것을 요구하는 훈련을 받았다. 벽에 몇 개의 구멍이 나 있었지만 침팬지들은 조련사 앞에 있는 구멍을 통해서만 먹을 것을 달라는 몸짓을 해야 했다. 침팬지가 그런 몸짓을 하면 조련사는 그 침팬지를 칭찬하고 상으로 작은 먹이를 주었다. 모든 침팬지들은 금방 정해진 구멍을 통해 조련사에게 먹이를 얻는 방법을 배웠다.

침팬지들이 이 방법을 습득하면 연구가 시작되었다. 침팬지들이 그들을 볼 수 있는 조련사와 그들을 볼 수 없는 조련사를 보면 어떻게 행동할까? 사람은 당연히 자기를 볼 수 있는 조련사에게 갈 것이다. 침팬지는 어떻게 행동할까?

포비넬리와 조수들은 여러 가지 시나리오를 시도했다. 내가 본 시나리오는 앞뒤 버전이었다. 연초록색 외과 수술복을 입은 한 조련사가 침팬지를 마주 보고 앉아 있고 비슷한 옷을 입은 다른 조련사는 침팬지를 보지 않고 앉아 있었다. 양동이 버전에서는 한 조련사의 머리에 양동이가 씌워져 있고 다른 조련사는 머리 옆에 똑같은 양동이를 들고 있었다. 손 버전에서는 한 조련사는 눈 위에 손을 올리고 있었고, 다른 조련사는 귀 위에 손을 올리고 있었다. 두 사람 중 한 사람은 누가 봐도 침팬지를 볼 수 없다는 것을 알 수 있는 상황이었고, 다른 한 사람은 누가 봐도 침팬지를 볼 수 있다는 것을 알 수 있는 상황이었다.

무슨 일이 일어났을까? 앞뒤 시나리오에서는 침팬지들이 약간 떨어진 거리에서 그들을 마주보고 있는 사람에게 몸짓을 했다. 그러나 이것은 침팬지들이 포비넬리가 제시한 모든 시나리오에서 무작위 확률 이상으로 수행한 유일한 버전이었다. 다른 모든 시나리오에서 침팬지들이 그들을 직접 보고 있는 연구원에게 먹을 것을 달라는 동작을 한 비율은 머리에 양동이를 쓰고 있는 연구원이나 손으로 눈을 완전히 가리고 있는 연구원에게 먹을 것을 달라는 동작을 한 비율과 같았다. 이와는 대조적으로 2세와 3세의 인간 아이들은 대부분 자기를 볼 수 있는 연구원에게로 간다.

이것은 무엇을 의미할까? 왜 침팬지들은 분명히 먹을 것을 원하면서도 자기를 볼 수 없는 실험자들에게 먹을 것을 달라고 할까? 포비넬리는 침팬지가 여러 가지 면에서 영리한 학습자이기는 하지만—맛있는 과일을 먹기 위해 한 숲이나 나무에서 다른 숲이나 나무로 이동할 수 있고, 한 명의 조련사만 앉아 있을 때 플랙시 글라스를 통해 먹을 것을 달라는 몸짓을 빨리 배울 수 있다—문제를 해결하기 위해 다른 사람의 정신적인 상태, 이 경우 다른 사람의 인식을 이용하지는 못한다는 것을 발견했다.

이것은 매우 빈약한 그림lean picture이었다.

그의 가설을 심층적으로 테스트하기 위해 포비넬리와 조교들은 다시 앞뒤 비교 시나리오를 진행했다. 그들은 다시 침팬지들에게 두 명의 조련사를 보여 주었다. 이번에는 두 사람 모두 침팬지로부터 몸을 돌리고 한 사람은 머리만 앞으로 돌렸다. 이것은 어깨 위의 머리

head—over—shoulder 버전이었다. 사람들은 머리만 돌린 조련사는 침팬지를 볼 수 있고 머리를 돌리지 않은 조련사는 침팬지를 볼 수 없다는 것을 분명하게 알 수 있었지만, 침팬지들은 두 조련사에게 비슷한 비율로 먹을 것을 요청했다. 침팬지들은 몸의 자세가 먹이를 얻을 수 있는 단서가 될 수 있다는 것은 이해하는 것 같았지만 보는 것이 중요한 요소라는 것은 인지하지 못했다.

연구원들은 또한 침팬지들이 조련사의 인식을 이용하는 방법을 배울 수 있는지 알아보기 위한 실험을 했다. 그들은 침팬지들에게 여러 가지 시나리오를 시도했다(어깨 위의 머리, 양동이, 손, 눈 가리기). 각 시나리오에서 침팬지들은 스키너 상자에서 먹이로 강화된 쥐들처럼 조련사에게 요구해야만 먹을 것을 얻을 수 있었다. 양동이 시나리오에서는 침팬지들이 수백 번의 시도를 한 후에야 겨우 누가 먹이를 주는 조련사인지 습득했다. 그러나 인간 아이들에게 비슷한 실험을 하면 아이들은 첫 번째 시도에서 성공한다.

다른 시나리오에서도 침팬지들은 평균 이상의 성공을 보여 주지 못했다. 그 중 한 시나리오에서 침팬지들에게 눈에 검은색 눈가리개를 한 조련사와 같은 천으로 입을 가린 조련사—눈과 입 대조—를 보여 주었다. 침팬지들은 "입" 조련사에게 먹을 것을 달라고 해야만 보상을 받을 수 있는 시도를 수없이 한 후에도 두 조련사에게 똑같은 비율로 먹을 것을 달라고 했다. 추가적인 연구를 통해 두 조련사의 얼굴을 같은 면적으로 가리면 침팬지들이 무작위로 선택한다는 것이 밝혀졌다. 침팬지들에게는 어떤 사람이 그들을 볼 수 있다는 사실이 중요하지 않았던 것이다.

1990년대에 포비넬리와, 독립적으로 연구를 진행한 마이클 토마셀로는 침팬지들이 몇 가지 중요한 것을 학습할 수 있다는 사실을 증명했다. 침팬지들은 자신이 속한 사회의 물리적인 구조와 사회적인 구조에 필요한 것은 빨리 파악했다. 즉 그들은 누가 먹을 것과 교미에 탁월한지 빨리 파악했다. 또한 자신의 협력자로 누구를 선택해야 하는지 알았다. 암컷 침팬지들은 성적으로 성숙하면 다른 무리로 이동하기 때문에 수컷 침팬지들은 수컷 형제들이 암컷 형제들보다 장기적으로 더 좋은 협력자라는 것을 안다. 그들은 또한 자기 자신을 보호하는 방법을 배운다. 다른 무리의 수컷들이 이웃 침팬지들을 죽일 수도 있기 때문에 자신의 영역에 보초를 세워야 한다는 것도 안다. 그러나 연구원들은 침팬지의 학습 능력이 인간과 비교할 때 중요한 한계를 가지고 있다고 주장한다. 침팬지들은 개인의 행동, 주의, 감정적인 표현을 유도하는 것이 무엇인지 학습하지 못한다. 이것이 인간과 다른 유인원들의 큰 차이였다.

더 풍부한 관점

10년 전으로 빨리 되감기를 하면 나는 지금 독일의 라이프치히 동물원에 있는 유인원 인지 연구소의 마이크 토마셀로를 방문하고 있는 중이다. 1990년대 이후로 침팬지 연구는 더 풍부한 관점으로 방향을 바꾸었다. 침팬지들은 우리가 생각했던 것보다 더 인간과 비슷하다. 특히 한 실험이 급격한 관점의 변화를 유도했다. 라이프치히에서 토마셀로와 그의 동료들이 지속적으로 노력한 결과였다.

　표면적으로 볼 때 토마셀로의 설정과 실험적인 접근방식은 포비넬리의 방식과 매우 비슷했다. 대부분 여성인 동물 조련사들이 연한 색깔의 외과 수술복을 입고 침팬지들을 우리로 만들어진 연구실에 들여보냈다 나가게 했다. 그곳에서 침팬지들은 사람이 아닌 다른 침팬지들과 경쟁적인 상호작용을 했다. 이것은 다양한 결과를 가져왔다.

　침팬지들은 매우 계급적이다. 수컷과 암컷, 수컷과 수컷, 암컷과 암컷 사이에 명확한 서열이 있다. 토마셀로의 연구에서 한 마리는 지배적이고 한 마리는 종속적인 두 마리의 침팬지를 방 가운데 있는 문 뒤에 두었다. 먹을 것은 방 가운데 놓여 있었고 문에는 금이 나 있어서 침팬지들이 방 안을 들여다볼 수 있지만 먹이를 가지러 들어갈 수는 없었다. 가운데 작은 직사각형 판이 있어서 어떤 침팬지는 먹이를 볼 수 있고 어떤 침팬지는 먹이를 볼 수 없었다.

　자연에서는 지배적인 침팬지와 종속적인 침팬지가 먹이를 두고 경쟁할 때 종속적인 침팬지는 자기가 질 것을 알기 때문에 지배적인 침팬지가 먼저 먹이를 차지하게 한다. 그러나 이 설정은 경쟁을 통제할 수 있는 상황이었다. 어떤 설정에서는 두 침팬지 모두 먹이를 보았고 어떤 설정에서는 지배적인 침팬지는 먹이를 보지 못하고 종속적인 침팬지만 먹이를 보았다.

　토마셀로는 종속적인 침팬지가 지배적인 침팬지가 보지 못하는 먹이를 가지러 갈 만큼 지배적인 침팬지의 인식을 이해할 수 있는지 궁금했다. 실제로 종속적인 침팬지가 두 조각의 먹이를 보고 지배적인 침팬지가 한 개밖에 보지 못한 것을 알았을 때 종속적인 침팬지는 지배적인 침팬지가 보지 못한 먹이를 가지러 갔다.

이것은 침팬지들이 다른 침팬지가 보는 것을 바탕으로 자신의 행동을 결정할 수 있다는 것을 의미할까? 그들은 다른 침팬지의 인식과 의도를 인지할 수 있을까?

연구원들은 침팬지의 행동을 직접 관찰함으로써 확신을 가질 수 있었고 연구 결과는 더 풍부한 관점을 뒷받침했다. 라이프치히 실험에서 종속적인 침팬지들은 첫 번째 시도와 다양한 상황에서 지배적인 침팬지가 볼 수 있는지 없는지 판단할 수 있었다. 예를 들면, 토마셀로와 그의 팀은 지배적인 침팬지가 숨겨진 먹이를 보게 하면 종속적인 침팬지가 그것을 "지배적인 침팬지만을 위한 먹이"라는 표시로 여기는지 궁금했다. 그렇다면 침팬지들은 지배적인 침팬지가 볼 수 있는지 없는지 이해한 것이 아니라 먹이 금기에 따라 행동하고 있는 것이다. 그러나 비슷한 다른 실험에서 우리는 지배적인 침팬지가 숨겨진 먹이를 보고 난 후에 그 침팬지를 먹이를 보지 못한 침팬지로 바꾸었다. 그러자 종속적인 침팬지는 재빨리 먹이를 잡았다. 그 침팬지는 먹이 금기에 따라 행동한 것이 아니라 지배적인 침팬지의 시선을 쫓고 있었던 것이다.

이러한 연구들은 침팬지들이 보는 것과 아는 것의 연관성을 이해한다는 것을 증명했다. 지배적인 침팬지가 보았다면 그 침팬지는 알았을 것이다.

침팬지의 한계

경쟁적인 상황에서 침팬지들은 다른 침팬지(또는 인간)가 무엇을 보고 있는지, 무엇을 아는지 이해할 수 있다. 그들은 또한 실험자가 그들에게 포도(**사이드바 10.1**)를 주려는 의도를 가지고 있는지 아닌지 이해한다. 그러나 침팬지들은 경쟁적인 상황에서도 다른 침팬지의 믿음이나 잘못된 믿음은 이해하지 못한다. 또한 침팬지들은 가르치는 행동을 하지 않고 가르치려는 시도조차 하지 않는다. 가르치는 것은 마음이론 이해가 필요한 행동이다. 2세인 인간 아이들도 다른 사람들을 가르치려는 시도를 하고 때로는 그 시도에 성공한다. 그러나 새끼 침팬지나 어른 침팬지는 남을 가르치지 않는다. 엄마 침팬지는 새끼들에게 먹이를 얻는 중요한 기술을 가르치지 않는다.

침팬지의 이해력은 인간 아이들의 이해력에 훨씬 못 미친다. 아이들의 행동은 침팬지와는 전혀 다른 인간의 본성에서 비롯된다.

사이드바 10.1 유인원의 다른 이해력

토마셀로와 그의 동료들은 침팬지들이 자기 자신과 다른 침팬지들을 어떻게 이해하는가에 대해 다른 정보를 제공했다. 예를 들어, 먹이 경쟁 연구를 보면 침팬지들은 다른 침팬지를 자기중심적이 아닌 관점으로 보았다. 그들은 "나는 그것을 보고 있지만 너는 보지 못한다" 또는 "나는 그것이 숨겨진 것을 보았고 너는 보지 못했다"는

것을 이해했다. 인간은 첫 돌 무렵에 그렇게 할 수 있다. 과학자들은 아기가 시각적인 인지나 인지 능력을 사용한다고 말한다. 우리의 유인원 사촌들도 역시 그렇게 할 수 있다.

먹이 경쟁은 또 다른 질문을 던진다. 유인원들이 남의 의도와 같은 정신적인 상태를 얼마나 잘 이해하는가? 풍부한 관점 또한 이것을 지지하는가?

의도가 없는unwilling 조련사와 할 수 없는unable 조련사를 등장시킨 실험 결과는 유인원들이 몇 가지 미묘한 차이를 이해한다는 것을 보여 준다.

의도가 없는 것과 할 수 없는 것 실험의 유인원 버전에서 조셉 콜은 토마셀로와 함께 라이프치히 동물원에서 침팬지에게 인간 조련사가 우리 창살을 통해 먹이를 주는 상황을 설정했다. 어떤 침팬지들에게는 조련사가 포도를 주려고 하지만 줄 수 없는 상황을 연출했다. 조련사는 반복적으로 포도를 떨어뜨렸고 포도는 침팬지에게 굴러가지 않고 조련사에게 다시 굴러왔다. 다른 침팬지들에게는 조련사가 포도를 주려고 했다가 다시 거둬들였다. 인간의 눈에는 조련사가 포도를 줄 의도가 없는 것으로 보였다. 침팬지들은 조련사가 먹이를 줄 수 없을 때보다 주지 않으려고 할 때 더 많이 먹을 것을 달라는 몸짓을 했고 실험실을 더 일찍 떠났다. 포도를 줄 수 없는 상황일 때 침팬지들은 더 많은 인내심과 참을성을 보였다. 이것은 조련사의 행동(포도를 내밀기만 하고 주지 않는 것)과 비슷한 결과(침팬지들이 포도를 얻지 못한 것)를 가져왔는데도 마찬가지였다.

실험자의 행동은 비슷해 보였지만 침팬지(다른 실험에서도)와 인간 유아들은 실험자의 근본적인 의도를 인지하고 거기에 따라 반응했다.

인간 대 침팬지: 나누기, 돕기, 얻기

나누기와 협력하기

침팬지들은 좀처럼 먹이를 나누지 않는다. 실험적인 상황과 야생 상태에서 침팬지들은 다른 침팬지들에게 먹이를 알려주지 않고, 먹이를 달라고 하는 침팬지들에게 선뜻 먹이를 주지 않는다.

엄마 침팬지들은 종종 자기 새끼들에게 먹이를 나누어 주지만 이 것은 드문 경우이다. 그러나 인간 엄마들과 자녀들은 모든 종류의 물건을 나눈다.

실험실 상황에서 침팬지들의 협력을 조종할 수 있는 경우도 있다. 트레이에 놓인 먹이를 얻을 수 있는 방법이 그것뿐일 때는 두 마리의 침팬지가 트레이 양쪽 끝에 달려 있는 밧줄을 끌어당겨서 협력한다. 그러나 일단 먹이를 손에 넣으면 그 먹이가 미리 분배되지 않앉을 때 협력은 더 이상 이루어지지 않는다. 결국 지배적인 침팬지가 먹이를 모두 차지한다. 이것은 인간과 매우 다르다. 아주 어린 아이들도 협력해서 일하고, 상이 미리 나눠져 있지 않을 때 똑같이 나누려는 시도를 한다.

도움을 주는 의사소통

지속적인 협력은 도움을 주는 파트너에 대한 신뢰를 필요로 한다. ("너는 먹을 것을 나와 나눌 거야.") 이것은 또한 종종 의사소통을 필요로 한다. ("너는 이걸 해, 나는 저걸 할 게.") 포비넬리의 연구는 이러한 필요조건을 기반으로 실행되었다. 이러한 필요조건들은 도움을 주는 협력적인 요소였고, 이것은 침팬지들에게는 어려운 과제였다.

부가적인 연구를 통해 포비넬리의 연구와 토마셀로의 최근의 연구의 중요한 차이가 상호작용을 하는 대상을 침팬지나 인간에 특정하지 않는다는 것이 밝혀졌다. 중요한 차이는 도움을 주는 협력적인 상황에서 상대방의 마음을 읽는 것이었다. 후에 토마셀로가 처음 진행한 경쟁적인 실험에서 유인원들은 유인원의 인지와 지식뿐 아니라 인간의 인지와 지식에 대한 이해를 보여 준다.

인간은 심지어 아주 어린 아이들도 다른 사람들에게 정보를 전달하기 위해 몸짓과 가리키는 동작을 하고 나중에는 언어를 사용한다. 18개월 된 새미는 자기가 좋아하지만 손이 닿지 않는 동물 인형을 엄마가 가져다주게 하려고 그 인형을 가리킨다. 이것은 필요에 의한 의사소통imperative communication이다. 그리고 새미는 엄마가 보게 하려고 지나가는 트럭을 가리킨다. 이것은 서술적 의사소통declarative communication이다.

인간의 의사소통의 많은 부분은 서술적 의사소통이다. 많은 연구를 통해 2세 유아들이 무언가를 가리키는 행동의 80퍼센트 이상이 서술적인 의사소통, 즉 다른 사람과 흥미로운 것이나 광경을 공유하려는 것임을 알 수 있다. 이와는 대조적으로 침팬지들이 사람에게 하는 몸짓의 95퍼센트는 인간이 그들에게 무언가를 주게 하려는 시도이다. 그들의 몸짓은 무언가를 달라고 하는 표시다.

제인 구달의 다큐멘터리를 보았다면 당신은 침팬지들이 다른 침팬지들과 먹이를 나누기 위해 신호를 보내는 것은 다른 경우라고 생각할 것이다. 침팬지 X가 야생 망고 한 송이를 발견하고 흥분해서 소리를 지르면 다른 침팬지들이 망고를 먹으려고 달려온다. 그러나 최근의 연구를 보면 이런 신호가 대부분 이기적인 것임을 보여 준다. 침팬지는 무리 전체가 망고 나무 근처에 있어서 정보를 전달하지 않아도 되는 경우에도 신호를 보낸다. 연구원들의 말에 따르면 이것은 침팬지들이 먹을 것을 먹는 동안 포식자들을 경계하기 위해서 신호를 보내거나 단지 흥분해서 신호를 보내는 거라고 한다. 즉 이 신호는 정보를 전달하거나 나누기 위한 것이 아니다.

돕는 행동

이와는 대조적으로 내 동료인 미시간의 펠릭스 바르네켄은 아주 어린 아이들이 자주 기꺼이 다른 사람들을 돕는다는 것을 보여 주었다. 14개월밖에 안 된 유아들도 다음과 같은 상황에서 어른과 상호작용을 했다.

① 어른이 책상에서 물건을 떨어뜨렸는데 그 물건에 손이 닿지 않았다.

② 양손에 책을 들고 있는 어른이 찬장 문을 열려고 하지만 열 수 없었다.

③ 어른은 닫혀 있는 상자에서 물건을 꺼낼 수 없었지만, 아이가 있는 쪽에서는(어른은 모르는 쪽) 상자가 열려 있었다.

이런 상황에서 유아들은 어른의 (실패한) 의도를 정확하게 이해하고 그리고 어른을 돕는다. 아이들은 장난감을 가져오고, 찬장 문을 열고, 상자의 보이지 않는 입구를 가리킨다. 아이들은 그런 행동으로 인해 상을 받지 않을 때도, 심지어 자신의 재미있는 놀이를 중단해야 할 때도 어른을 돕는 행동을 한다.

유아의 기대—위반 실험에서 본 것처럼 6개월밖에 안 된 유아들도 돕는 사람과 방해하는 사람을 구별할 수 있다. 유아들은 어떤 사람이 돕지 않고 방해할 때 그 사람을 더 오래 바라본다. 아이들은 도움을 기대했지만 방해하는 행동을 한다면 한참 동안 바라본다. 조금 더 큰 유아들은 도움을 주는 사람들은 안아 주거나 먹을 것을 주는 등 적극적으로 보상하지만, 방해하는 사람들에게는 보상을 거부한다.

바르네켄이 말한 것처럼 "인간 유아들과 아동들은 어릴 때부터 선천적으로 공감능력이 있고, 남에게 도움을 주고, 관대하고, 유익한 정보를 제공한다." 어린아이들이 이러한 성향을 표현하려면 다른 사람의 지식, 의도, 행동, 욕망을 이해해야 한다.

이러한 이해력은 다른 유인원 이웃들과는 매우 다르다. 침팬지들은 다른 침팬지들의 의도, 행동, 정보 상태를 부분적으로 이해할 수 있고, 특히 경쟁적인 먹이 상황에서는 부분적인 이해를 할 수 있다. 그러나 침팬지들은 서로 돕는 경우가 드물고, 그들의 의사소통은 대부분 필요에 의한 것이다. 그들은 정보를 알려주거나 돕거나 협동하기보다는 획득하기 위해 노력한다. 유인원들의 마음이론은 협력이나 의사소통을 위한 마음읽기 능력에 있어서 계속 빈약한 해석^{leaner} interpretation을 필요로 한다. 의사소통, 나누기, 돕기는 인간을 상징하는 고유한 특징이다.*

정말 그럴까?

---

* 정확하게 말하면, 발전된 인간의 마음이론 능력은 도움을 주는—협력적인 상호작용 영역에서만 나타나지 않는다. 우리의 유인원 친척들처럼 우리도 경쟁적이고 이기적인 동물이다. 또한 제인 구달의 말처럼 우리는 정치적인 동물이다. 요셉 스탈린의 전기는 그를 마음읽기에 매우 뛰어난 사람으로 묘사한다. 이것은 그가 정치적인 술수로 가득 찬 사회에서 확실하게 성공할 수 있었던 이유를 설명해 준다. 그는 많은 범죄를 저지르고 소련의 우여곡절을 겪었지만 자신의 침대에서 자연사했다.

나의 개는 나의 마음을 읽을 수 있다

　내가 마음이론에 관한 대화나 수업을 할 때마다 개를 키우는 사람들이 항상 이렇게 말한다. "내 개는 내 마음을 읽어요." 나는 주인이 개에게 먹이, 애정, 유대감을 갖는 기회를 제공했기 때문에 개가 주인의 신호에 길들여졌을 거라고 생각해서 그들의 말을 회의적으로 받아들였다. 그러나 실제로 개에 대한 이야기는 훨씬 더 긍정적인 양상을 보여 준다.

　연구를 통해 우리는 개가 사람과 다른 개와의 사회적인 신호와 의사소통 신호를 읽는 데 매우 뛰어나다는 것을 알 수 있다. 통제된 연구에서 개들은 누군가가 가리키거나 쳐다보는 것을 따라가고, 앉아, 여기, 공, 자기 이름 같은 다양한 단어와 몸짓의 의미를 이해한다. 그뿐 아니라 감시자가 눈을 뜨고 있을 때는 금지된 먹이를 피하지만, 감시자가 눈을 감고 있을 때는 먹이를 피하지 않는다. 개는 어떤 물건을 보고 있는 시선과 그 물건을 넘어 공간을 보고 있는 시선을 구별할 수 있다.

　개는 첫 번째 시도에서 이러한 사회적인—의사소통social—communicative의 의도를 읽는다. 강아지일 때 이미 이런 능력 중 많은 부분을 드러낸다. 1세 인간 유아와 마찬가지로, 그리고 어른 침팬지와는 다르게, 강아지들은 무언가를 가리키는 몸짓, 제스처, 시선을 정확하게 읽을 수 있고, 의사소통을 하는 상호작용에 참여하고, 남의 의도를 이해한다. 그들은 다른 유인원들이 할 수 없는, 도움을 주는 소통적인 사회화helpful—communicative socialization의 몇 단계를 거쳐 왔다.

정확하게 이야기하면 개의 사회적—인지적social—cognitive 능력에는 한계가 있다. 개는 1세 유아처럼 사람들과 사람들의 제스처에 주의를 기울이지만, 2세 유아도 갖고 있는 마음이론 능력을 갖고 있지 않다. 그러나 개는 다른 동물들이 할 수 없는 방식으로 사람들에게 적응한다. 개는 어떻게 사람들에게 적응했을까?

가장 신빙성 있는 가설은 개가 오랜 세월 동안 가축화되면서 사람과 비슷한 사회적 능력이 발달했다는 것이다. 그 과정에서 개는 덜 공격적이고, 덜 경쟁적이고, 사람들을 덜 두려워하게 되었다.

마이크 토마셀로의 학생이었던 듀크 대학의 브라이안 헤어는 유명한 개 연구원이다. 그의 "사회적—정서적 반응성social—emotional reactivity" 가설은 야생 개(늑대)가 여러 세대에 걸쳐 가축화되면서 인간을 덜 두려워하고 덜 공격적인 성향을 갖게 되었을 것으로 가정한다. 이것은 아마도 사람들이 야생 늑대를 쓰레기장에 받아들이고, 점점 많아지는 음식이 덜 공격적인 늑대들에게 유리한 생존 조건을 제공하면서 시작되었을 것이다. 시간이 지나면서 야생 개들은 사람들과 더 많이 접촉하고 인간과 비슷한 사회적—의사소통 능력을 발달시켰다. 헤어에 따르면 개는 태어난 지 1~2년 이내에 생식적으로 성숙하기 때문에 500년 동안 인간과 동거하면 200~300세대를 거치게 되고, 이 기간은 야생 개가 덜 공격적이고 사람들을 덜 두려워하는 기질을 갖기에 충분한 사이클이다.

시베리아 여우 모피 농장 연구는 헤어의 믿음을 뒷받침한다. 야생 여우들은 공격적이거나(여우가 농부를 물어뜯는다) 사람들을 두려워한다(우리에 웅크리고 있고 잘 먹지 않고 건강한 모피를 만들지 않는다). 이 문제를 해결하기 위해 한 여우 모피 농장이 통제된 사육 프로그램을 시작했다. 1950년대에 스탈린주의 소련에서는 유전학과 진화에 관한 연구가 엄격하게 금지되었기 때문에 이 연구는 은밀하게 시작되었다.

드미트리 벨랴예프와 류드밀라 트루트는 그들의 실험을 더 고급스러운 모피를 생산하는 여우를 사육하기 위한 실험으로 위장했다. 이 실험은 소련 경제에 도움을 준다는 명분으로 허용되었다.

연구원들은 새끼 여우들의 각 세대를 둘로 나누었다. 사람을 덜 두려워하고 덜 공격적인 새끼 여우들은 함께 사육했다. 그리고 그 여우들의 새끼들을 테스트해서 그 세대에서 가장 사람을 덜 두려워하고 덜 공격적인 새끼들을 교배시켰다. 다른 여우들, 즉 통제된 여우들은 무작위로 교배시켰다.

몇 세대 후, 표적 집단은 사람에 대한 두려움이나 공격성을 거의 나타내지 않았다. 뜻밖에도 그들은 개와 비슷한 가축화의 다른 특징들을 보였다. 헤어가 이 집단의 새끼들이 사람들의 가리키는 동작과 시선을 따라가는지 테스트했을 때 새끼 여우들은 같은 나이의 강아지들과 비슷한 결과를 나타냈다. 통제된 여우들은 다른 비사회적인 문제 해결 테스트에서는 가축화된 여우들과 비슷한 결과를 나타냈지만, 이 테스트에서는 낮은 점수를 나타냈다.

사람들을 덜 두려워하고 덜 공격적인 실험 여우들은 통제 여우들과는 다르게, 사람들이 안아 주고 쓰다듬어 주는 것을 좋아했고 집에서 살 수 있었다. 그리고 놀랍게도, 이 여우들은 점점 귀가 늘어지고 들창코가 되고 꼬리를 흔드는 것 같은, 야생 여우에게서 볼 수 없는 특징을 나타냈다. 이것은 유튜브("시베리아 사육 실험"을 검색하면 된다)에서 확인할 수 있다.

개는 20,000~35,000년 전에 가축화되었을 것으로 추정되고 있다. 가축화는 개가 덜 공격적이고 사람들을 덜 두려워하는 특징을 갖게 했고 이런 특징은 개가 인간에게 더 잘 접근할 수 있게 했다. 이것은 또한 의사소통, 협동, 사회적―인지적 능력 같은 인간과 비슷한 특징의 발달을 촉진시켰다. 가축화 과정에서 개는 또한 남을 돕는 성향이 발달되었다. 그들은 먹이를 자기가 먹지 않고 사람에게 다시 가져다주거나, 가축들을 몰아가거나, 보조견이 되기도 했다. 이러한 모든 변화는 개를 사람과 가까워지게 하고, 사람들을 보호하고, 사람들의 자원을 공유하게 하는 특별한 가치를 지니고 있었다.

우리의 원시 영장류 조상들은 우리가 우리 자신을 가축화한 것과 비슷한 방식으로 진화했을까? 이것이 원시 유인원들의 경쟁적이고 자기중심적인 성향이 유용한 의사소통의 마음이론으로 바뀐 과정을 설명할 수 있을까? 개와 여우는 공격적이고 사람을 두려워하는 성향을 억제하는 선택을 함으로써 인간과 협력적인 공생을 할 수 있었고 의사소통과 상호작용을 가능하게 하는 마음이론 능력을 발달시켰다. 이것은 또한 인간에게도 같은 영향을 미쳤을 것이다. 기질과 사회적인 능력에 있어서의 이러한 변화는 원시인들에게 협력적인 삶, 식량의 공유, 발견과 발명품의 공동 사용, 많은 인원의 안정성 같은 혜택을 주었을 것이다.

기질적인 인간

그렇다면, 우리는 "가축화된 유인원"일까? 우리는 직립보행을 하고, 도구를 사용하기 시작하고, 끊임없는 유인원의 경쟁으로부터 벗어나 기질을 바꾸었을까? 치열한 경쟁 기술로부터 협력적인 기술로 이동한 것은 인간의 진화와 생존에 중요한 요인이었을까?

우리는 우리의 진화를 촉발한 요인이 무엇인지 잘 모른다. 나는 개의 인지력에 관한 글을 읽고 영감을 받아서 동료들과 함께 개와 인간의 유사성을 테스트하기로 했다. 더 "길들여진domesticated" 기질—덜 공격적이고 더 도움을 주고 사람들을 두려워하지 않는 기질—을 가진 아이들은 그렇지 않은 아이들보다 사회적인 이해와 기술이 뛰어날까?

모든 아이들은 유아기부터 기질적인 차이를 나타내기 시작한다. 어떤 아이들은 더 활발하고 차분하지 못한 반면에 어떤 아이들은 더 정적이다. 어떤 아이들은 사람에게 더 관심이 많고 어떤 아이들은 사물에 더 주의를 기울인다. 어떤 아이들은 공격적이고, 어떤 아이들은 "수줍어하고", 어떤 아이들은 협력적이다. 미취학 아동들의 특성은 특별한 연구 대상이었고 우리는 그 특성이 아이들의 사회적 상호작용과 적응에 많은 영향을 미친다는 것을 알고 있다. 이것은 더 나아가 아동의 마음이론 이해나 마음이론 습득을 가능하게 한다. 그렇다면 어떤 성향이 가장 유익한 성향일까? 공격적인 성향의 아동은 사회적인 상호관계에 더 많이 참여하고 따라서 더 일찍 마음이론에 대한 통찰력을 얻을 수 있는 많은 경험을 한다. 반대로 아동의 공격적인 성향은 복잡한 마음이론 이해를 방해할 수도 있다. 오히려 말수는 적지만 순종적인 아동이 다른 사람들과 자기 자신을 더 잘 이해할 수도 있다.

우리는 이 문제를 살펴보기로 했다. 개의 가축화 연구를 바탕으로 우리는 공격적인 성향이 아동의 마음이론 발달을 방해할 수 있고, 순종적이지만 다른 사람들을 두려워하지 않는 기질이 마음이론 발달을 촉진할 수 있다고 가정했다.

우리는 거의 150명의 미취학 아동들을 평가했다. 아이들이 세 살 반일 때 그 엄마들이 자녀의 기질에 대한 설문지를 작성했다. 우리는 아이들이 세 살 반일 때와 다섯 살 반일 때 테스트를 진행했다. 기본적으로 미취학아동들의 잘못된 믿음에 대한 표준 테스트와 비슷한 테스트였다. 우리는 또한 통제 목적으로 아동들에게 IQ와 언어 능력 테스트를 실시했다.

세 살 반일 때의 아동의 기질은 그 아이가 다섯 살 반일 때의 마음이론 성취를 정확하게 예측했다. 특히 공격적인 기질은 그 후 2년 동안 상대적으로 열등한 마음이론 발달을 예측했고, 반면에 수줍어하지만 사회적으로 순응적인 기질은 상대적으로 우월한 마음이론 발달을 예측했다.

마음이론 성취와 긍정적인 연관성을 가진 것으로 증명된, 수줍어하고 순응적인 기질은 사람들을 두려워하고 회피하는 내성적인 기질과 다르다. 그런 아동들은 다른 사람들을 두려워하지 않았다. 그들의 특성은 설문지에 "놀이에 참가하기 전에 먼저 지켜본다"거나 "새로운 사람들과 천천히 친해진다"라고 표현된다. 이 아이들은 사회적인 관심은 있지만 관찰하기를 좋아한다. 조나단 레인이 주도한 추가적인 연구에서 우리는 대부분의 기질 측정에서 같은 성향으로 분류되는, 두 종류의 내성적인 기질을 구별하는 방법을 개발했다. 한 그룹은 내성적이고 두려워하는 반응을 보이는 아동들을 포함했고 다른 그룹은 두려워하는 반응성이 낮고 말수가 적은 아동들을 포함했다. 두 번째 그룹의 아동들은 사회적인 상황에 참여하기 전에 멀리서 조용히 지켜보는 것을 좋아했지만 사람들을 싫어하지는 않았다. 미국과 캐나다에서 가장 우수한 마음이론 능력을 나타낸 아동들은 내성적이지만 관찰하는 성향을 가진 조용한 아동들이었다.

복잡한 활동과 감정에 지나치게 깊이 몰입하는 것은 아동의 사회적인 이해를 방해할 수 있다. 반대로 다른 사람들을 두려워하지 않으면서 관찰하는 태도는 아동의 사회적인 이해를 촉진시킬 수 있다.

나는 이러한 데이터와 개와 침팬지에 관한 발견을 통해 인간의 뛰어난 지능의 토대가 사회적인 것임을 확인했다. 인쇄술, 비행기, 아이폰을 창조한 인간의 인지능력은 사물의 세계에서 발달한 것이 아니다. 이러한 것들을 창조해 낸 인간의 지능은 사회적인 세상을 이해하는 지능으로부터 발달했다. 실제로 인쇄술, 아이폰, 비행기,

다른 많은 물건들은 사람들의 세계 안에서 서로 이해하고 상호작용하기 위해 개발된 것이다. 나는 인간의 지능이 사회적인 것으로부터 시작되었고 지금도 역시 사회적인 것이라고 믿는다.

사회적 지능 Social Intelligence

2장에서 소개한 영국의 진화심리학자 니콜라스 험프리는 이렇게 말했다. "심리학을 할 수 있는 능력은, 모든 평범한 사람들이 그 능력을 얼마나 많이 갖고 있는가와 상관없이, 결코 평범한 능력이 아니다."

험프리는 인간의 일상적인 심리 작용이 일반적인 지능의 토대가 된다고 믿는다. 인간의 정신적인 능력이 증가하는 것은 사회적인 세계에 대해 생각하는 능력이 증가하기 때문이다.

그의 "사회적 지능" 이론은, 인간의 지능이 원시인들이 점점 더 복잡해지는 사회적인 세상에 살았기 때문에 발달하기 시작한 것으로 가정한다. 예를 들면 사회적인 영역에서 협력자들과 경쟁자들을 잘 관리했던 인간들은 생존할 수 있었다. 그 종은 점차적으로 이 능력을 선호하는 방향으로 변화했다. 그 결과 인간은 더 사회적인 존재가 되었고 그들의 사회적인 삶과 사회적 추론도 증가했다. 이것은 또한 일반 지능의 발달을 촉진시켰다.

사회적 지능 가설은 지금은 "사회적 뇌 social brain" 가설로 불리기도 한다. 이 가설을 뒷받침하는 증거가 부분적으로 다양한 동물들의 뇌의 신피질 크기에 대한 연구에서 나왔기 때문이다. 신피질은 두개골에 가장 가까운 곳에 있는 뇌의 나선형 표층부이다. 인간의 뇌의 신피질은 특별히 크지만, 원시 인간들의 신피질은 다른 유인원들의 신피질보다 좀 더 큰 정도이다. 예를 들어, 오스트랄로피테쿠스 Australopithecus의 뇌는 현대 인간의 뇌 크기의 약 35퍼센트였고 이 차이는 주로 신피질 크기의 차이 때문이었다. 오스트랄로피테쿠스의 뇌는 인간의 뇌보다 침팬지의 뇌에 훨씬 더 가까웠다.

과학자들은 다양한 종의 신피질 크기를 그들의 일반적인 지능과 비교했다. 더 큰 신피질은 더 높은 지능과 더 높은 학습 능력과 상관관계를 가지고 있다. 이것은 완전한 상관관계는 아니다. 몇 가지 새의 종들, 특히 까마귀와 앵무새는 작은 뇌를 가지고 있는 작은 동물이지만 지능은 높다. 그리고 모든 포유류는 몇 가지 특별한 학습을 잘한다. B.F.스키너는 쥐가 강화 학습에 뛰어난 능력을 가지고 있다는 것을 증명했다. 그러나 일반적으로 더 큰 신피질은 더 높은 지능 특히 더 높은 사회적 지능을 의미한다는 결론이 우세하다.

인간의 신피질은 다른 포유류의 신피질보다 크다.* 따라서 사회적 뇌 가설에 따르면 이것은 증가된 사회적 뇌를 나타낸다. 실제로 어린아이들도 증가하는 마음이론 같은, 더 큰 신피질과 관련된 특징을 나타낸다. 우리와 가장 가까운 친척인 침팬지들은 이러한 특징을

---

* 적어도 전체 크기와 체중과의 비율을 고려했을 때 그렇다. 우리는 가장 큰 뇌—체중 비율을 가지고 있다.

거의 나타내지 않고 더 작은 신피질을 가지고 있다.

진화인류학자 로빈 던바는 사회적 지능 가설이 지능과 관련된 것일 뿐 아니라 학습과도 관련된 것임을 증명했다. 복잡하고 서로 긴밀하게 연결된 사회적 집단에서 살아가려면 남들이 자기를 어떻게 도와주거나 해를 끼칠 수 있는지 추적하는 것이 유리하다. 그러나 그렇게 하려면 계속 변화하는 환경에 대해 배워야 한다. 자기보다 어린 침팬지들을 보호하고 도와주는 암컷 침팬지는 성숙기가 되면 짝을 짓고 다른 곳에서 살기 위해 그들이 태어난 무리를 떠나야 한다. 수컷 침팬지들은 한 곳에 더 지속적으로 머물지만, 나이와 영역 싸움에 따라 달라지는 동맹관계와 계층을 형성하고 재조정해야 한다.

던바는 이렇게 주장했다. "만일 동맹이 당신의 생존이나 성공적인 재생산 능력에 중요한 역할을 하는 사회에 살고 있다면, 당신은 당신의 경험을 행동의 길잡이로 삼아야 한다. 그리고 여기에는 학습이 포함된다."

인간의 마음이론은 그 기원이 비인간 조상들이라는 것을 보여준다. 그러나 인간의 마음이론은 고유하다. 인간의 마음이론은 대부분의 인간의 인지와 사회적인 상호작용에 영향을 미치는 광범위한 이론이다. 인간의 마음이론은 근본적으로 계속 발달하는 특징을 가지고 있고 일생 동안 점점 더 발달된 마음이론에 대한 통찰력을 필요로 한다. 인간의 마음이론은 또한 남에게 도움을 주고 서로 소통할 수 있게 한다. 심지어 유아들도 다른 사람들을 돕고, 의사소통을 하고, 학습을 위해 인지적인 통찰력을 이용한다. 우리는 동물 조상들로부터 생겨났지만, 우리를 고유한 인간이 되게 하는 것은 인간의 사회적인 이해이다.

11장

사회적 뇌

2006년 〈뉴욕 타임스〉에 실린 "마음을 읽는 세포들Minds That Read Minds"이라는 제목의 기사에서 샌드라 블레이크슬리는 이렇게 말했다.

어느 더운 여름날 이탈리아에서 원숭이 한 마리가 특별한 실험실 의자에 앉아 점심식사를 하고 돌아오는 연구원들을 기다리고 있었다. 연구원들은 동작을 계획하고 실행하는 원숭이의 뇌 부분에 가느다란 철사를 삽입했다. 원숭이가 물건을 잡고 움직일 때마다 뇌의 일부 세포들이 발화하고 그러면 모니터가 브르륵, 브르륵, 브르륵 소리를 냈다.

한 대학원생이 손에 아이스크림콘을 들고 실험실에 들어왔다. 원숭이가 그를 쳐다보았다. 그때 놀라운 일이 일어났다. 원숭이는 움직이지 않고 학생이 콘을 집어서 입으로 가져가는 것을 보기만 했는데도 학생이 콘을 입술에 대자 브르륵, 브르륵, 브르륵 소리가 났다.

이 연구는 처음에는 땅콩으로 진행되었다. 파르마 대학교의 신경심리학자 지아코모 리촐라티는 특이한 상황에 주목했다. 원숭이가 땅콩을 입으로 가져갈 때 발화했던 뇌 세포 중 일부가 원숭이가 사람이나 다른 원숭이가 땅콩을 입으로 가져가는 것을 볼 때도 발화했다.

이탈리아 연구원들은 이런 현상을 계속 기록했다. 블레이크슬리가 사용했던 가느다란 철사들은 원숭이 뇌 신경세포 한 개의 움직임도 기록할 수 있을 만큼 정교했다. 그들은 "거울신경세포mirror neurons"도 기록했다. 원숭이의 운동피질의 약 20퍼센트를 차지하는 이 세포들은 특별한 기능을 가지고 있었다. 거울 뉴런은 원숭이가 목표로 하는 물건을 향해 움직일 때만 발화했다. 이 세포들은 다른 원숭이가 땅콩을 보거나 입을 벌릴 때는 발화하지 않았고, 땅콩을 집는 것을 볼 때만 발화했다. 거울 신경세포는 구경하는 원숭이가 그 행동을 자동적으로 그리고 "즉각적으로" 이해할 수 있게 했다. 〈뉴욕 타임스〉 기사에서 리촐라티 박사는 이렇게 주장했다. "거울 신경세포는 우리가 개념적인 추론이 아닌 직접적인 시뮬레이션에 의해 다른 사람들의 생각을 파악할 수 있게 한다. 생각이 아닌 감정에 의해서."

마음을 읽는 세포?

원숭이의 뇌가 "생각이 아닌 감정에 의해서" 자동적으로 마음을 읽을 수 있다는 주장은 엄청난 관심을 불러일으켰다. 이것은 또한 인간을 이해할 수 있는 모델로 제시되었다. 예를 들어, 거울 신경세포는 자폐증을 설명하는 데 있어서, "깨진 거울broken mirror" 이론을 만들어 냈다. 그러나 인간이 거울 신경세포를 가지고 있는지 판단하는 실험을 하는 것은 어려운 일이었다. 윤리적인 이유로 연구원들은 드문 의학적인 경우를 제외하고는 한 가지 세포를 측정하기 위해 인간의 뇌에 철사를 삽입할 수는 없기 때문이다. 그래서 대부분의 인간 연구는 데이터를 수집하기 위해 기능적 자기공명영상fMRI과 사건관련전위ERPs 같은 비침습적 시술noninvasive procedures을 사용한다. **사이드바 11.1**은 이러한 기술과 이 기술이 수천 또는 수만 개의 밀집한 신경세포의 활성화를 측정하는 방법을 설명한다.

인간에 대한 fMRI 연구는 의도적인 행동을 이해하기 위해 뇌의 부분이 특별히 활성화된다는 증거를 보여 주었다. 원숭이는 거울반응을 하는 부분이 하나뿐이지만, 인간의 뇌는 거울 반응을 실행하는 네트워크를 가지고 있다. 따라서 인간의 거울반응을 연구하려면 특정한 단일 세포들이 아니라 수많은 세포들이 통합된 뇌 영역 전체를 연구해야 한다.

이러한 fMRI 결과는 현재 이스라엘의 히브리 대학교에 재직 중인 로이 무카멜 박사가 인간의 단일 세포 기록을 연구할 수 있는 기회를 통해 증명했다. 무카멜 박사는 UCLA 의과 대학에서 심한 발작을 자주 일으키는 22명의 간질병 환자들의 발작을 억제하기 위해 두개 내에 전극을 삽입했다. 일부 세포들은 원숭이의 경우처럼 행동이 관찰되거나 실행될 때 발화되는 것으로 보였다. 그러나 인간의 경우에는 그 세포들이 여러 신경 세포가 위치한 곳에 퍼져 있었고 광범위한 시스템의 일부를 구성하고 있었다.

사이드바 11.1 비침습적 인지 신경과학적 방법에 대한 간단한 설명

기능적 자기 공명 영상(fMRI)	전기생리학(EEG/ERP)
– 개괄적인 설명: 뇌 혈류 흐름의 변화를 파악하기 위해 머리 주변의 자기 맥박을 이용한다(뇌는 더 활발한 활동을 위해 산소를 사용하므로 이것은 신경세포 활성화의 지표가 된다).	– 개괄적인 설명: 뇌의 신경세포가 전기 화학적인 과정(전계 강도라고 불리는)을 통해 발화할 때 뇌의 신경세포가 생산하는 작은 전류를 감지하기 위해 참가자의 두개골에 전기 센서를 삽입한다. 이 전기 기록은 기본적인 신경세포 활동의 직접적인 결과로 뇌파기록장치electroencephalographic EEG 데이터라고 불린다.
– 병원에서 MRI를 촬영하는 것처럼 참가자들은 자기장을 발생시키는 거대한 자석 코일에 둘러싸여 누워 있다. MRI(정지 상태의 해부학만 측정하는)와는 다르게 fMRI는 뇌가 활동하는 동안 동적인 활성화를 측정한다. 구체적으로 뇌 혈류 흐름의 산소—**혈색소 농도**—의 변화를 측정한다.	– 참가자들은 머리에 특수한 "모자"를 쓰고 평범한 의자에 앉아 있다. 모자에는 다양한 센서가 달려 있다(원하는 범위의 밀도에 따라 32, 64, 128개의 센서가 달려 있다).

기능적 자기 공명 영상(fMRI)	전기생리학(EEG/ERP)
	일반적으로 센서는 두개골에서 머리카락이 자라나는 부분(대머리가 아닌 사람들의 경우)에 일정한 간격을 두고 설치된다.
– 이러한 신경 연계 혈류 변화를 혈역학 반응 함수hemodynamic response function라고 부르는데 이 함수는 신경 세포 활성화 5초 후에 가장 높다.	– 일반적인 전기 생리학 방식은 사건 관련 전위event—related potentials ERPs를 측정하는 것이다. ERPs 방식은 특별한 사건(예를 들면, 표적 이미지를 보는 것)을 처리하는 것과 관련된 신경세포 활동을 측정한다. 이 방식은 다양한 짧은 시각적인 표현이나 청각적인 표현의 활성화 패턴을 측정하는 데 사용된다.
– 혈역학 반응 함수는 혈액 산소 연계 레벨blood oxygen level— dependent BOLD 신호를 유도하는 데 이용된다. 이것은 신경세포 활동 지표로서 하는 일과 개인에 따라 다르다.	– EEG 데이터의 공간해상도는 머리에 위치한 센서의 숫자와 연관되어 있다. 따라서 몇 센티미터 정도이고 항상 일정하지 않다(여러 개의 두개골 센서가 한 개의 신경세포의 활동을 측정할 수 있다).

기능적 자기 공명 영상(fMRI)	전기생리학(EEG/ERP)
– fMRI는 약 1 ~ 3mm의 공간 해상도를 가지고 있다(자기장이 신경세포 활동 영역과 매우 가까운 혈류 변화를 감지하기 위해 뇌 속 깊이 침투했을 경우). – 주기 해상도는 약 2 ~ 5초다(신경세포 활동과 그에 해당하는 혈류역학 반응의 지연을 고려할 때). 따라서 주기 해상도는 ERP 방식으로 측정하는 것보다 훨씬 더 조잡하다.	기본적인 신경세포의 위치를 통계적으로 측정하는 소스 추적 방식(source localization methods 두개골 센서와 혈액, 뼈, 조직의 활동 패턴 측정에 의한)으로 측정된 뇌의 전기적 활성 소스를 더 정확하게 평가할 수 있다. 그러나 공간 해상도는 fMRI보다 훨씬 더 조잡하다. – ERP 방식의 주기 해상도는 약 1,000분의 1초다(전위가 신경세포 소스로부터 두개골 표면으로 전파되는 속도를 고려할 때).

작동하는 방식

행동적 연구behavioral study도 거울 반응을 설명하는 데 이용된다. 모방은 보편적인 인간 행위이다. A라는 사람이 손으로 테이블을 두드리면 B라는 사람은 그 행동을 관찰하고 같은 행동을 한다. 인간 어른에게 있어서 모방은 매우 빠르고 자동적이어서 그가 그 동작을 하기 위해 거울 신경세포를 이용한다는 것을 알 수 있다. 이 사실을 분명하게 입증하는 사례를 자동 모방 효과the automatic imitation effect라고 한다.

자동 모방 연구에서 참가자들은 시범자의 손이 하는 행동에 따라 오른손이나 왼손을 두드린다. 시범자는 빨간 장갑이나 파란 장갑을 끼고 있고 모방자는 그의 손을 볼 수 있다. 시범자가 파란 장갑을 끼고 오른손을 두드리면 모방자들도 오른손을 두드린다. 이것은 일치 시연match demonstration이다. 그러나 시범자가 빨간 장갑을 끼고 오른손을 두드리면 모방자들은 왼손을 두드려야 한다. 이것은 불일치 시연the mismatch demonstration이다. 불일치 시연보다 일치 시연을 할 때 모방 동작이 훨씬 더 빠르다. 이것이 자동 모방 효과다. 즉, 모방은 매우 자동적인 행동이다. 불일치 시연을 할 때는 손을 바꿔야 하고 자동 모방을 벗어나기 때문에 반응이 느리거나 틀리게 된다.

자동 모방 효과는 행동을 보는 것과 그 행동을 실행하는 것 사이에 직접적인 자동 매핑automatic mapping이 작용한다는 것을 보여 준다. 리촐라티 같은 이탈리아 연구원들이 자동 모방 효과를 인간이 거울 신경세포를 가지고 있다는 것에 대한 확증으로 제시한 것도 놀라운 일은 아니다.

정말 그럴까? 중요한 질문은 거울 시스템이 태어날 때부터 작동하는가, 즉 거울 신경세포는 인간에게 선천적인 것인가 하는 것이다. 아니면 거울 시스템을 작동시키기 위해서는 실제적인 학습과 개발이 필요할까? 우리가 현재 가지고 있는 뇌에 대한 데이터는 모두 성인들(성인 원숭이 포함)의 뇌의 데이터이다. 그러므로 이것만으로는 정확한 사실을 확인할 수 없다.

이스라엘의 과학자들은 이것을 알아내기 위해서 자연 실험을 진행했다. 그들은 심한 백내장을 앓고 있는 아동 집단을 연구했다. 약

12세가량의 이 아동들은 에티오피아에서 최근 이스라엘로 이주한 이민자들이었다. 이 아이들은 앓고 있는 백내장의 정도가 심해서 밝음과 어둠의 대비는 구별할 수는 있었지만* 사물의 형태는 구별할 수 없었다. 아이들은 백내장이 제거될 때까지 테이블을 두드리는 손을 볼 수 없었다.

연구원들은 아이들이 수술을 받은 후 자동 모방 효과를 테스트했다. 이 아이들의 자동 모방 효과는 매우 늦게 발달했다.** 이 자연 실험은 두 가지 사실을 보여 준다. 첫째, 자연 모방은 선천적인 거울 신경세포가 원인이 아니다. 자연 모방은 개인의 시각적인 발달과 행동 발달 과정에서 학습된다. 발달 과정에서 초기에 인지기능이 손상되면 자동 모방 효과가 나타나지 않는다. 둘째, 자동화는 학습되기 때문에 자동 모방은 수술적인 교정 이후에 발달할 수 있다. 이 아이들은 대부분 나이가 많았지만 수술 후 자동 모방을 학습하기 시작했다.

---

* 아이들의 망막과 시신경이 정상적으로 발달할 수 있는 상태였기 때문에 수술 후 아이들은 정상에 가까운 시력을 가질 수 있었고 손과 색깔을 시각적으로 인지할 수 있었다.

** 많은 아이들이 수술을 받은 지 평균적으로 8개월 후에 테스트를 받았다. 이것은 자동 모방이 발달하기에 충분한 시간이었기 때문에 자동 간섭 효과가 완전히 사라지지는 않았지만 발달은 매우 늦어졌다.

하품은 전염된다

흥미롭게도 하품에 관한 연구도 매우 비슷한 이해를 뒷받침해 준다. 어떤 사람이 하품하는 모습을 보면 잠시 후 당신도 하품을 하게 된다. 이처럼 "하품은 전염성이 있다"고 한다. 실제로 그렇다. 거울 시스템을 활성화시키는, 전염성 있는 하품은 인간과 유인원(마카크, 개코 원숭이, 침팬지)에게서는 발달했지만 다른 동물들에게서는 거의 발달하지 않았다. 전염되는 하품은(자발적인 하품과 대조되는) 생후 2년까지의 유아에게서는 나타나지 않는다. 전염되는 하품은 경험을 통해 발생한다.

fMRI 연구에서 전염되는 하품—다른 사람들이 하품하는 비디오를 볼 때 따라 하게 되는 하품—은 인간 모방 시스템의 특정 부위를 활성화시킨다. 얼굴 인식에 관여하는 뇌 영역도 활성화되지만 그와 더불어 전염되는 하품도 활성화된다.

인간의 몸짓과 행동을 관찰하고 읽을 수 있는 사회—인지 능력을 가진 개들도 전염되는 하품을 한다. 개들은 인간의 하품을 보고 그 반응으로 하품을 한다. 개들은 주인이 입을 벌리는 것을 볼 때보다 주인이 하품하는 것을 볼 때 하품을 더 많이 한다. 또한 개들은 낯선 사람이 하품하는 것을 볼 때보다 주인이 하품하는 것을 볼 때 훨씬 더 하품을 많이 한다.

요약하면, 인간과 동물이 전염되는 하품이나 자동 모방 같은 모방 행동을 발달시키는 것에 대한 데이터는 선천적인 거울 신경세포 가설을 뒷받침하지 않는다. 이 데이터는 시간과 경험과 더불어 천천히 발달하는 복잡하고도 거대한 거울 신경세포 시스템의 존재를 증명한다.

TOMN: 마음이론 네트워크The Theory—of—Mind Network

마음이론은 거울효과를 포함하지만 그보다 훨씬 더 많은 것을 함축한다. 광범위한 거울 시스템을 포함한 물리적 뇌는 마음을 읽는 인간의 능력에 어떤 역할을 할까? 그리고 뇌의 발달은 마음이론에 어떤 영향을 미칠까? 우리는 성인의 뇌와 정신에 대해 많은 것을 알고 있다. 마음이론에 관한 대부분의 신경과학적 연구는 성인들을 대상으로 한 것이다. 그러나 우리는 이러한 능력의 발달에 관한 불완전하고 제한적인 답만 가지고 있다.

성인들을 대상으로 한 최근 연구는 **11.1 그림**에서 볼 수 있는 것처럼 마음이론 추론이 뉴런 영역의 네트워크를 포함하고 있다는 것을 보여 준다. 이 영역은 우리가 정신적인 추론 과제에 참여할 때 활성화된다. 성인 자폐증 환자들의 경우에는 이 영역이 제대로 활성화되지 않는다. 가장 지속적으로 활성화되는 영역은 중간(가운데 부분) 전두엽 피질prefrontal cortex PFC과 좌우 측두두정 접합temporo—parietal junction TPJ이다.

정신적인 추론 과제 연구에서 성인들이 눈目 사진을 보면서 정신적인 상태를 추측하는 동안(마음이론 과제) fMRI로 혈류를 측정한 결과, 더 활발하게 움직이는 뇌의 부분으로 혈류가 몰려가는 것이 확인되었다. 이것이 혈류 산소 수준blood oxygen level dependent BOLD 반응이다. 성인들이 눈을 통해 마음을 읽을 때 중간전전두엽피질과 측두엽의 활성화가 증가했다(사이드바 11.1). 같은 성인들에게 눈 사진을 보고 그 사람의 성gender을 판단하게 했을 때는 이 뉴런 영역이 활성화되지 않았다.

이 과제를 ERP 방식(사이드바 11.1에서 요약한 것처럼 뇌의 활동을 판단하는 또 다른 방법)에 적용했을 때의 결과는 비슷했다. 성인들의 전두엽(TPJ 상부 위)에 근접한 측두피 영역뿐 아니라 PFC에 상당하는 전두피 영역에서도 활성화가 증가했다.

이와 동일한 마음이론 신경세포 영역은 성인이 더 복잡한 사회적 상호작용과 장면에 대한 설명을 처리할 때 사용된다. 한 연구에서 성인들이 다음과 같은 마음 상태 설명을 읽을 때 fMRI BOLD 반응이 증가했다.

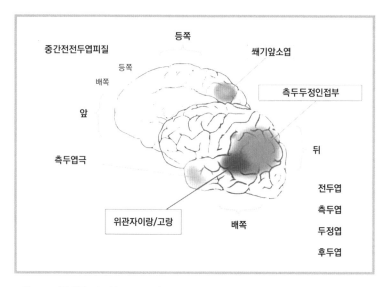

그림 11.1 마음이론 네트워크를 구성하는 신경 영역들. 그림에는 한쪽 반구만 나타나 있으나 연구 결과 이 영역 대부분이 성인들과 아동들의 마음이론 추론 과정에서 양쪽 반구 모두 활성화된다는 것이 밝혀졌다. From Bowman, L. C., & Wellman, H. M. Neuroscience contributions to childhood theory-of-mind development. In O. N. Saracho (ed.), Contemporary perspectives on research in theories of mind in early childhood education (pp. 195-223). Charlotte, NC: Information Age, 2014.

롭은 커피를 사러 가려고 가로등 기둥에 그의 개를 묶어 놓았다. 롭이 가게에서 나왔을 때 개는 길을 건너 도망가 버렸다. 롭은 개를 묶어 놓았던 줄이 풀렸을 거라고 추측했다.

그러나 성인들은 생각을 표현하지 않는 다음과 같은 내용을 읽을 때는 그 영역이 활성화되지 않았다.

쉴라는 엄마의 집으로 가는 기차 시간에 늦어서 아침을 먹지 못했다. 기차에서 내리자 그녀는 배가 몹시 고팠다. 배에서는 꼬르륵 소리가 났고 사방에서 음식 냄새가 났다.

이러한 종류의 뇌 fMRI와 ERP 데이터는 마음이론 신경세포 네트워크 영역을 특정하는 데 도움을 주었다.

믿음에 대한 추론 또한 마음이론 신경세포 네트워크를 활성화시킨다.

니키는 그날 밤 무도회에서 신을 신발을 침대 위에 있는 드레스 밑에 놓았다. 니키가 없을 때 니키의 여동생이 그 신발을 신어 보고 침대 밑에 놓았다. 니키는 신발이 드레스 밑에 있을 거라고 생각하고 무도회 준비를 하기 위해 방으로 돌아왔다.

믿음을 기반으로 한 이야기를 처리할 때 성인들은 중간전전두엽과 측두두정연접부에서 BOLD 반응을 나타낸다. 성인들이 만화 캐릭터에 진짜 믿음과 잘못된 믿음을 부여할 때도 이러한 활성화를 나타낸다. 이 경우 캐릭터들에게 진짜 믿음을 부여할 때보다 잘못된 믿음을 부여할 때 더 크게 활성화되었다.

ERP 연구에서 나는 데이비드 리우, 앤디 멜츠오프와 함께 성인들이 잘못된 믿음을 구체적으로 추론할 때 중간전전두엽과 우측두두정연접부 영역에 해당하는 두개골 영역이 활성화된다는 것을 발견했다.

이러한 연구와 다른 연구들은 성인의 마음이론 신경세포 네트워크가 존재하며 그것은 다수의 영역 특히 PFC와 TPJ의 영역을 포함한다는 합의된 결론을 도출했다.

아이들의 뇌

성인 연구 결과는 명확해 보이지만—사실은 그렇지 않다—우리가 아동의 뇌를 이해하는 데 도움을 주지는 못한다. 뇌는 생각과 추론과 마찬가지로 우리가 살아가는 동안 발달한다. 성인 데이터는 마음이론 네트워크를 나타내지만, 아동 데이터, 특히 유아들의 데이터는 마음이론 네트워크를 나타내지 않을 수도 있다. 아동들의 뇌는 마음이론 이해 발달과 더불어 발달하기 때문에 성인의 마음이론 네트워크와 매우 다른 마음이론 네트워크를 보일 수 있다. 따라서 우리는 마음이론 변화가 나타나는 아동들, 특히 2세부터 6, 7세 아동들의 신경 인지 기능을 연구해야 한다. 이 연구는 시작된 지 얼마 되지 않았기 때문에 현재 말할 수 있는 것은 다음 세 가지이다.

① 성인의 마음이론 추론에서 활성화되는 영역 중 많은 영역이 아동들에게서도 활성화된다. 나는 데이비드 루이와 앤디 멜츠오프와 함께 4세부터 6세 아동들을 대상으로 잘못된 믿음에 대한 성인 ERP 연구를 진행했다. 잘못된 믿음 테스트에서 대체로 정확하게 답변했던 더 나이가 많은 아이들은 성인과 매우 비슷한 전기적인 뇌

활성화를 나타냈다. 활성화되는 데 시간이 더 걸렸지만(성인들은 3/4 초가 걸리고 아동들은 1초 이상 걸렸다), 중앙 PFC와 우측 TPJ 영역에 해당하는 영역이 활성화되었다. 따라서 두 개의 중요한 성인 마음이 론 신경 영역—PFC와 TPJ—이 아동들의 사회 인지적 추론에서도 역 시 활성화된다는 것을 알 수 있다.

② 그러나 연구 결과 성인과 아동 간 큰 차이가 나타났다. 마음이 론 추론에 관여하는 영역은 성장하면서 변화한다. 활성화는 어릴 때 더 증가하지만 성장하면서 변화한다. 예를 들면, ERP 연구에서 4세 아동들의 경우 더 큰 아동들보다 잘못된 믿음 추론에서 전두엽의 더 많은 영역이 활성화되었고 좌우 측두엽 영역(좌측과 우측 RPJ에 해 당하는)을 사용했다.

fMRI는 아이들이 싫어하는 검사이기 때문에 미취학 아동 연구 는 바람직하지 않다. fMRI는 머리 둘레의 자기장을 조종해야 한다. 커다란 전자석으로 둘러싸인 길고 좁은 튜브 속에 들어가면 성인들 도 폐쇄 공포증을 느낄 수 있다. 자석이 큰 굉음을 내고 스캔을 하는 동안 움직이지 않고 누워 있어야 한다. 그렇지 않으면 스캔이 흐려지 고 제대로 정보를 전달하지 못한다. 무릎 부상이나 맹장염을 진단하 기 위해 MRI 스캔을 해 본 사람은 그런 느낌을 이해할 수 있을 것이 다. 미취학 아동—마음이론 변화가 많이 일어나는 시기의 아동—은 이런 진단 을 받기 어렵기 때문에 이 아동들의 데이터는 주로 ERP에 의존한다.

더 큰 아이들에게 fMRI를 사용할 때도 세심한 주의와 준비가 필요하다. 연구원들은 아이들이 스캐닝 튜브에 익숙해지도록 특별한 세션을 이용한다. 아이들이 스캐닝 튜브에 들어가기 전에 미리 MRI 소음을 듣게 한다. 엄마들도 그 자리에 참석해 아이가 스캐닝을 하는 동안 아동의 발을 만지게 한다. fMRI는 더 큰 아동들의 사회적 뇌에 대한 중요한 정보를 제공한다.

③ 마음이론 네트워크는 미취학기와 사춘기를 거치면서 변화한다. 시간이 지나면 마음이론 활성화는 줄어들고 더 세분화된다. 특히 우측 TPJ는 주로 사람들의 믿음에 대한 정보 처리에 관여한다.

어린 아동들의 정신 상태 추론을 측정하는 연구가 진행되는 동안 중앙 PFC가 활성화되고 좌우측 TPJ 영역에 해당하는 뇌 영역도 활성화한다. 그러나 아이들이 발달할수록 믿음 추론에 관여하는 우측 TPJ의 활성화가 증가하고, 믿음 추론에 관여하는 의학적 PFC의 활성화가 감소된다. 이것은 현재 일반적인 정신적 상태를 추론할 때 더 많이 사용된다. 이러한 발달의 변화는 아직 완전하게 발견되고 이해되지 않았지만 신경 변화를 보여 준다는 점에서 중요하다. 마음이론 네트워크가 처음부터 완전한 상태이거나 유아기 이후의 마음이론 변화가 단지 그 네트워크의 작용만 반영한다면 이런 변화는 일어날 수 없을 것이다. 발달은 마음이론 네트워크의 출현과 그 네트워크의 기본적인 신경 변화를 일으킨다.

가소성이 있는 뇌

신경과학은 아동들도 성인들과 같은 신경영역을 사용하는 마음이론 신경 네트워크를 가지고 있지만 아동의 마음이론 신경 네트워크는 시간이 지나면서 변화한다는 것을 보여 준다. 미래에 연구해야 할 중요한 과제 중 하나는 성숙 인자maturational factors의 역할을 마음이론 신경세포 변화 경험과 분리하는 것이다.

나의 첫 번째 발달 신경과학 연구에 도움을 주었던 마크 사바흐는 현재의 신경 연구에 대해 "우리는 마음이론 발달 '속도를 유지하는pace' 신경 상관관계를 기록하기 시작했다"고 말했다. 이것을 경마장에서 사용하는 용어로 표현하면, 만일 A말이 B말과 같은 속도를 유지한다면, A말은 앞에서 속도를 정할 수 있다(B말을 이끌면서). A말은 B말과 나란히 갈 수도 있고(B말과 보조를 맞춰서), 아니면 B말을 이끌면서 B의 뒤를 바짝 따라잡을 수도 있다. 성인 데이터만 보면, 생물학적인 뇌 성숙이 발전된 이해와 행동을 "끌어당기는" 것으로 가정하기 쉽다. 그러나 새로운 이해가 뇌의 활성화를 이끈다는 가정도 가능하다.

마음이론은 경험과 학습에 의해 유도되는 심오한 발달적 성취이다. 뇌는 가소성을 가지고 있기 때문에 경험과 학습 또한 뇌의 구조와 기능을 변화시킬 수 있다. 우리는 새로운 것—친구들의 얼굴이나 수학이나 읽기—를 경험하고 배우고 뇌는 이에 대한 반응으로 변화한다.

발달 신경과학은 뇌의 발달이 경험에 따라 변화하는 다양한 방식을 점점 더 강조하고 있다. 사회적인 경험과 인지적인 경험은 이해력과 뇌를 변화시킨다. 마음이론 이해와 마음이론 뇌의 활성화는 아동기 내내 단계적으로 변화한다. 따라서 "거울 신경세포가 발화하면 우리는 자동적으로 다른 사람들의 마음을 읽는다"거나, "뇌가 성숙하면 마음이론이 등장한다"고 말할 수 없다. 마음이론은 학습된다. 또한 사회적 뇌는 학습의 산물이다.

12장

하이, 로봇

여섯 살인 글로리아는 돌봄 로봇을 가지고 있다. 로비는 글로리아를 보호하고 놀아주고 보살핀다. 로봇 엔지니어인 글로리아의 아빠 조지 웨스턴은 2년 전에 로비를 집에 데리고 왔다. 그는 로비가 성실하고, 다정하고, 친절한 특징을 가지고 있다고 말했다.

지난 2년 동안 글로리아와 로비는 떨어질 수 없는 친밀한 사이가 되었다. 글로리아는 로비에게 말을 걸고, 이야기를 들려주고, 금속으로 만들어진 로비의 손을 잡고, 비밀을 나누고, 함께 눈물을 흘린다. 글로리아는 로비가 인간처럼 관심과 감정을 가지고 있다고 믿는다. 그리고 다른 아이들과 노는 것보다 글로리아와 노는 것을 더 좋아한다. 글로리아는 로비를 정말 사랑한다.

그러나 글로리아의 엄마 그레이스는 심각한 불안감을 느낀다. "글로리아는 끔찍한 기계와 놀고 있어요. 내 말 좀 들어요, 조지, 나는 내 딸을 기계에게 맡길 수 없어요. 아무리 똑똑하다고 해도 로비는 기계예요. 영혼도 없고 무슨 생각을 하는지도 모르잖아요." 그뿐 아니라 그레이스는 글로리아가 "쇠와 구리 덩어리"에게서 사람들과의 상호작용에 필요한 사회적인 기술을 배울 수 없다고 말한다. 결국 로비는 공장으로 돌려보내진다.

이것은 아이작 아시모프의 소설 《아이, 로봇I, Robot》의 이야기이다. 이 책은 "획기적인 과학 공상 소설, 지금까지 만들어진 어떤 로봇보다 훨씬 더 흥미로운 로봇"으로 인정받았다. 이 책이 1950년에 처음 출간되었을 때는 휴머노이드 로봇이 아직 없었다. 지금은 쇼핑몰, 호텔, 생산 조립 라인, 병원, 학교, 연구실 등 어느 곳에서나 로봇을 볼 수 있다. 2017 국가 로보틱스 이니셔티브National Robotics Initia-tive는 "로봇이 현재의 자동차, 컴퓨터, 휴대폰 같은 평범한 상품으로 훨씬 더 보편화될 것이다. 로봇이 공중, 육지, 수중, 우주에 있을 것이다"라고 말했다. 그러나 아시모프가 예측했던 것처럼 어떤 로봇들은 어른들의 마음을 불편하게 만들고 있다.

언캐니 밸리The Uncanny Valley

수십 년에 걸친 연구 결과, 로봇이 인간과 더 비슷해질수록 성인들은 어느 정도까지는 로봇을 더 좋아한다는 통계 데이터가 있다. 그러나 인간과 너무 비슷한 로봇을 보면 오싹한 기분을 느끼게 된다. 우리는 너무 인간과 비슷하게 보이거나 음성이나 감정, 생각이 지나치게 인간과 비슷한 로봇에게는 반감을 갖는다. 이처럼 급격히 호감이 떨어지는 것을 언캐니 밸리uncanny valley(신조어로 인간과 비슷해 보이는 로봇을 보면 생기는 불안감, 혐오감, 두려움. 우리나라에서는 불쾌한 골

짜기라고도 한다—옮긴이)라고 한다. **그림 12.1**은 많은 성인들이 섬뜩해하거나 호감을 느끼지 못하는 두 로봇을 보여준다.

당신도 영화, 광고, 유튜브에서 로봇을 보거나 로봇이 내는 소리를 들을 때 이런 으스스함을 느낀 경험이 있을 것이다. 영화 '그녀 Her'에서 편지 대필 작가인 테오도르(호아킴 피닉스 Joachim Phoenix)는 컴퓨터 인간 사만다에게 도움을 구한다. 사만다는 테오도르와 대화를 나누기 시작한다. 사만다는 목소리, 생각, 감정을 가지고 있다. 스트레스와 외로움에 시달리는 테오도르는 자신도 모르는 사이에 사만다에게 마음이 이끌리게 된다. 그리고 사만다도 테오도르에게 호감을 가지고 있는 것처럼 보인다. 사만다는 물리적인 형태는 없지만 관객들은 사만다의 음성과 감정을 통해 사만다가 인간이라고 생각한다. 그리고 많은 사람들이 사만다를 소름끼치고 불안한 존재로 느낀다. 다른 말로 표현하면 언캐니 밸리에 빠지게 된다.

이 영화와 대조적인 영화로 '내겐 너무 사랑스러운 그녀Lars and the Real Girl'를 들 수 있다. 라스는 한적한 시골 마을에 살고 있다. 그 마을에 살고 있는 라스 나이 또래 여자들 중에서 결혼하지 않은 여자는 한 명도 없다. 라스의 여자 친구는 실물 크기의 섹스 돌이다. 그 인형은 생각이나 감정이 없고 말도 하지 않지만 라스는 그 인형을 약속장소에 데리고 가서 친구들에게 소개하고 그녀와 동거한다. 관객들은 '내겐 너무 사랑스러운 그녀'를 "매우 매력적이고", "감동적이고", "순수한 인간적인 선의를 신뢰하는 영화"라고 평했다. 라스의 여자 친구는 몇 가지 인간적인 특징을 가지고 있기는 하지만 인간과 지나치게 비슷하지 않기 때문에 우리는(그리고 영화 속에 나오는 라스의 친구들은) 그녀를 수용할 수 있다.

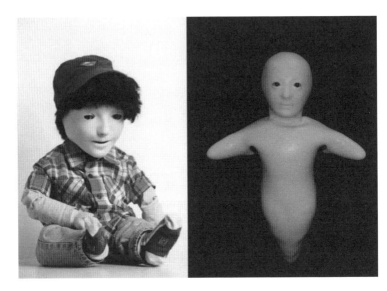

그림 12.1 아동 모습을 한 이 로봇(왼쪽)과 텔레노이드(오른쪽)는 인간과 비슷한 모습을 갖고 있는 두 로봇이다. 경험 연구에 따르면 이 로봇들을 본 성인들은 불안하고 오싹하며 소름끼치는 기분을 느꼈다. Right panel: Kaspar image, University of Hertfordshire; Telenoid R1 image: Osaka University and ATR Intelligent Robotics and Communication Laboratories. https://www.roboticstoday.com/institutions/u-of-hertfordshire.

어떤 과학자들은 우리가 인간과 너무 비슷한 로봇에 대해 반감을 느끼는 이유는 우리가 질병에 대한 본능적인 두려움을 가지고 있고, 이런 로봇들이 아픈 사람 같은 외모나 음성을 가지고 있기 때문이라고 생각한다. 또 어떤 과학자들은 인간과 비슷한 로봇은 생각하고 느낄 수 있다는 인상을 주지만, 성인들은 기계가 생각과 감정을 갖고 있다고 믿지 않기 때문에 로봇에 대해 반감을 느끼게 된다고 주장한다. 로봇이 생각과 감정을 갖고 있는 것처럼 보이거나 말할 때 우리가 불안감을 느끼게 된다는 것이다.

그레이스 웨스턴에 대한 아시모프의 묘사는 과학자들이 불과 수십 년 후에 발견한 로봇에 대한 인간의 불편한 감정을 미리 보여 주었다. 그렇다면 로비에 대한 글로리아의 사랑도 정확한 예측이었을까?

소름끼치는 느낌

지난 수십 년간 아이들이 좋아하고, 아이들과 놀고, 가르치고, 돌보는 로봇이 홍수처럼 시장에 몰려들었다. **그림 12.2**는 최근에 나온 다섯 가지 로봇들을 보여 준다.

그러나 이 로봇들이 그들이 약속했던 일을 실제로 수행했는지 확인한 연구는 없었다. 나는 동료 킴벌리 브링크와 함께 이 로봇들이 아이들에게 어떤 점에서 호감을 주거나 반감을 주었는지, 약속했던 기능을 제대로 수행했는지 확인하기로 했다. 우리는 2년 동안 3세부터 18세에 이르는 250명의 아동을 대상으로 그들이 세 가지 로봇에 대해 어떤 믿음과 감정을 가지고 있는지 인터뷰했다. 세 가지 로봇은 인간과 매우 비슷한 로봇(**그림 12.3의 왼쪽**), 기계 같은 로봇(**그림 12.3의 오른쪽**), 나오NAO 로봇(**그림 12.2의 왼쪽 위**)이다.

9세 미만의 아이들은 글로리아처럼(그러나 어른들과는 다르게) 인간을 닮은 로봇에 대해 반감을 느끼지 않았다(그들은 정말 나오를 좋아했다). 이것은 어른들이 로봇을 싫어하는 이유가 로봇이 아픈 사람들에 대한 불편한 감정을 일으키기 때문이라는 가정이 틀렸다는 것을 보여 준다. 그런 이유 때문이라면 어린 아이들도 인간을 닮은 로봇에 대해 반감을 느낄 것이다.

그러나 9세 아동들의 로봇에 대한 반응은 다른 양상을 나타냈다. 9세 이상의 아이들은 인간과 매우 비슷한 로봇이 기계 같은 로봇보다 더 오싹한 느낌을 준다고 했다.

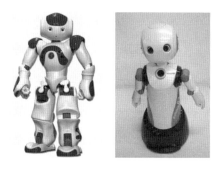

그림 12.2 나오 로봇(상단 왼쪽); 로보비(상단 오른쪽); 아이팔(하단 왼쪽); 지보(하단 중앙); 젠보(하단 오른쪽)는 모두 아동들과의 상호 작용을 위해 특별히 설계된 특징과 행동을 가지고 있는 로봇들이다. Top panel, lef to right: NAO image: SofBank Robotics; Robovie image: Vstone and Advanced Telecommunications Research Institute International (ATR). Bottom panel, lef to right: iPal image: Nanjing AvatarMind Robot Technology; Jibo image: Jibo, Inc.; Zenbo image: Asus.

이것은 생각이 무엇이고 무엇을 할 수 있는지, 그리고 기계가 무엇이고 무엇을 할 수 있는지에 대한 아이들의 이해가 달라지기 때문이다. 8세의 글로리아와 또래 아이들은 로봇이 보고, 듣고, 생각하고, 놀고, 울 수 있다고 믿는다. 그들은 그런 행동을 할 수 있는 로봇을 더 좋아한다. 그런 로봇이 더 친밀하게 느껴지고, 친구가 될 수 있고, 그들을 보호해 줄 수 있기 때문이다. 어린 아이들은 로봇이 생각이 많을수록 더 좋아한다. 그러나 더 큰 아이들과 어른들은 로봇이 더 많은 생각을 가지고 있는 것처럼 보일수록, 특히 인간과 비슷한 감정과 생각을 갖고 있는 것처럼 보일수록 로봇에 대해 더 오싹한 감정을 느낀다.

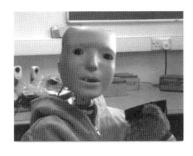 

그림 12.3 왼쪽은 인간과 매우 비슷한 로봇이고 오른쪽은 기계와 비슷한 로봇이다 (참가자들이 기계라는 것을 알 수 있도록 뒷면을 보여주었다). 각 로봇의 비디오 클립은 로봇이 머리를 좌우로 움직이는 모습을 보여 주었다. From K. A. Brink, K. Gray, & H. M. Wellman, Creepiness creeps in: Uncanny valley feelings are acquired in childhood. Child Development, 90, 1202–1214, 2017. [Epub ahead of print] doi:10.1111/cdev.12999.

6세부터 10세 아동을 변화시키는 것은 무엇일까? 가장 합리적인 설명은 아이들이 그 시기에 생각, 뇌, 몸의 개념을 이해하고 구분하기 시작한다는 것이다. 8장에서 설명한 것처럼 이 시기에 아이들은 생각을 더 "정신적"인 것으로 보기 시작하고, 생물학적인 뇌를 생각을 담고 있는 몸의 일부분으로 보기 시작한다. 로봇 같은 기계는 생물이 아니기 때문에 인간의 생각을 담을 수 없다. 로봇이 인간의 생각을 가지고 있는 것처럼 보일 때 언캐니 밸리가 나타난다.

그러므로 로비의 성격과 반응이 전개되면서 8세가 된 글로리아의 반응을 묘사한 아시모프는 분명히 선견지명이 있었다. 이 이야기는 허구지만 완전한 공상 소설은 아니다.

하이, 로봇.

로봇에게 배우기

짐과 케리 켈리는 중서부 시골의 작은 마을에 살고 있다. 그들의 아들인 다섯 살 벤과 열두 살 리안은 그 동네의 공립학교에 다닌다. 이 지역의 학교는 항상 교사가 부족하다. 가장 가까운 마을은 40마일이나 떨어져 있고 교사들에게 지급하는 급여도 매우 낮은 수준이다. 그런 이유로 가장 좋은 학군조차 교사를 구하기 힘들다. 지난 10년 동안 전국적으로 교사 훈련 프로그램 등록 숫자가 감소했고 새 교사들 중 50퍼센트가 5년 이내에 교직을 그만두었다. 모든 상황이 플레전트빌에 불리했다.

올해는 특히 교사 인원이 매우 부족했다. 학급 수는 많아져야 하는데 보조 교사에게 지급할 돈은 부족해 지원자가 더욱 줄어들었다. 학교이사회는 교사 자격증이 없는 교사를 채용하는 방법까지 고려하고 있다. 이러한 상황은 급기야 학교이사회에서 곪아 터졌고 고함과 좌절, 위협, 분노가 밤늦게까지 이어졌다. 그럼에도 이 사안은 아이들의 미래가 달려 있는 중요한 문제라 해결 불가로 둘 수 없었다.

그 다음 주에 관리자가 해결책을 생각해 냈다. 주에서는 자격을 갖춘 지역의 학교이사회가 기술을 도입하는 데 필요한 비용을 지원했다. 이 학교도 교실에서 사용할 로봇을 구입할 기금을 받을 수 있었다. 로봇을 도입하면 로봇이 교사 업무 중 일부를 맡아서 할 수 있고 교습의 질을 높이고 학생들의 과밀도를 줄일 수 있을 것이다.

10년 전이라면 이런 방법은 상상도 못했을 것이다. 생명이 없는 기계가 아이들을 가르친다고? 그러나 다른 해결책이 없었고 관리자는 다른 학교의 성공 사례에 대한 보고를 확인했다. 그는 이사회에 자신의 계획을 설명했고 의외로 이사회가 동의했다. 그 결과 다음해 가을에 캘리의 아이들도 그 지역의 다른 아이들처럼 교실에 로봇을 갖게 되었다.

상반기에 학교이사회는 그들이 한 결정의 결과를 검토했다. 6세인 벤의 학급에서 로봇을 도입한 성과는 탁월했다. 아이들은 인간 교사에게 배우는 것보다 로봇 교사에게 배울 때 훨씬 더 빨리 배웠고 기계와 교류하는 것을 좋아했다. 교사는 더 많은 성취도를 올릴 수 있었고 그 과정에서 스트레스를 덜 받았다. 모두가 만족했다.

그러나 11세인 리안의 학급은 상황이 매우 달랐다. 리안의 교실에서 사용되는 로봇은 벤의 교실에서 사용되는 로봇과 같은, 인간과 매우 비슷한 로봇이었다. 1월에 아이들은 그 로봇을 싫어했다. 아이들은 로봇에게 배우려고 하지 않았고, 욕을 하고, 때리기까지 했다. 로봇은 학생들과 교사들에게 외면당한 채 구석에 앉아 있었다.

아시모프의 시나리오처럼 이 시나리오도 픽션이지만 이 픽션은 현실 세계를 반영한다. 많은 학군이 교사 때문에 고민하고 있고 대안으로 로봇이 교실에 도입된다. 한국에서는 로보셈Robosem이 아이들에게 영어를 가르치고, 미국에서는 루비RUBI가 핀란드어를 가르친다. 나오를 비롯해서 아동의 모습을 한 로봇들은 자폐증 아동들이 말하기와 대화하기 같은 모방 게임을 통해 사회적인 상호작용을 연습하는 데 도움을 주고 있다. 몸집이 큰 로봇 곰 우르수스Ursus는 뇌성마비 같은 운동 장애를 가지고 있는 아이들에게 물리 치료를 한다.

신뢰할 수 있는 증거

로봇을 교사로 이용하는 것은 합리적인 방법이다. 아이들은 부모, 교사, 또래의 사람들로부터 많은 정보를 배운다. 아이들이 8 × 8 = 64, 지구는 둥글다, 공룡은 멸종했다는 사실을 믿는 것은 스스로 그 사실들을 발견했기 때문이 아니라 신뢰할 수 있는 사람들이 그들에게 그렇게 말해 주었기 때문이다. 연구 결과를 보면 아이들이 사람들과의 의사소통을 통해 일반적인 지식을 얻는다는 것을 알 수 있다. 이것을 "증거에 대한 신뢰"라고 한다.

그렇지만 아이들이 과연 로봇의 증거를 신뢰할까? 로봇이 인간처럼 행동하고, 반응하고, 심지어 인간과 비슷한 모습을 가지고 있다면 어떨까? 아이들이 로봇에게서 배운다면 인간 교사에게 배우는 것과 똑같은 방식으로 배울까? 이것은 중요한 질문이다.

연구 결과를 보면 미취학 아동들이 다른 사람들에게 배울 때 정보 제공자의 지식, 전문성, 신뢰성을 검토한다는 것을 알 수 있다. 아이들은 어떤 사람이 과거에 그들에게 정확한 정보를 주었는지 아닌지 기억한다. 아이들은 또한 정보 제공자가 정보를 어떻게 얻었는지 검토한다. 그 사람이 지금 나에게 이야기하는 것을 직접 보았는가? 그뿐 아니라 아이들은 그 사람이 지식이 많은 어른인가 아니면 순진한 아이인가 같은 그 사람의 자격을 따진다. 그리고 아이들은 이야기하는 사람의 신뢰성이나 대답의 불확실성을 검토한다. 그 사람은 지금 그것을 알고 있다고 말하는가 아니면 그렇게 생각한다고 말하는가?

놀랍게도 아이들이 로봇에게 어떻게 배우는가, 그리고 실제로 배우는가에 관해서는 알려진 정보가 거의 없다. 로봇은 기계이기 때문에 아이들은 로봇을 계산기나 전자사전처럼 오류가 없는 존재로 볼 수 있다. 그런 경우 아이들은 그 정보가 정확한지 아닌지 생각하지 않고 로봇에게서 정보를 받아들일 수 있다. 그렇지 않으면 아이들은 로봇을 단지 오류가 많은 기계로 볼 수도 있다. 토스트를 태우는 토스터기, 때로는 틀린 답변이나 엉뚱한 답변을 하는 시리Siri, 한밤중에 울리는 알람시계처럼 말이다. 그런 경우 아이들은 로봇의 가르침을 받아들이지 않을 수도 있다.

킴 브링크와 나는 이러한 문제를 연구했다. 첫째로, 우리는 표준 증거에 대한 신뢰 연구에서 3세 아동들을 연구했다. 이 나이는 아이들이 인간 교사로부터 잘 배울 수 있는 시기이다. **그림 12.4**에서 설정을 볼 수 있다.

연구의 첫 번째 단계에서 킴은 다른 색깔의 두 나오 로봇에게 네 가지 익숙한 물건들의 이름을 말해 보라고 했다. 로봇들은 테디 베어나 공 같은 물건들을 보고 가리켰다. 한 로봇은 네 가지 물건의 이름을 정확하게 말했지만, 다른 로봇은 네 가지 물건의 이름을 모두 틀리게 말했다(예를 들면 그 로봇은 테디 베어를 "나무"라고 말했다). 그런 다음 킴은 아이들에게 '어떤 로봇이 질문에 대답을 잘 하지 못했는가?'를 묻는 "정확도 확인Accuracy Check" 질문을 했다.

다음으로 킴은 네 가지 낯선 물건들(예를 들면, 한 물건은 마늘 으깨는 기구였다)을 보여 주고 아이들에게 어떤 로봇에게 이름을 물어보고 싶은지 물었다. 이것은 "묻기Ask" 질문이다.

각 로봇은 각각의 물건에 대해 지어낸 이름을 말했다. 마늘 다지기를 보고 한 로봇은 "그것은 모디입니다"라고 말했고 다른 로봇은 "그것은 토마입니다"라고 말했다. 그런 다음 킴은 아이들에게 모디나 토마 중에서 어떤 것이 정확한 이름이라고 생각하는지 물었다. 이것은 "지지Endorse" 질문이다. 기본적으로 이것은 아이들이 각 로봇의 정보를 신뢰하는지 신뢰하지 않는지 묻는 질문이다.

그림 12.4 이 사진은 아동들이 사회적인 로봇의 증언을 적절하게 신뢰 혹은 불신하는지를 조사하기 위한 초기 연구의 비디오 정지 화면이다. 하얀색 플라스틱에 주황색 마킹을 한 왼쪽의 나오 로봇; 하얀색에 보라색 마킹을 한 오른쪽의 나오 로봇.

정확도 확인 질문에서 미취학 아동들은 어떤 로봇이 정확하고 어떤 로봇이 정확하지 않은지 파악했다. 그리고 아이들은 더 정확한 로봇의 말을 신뢰했다. 묻기 질문에서 아이들은 모두 정확한 로봇에게 새 물건을 어떻게 불러야 하는지 물어봐야 한다고 말했다. 지지 질문에서는 아이들은 그 물건의 이름은 정확한 로봇이 제공한 이름이라고 말했다. 아이들은 로봇들로부터 새로운 단어들을 정확하게 배웠다(우리가 만들어낸 단어들이지만). 실제로 아이들은 정확한 인간에게 배우는 것과 같은 비율로 정확한 로봇에게서 배웠다.

우리는 아이들에게 나오 로봇의 생각에 대한 그들의 믿음을 물었다. 이 로봇들이 "스스로 생각하고", "무엇을 할지 결정하거나", "두려움을 느낄" 수 있을까? 미취학 아동들은 일반적으로 이 질문들 중 적어도 한 가지 질문에 그렇다고 대답했다. 그러나 어떤 아이들은 나오가 스스로 생각하고, 무엇을 할지 결정하고, 두려움을 느낄 수 있다고 말했다. 또 어떤 아이들은 그 로봇들이 그 중에서 한 가지나 두 가지만 할 수 있다고 대답했다.

이름을 물었을 때 로봇이 더 많은 생각을 가지고 있다고 생각한 미취학 아동들(더 많은 긍정 대답을 한 아동들)은 로봇이 생각을 덜 가지고 있다고 생각하는 아이들보다 부정확한 로봇보다 정확한 로봇을 선택하는 경향이 높았다. 또한 로봇이 더 많은 생각을 가지고 있다고 생각하는 아이들은 정확한 로봇이 물건의 이름을 제시할 때 그 이름을 배울 가능성이 훨씬 더 높았다.

분명히 아이들은 로봇에게 배울 수 있고 실제로 배운다. 그리고 아이들은 그들이 수용하는 로봇 교사를 적절하게 검토한다.

로봇에 대한 개념 발달

로봇과 아이들에 대한 대부분의 연구는 한 가지 종류의 로봇을 사용하고, 한 연령 집단을 대상으로 하는 단일 연구이다. 따라서 그 결과는 포괄적인 것이 아니다. 그러나 다양한 연구의 데이터를 종합해 보면 아동 발달에 대한 더 폭넓은 이해를 얻을 수 있다.

더 어린 아이들은 로봇에게 어떻게 배우는가
3세부터 6세의 아동들에게는 상호작용적인 로봇이 단순히 정보를 알려주는 로봇보다 더 효과적인 교사 역할을 한다. 3세부터 6세 아동들은 정보를 전달하기만 하는 로봇보다 그들에게 반응하는 로봇에게 정보를 구하고 동의하는 경향이 더 높았다. 새로운 어휘를 배울 때 아이들은 생명이 없는 오디오 스피커보다 상호작용하는 인간 같은 로봇 강사에게 더 많이 집중했다. 일본의 4세에서 6세 아동들은 로봇이 아이들에게 팀원으로 로봇과 상호작용하게 하는 교습 방식을 사용할 때 높은 성취도를 나타냈다.

이 연령의 아이들은 음성, 외양, 행동이 인간과 비슷한 로봇에게서 배울 때 가장 효과적으로 배웠다. 테이블 세팅 과제에서 로봇이 아이들에게 다양한 도구의 기능과 위치를 가르치고 나중에 테스트를 실시했을 때 인간과 비슷한 목소리를 가진 로봇에게 배우는 아이들이 기계 같은 음성을 가진 로봇에게 배우는 아이들보다 더 많은 것을 기억했다.

한국 아동들은 똑같은 교습 자료로 영어를 배울 때 상호작용하지 않는 컴퓨터나 교과서로 배우는 것보다, 감정을 표현하고, 노래하고, 말하고 춤출 수 있는 로봇에게서 더 잘 배웠다.

그렇다면 더 큰 아동들은 어떨까?

더 어린 아동들과 더 큰 아동들과 로봇

테이블 세팅 과제에서 4세부터 6세 아동들은 인간의 목소리를 가진 로봇에게 배울 때 훨씬 더 향상되었다. 로봇 훈련을 받은 후 이 아동들은 7세부터 10세 아동들과 동등한 성취도를 나타냈다. 7세부터 10세 아동들은 같은 로봇에게 같은 훈련을 받았을 때 약간 향상되었고, 로봇의 음성이든 인간의 음성이든 음성은 그들에게 영향을 미치지 않았다.

또 다른 연구에서 다양한 연령의 아동들이 생각을 가진 것처럼 보이는 로봇과 수업에 참가했다. 예를 들면 그 로봇은 아이의 이름을 기억했고 멈춰 서서 깊이 생각하는 것처럼 포즈를 취했다. 더 어린 아동들은 똑같은 정보지만 생각이 없는 로봇과 수업을 하는 아동들보다 생각을 하는 로봇에게서 더 많은 정보를 얻었다.

일본의 한 연구에서 로보비Robovie 로봇(**그림 12.2**)은 일본 학교를 돌아다니면서 1학년 아동들(6세~7세)과 6학년 아동들(11세~12세)에게 영어로 이야기했다. 이 로봇은 포옹하기, 악수하기, 가위바위보 하기, 간단한 대화 나누기, 근처에 있는 물건 가리키기 같은 상호작용적이고 의도적인 행동을 했다. 그 결과 1학년 아동들은 6학년 아동들보다 로봇과 상호작용하는 데 훨씬 더 많은 시간을 보냈다.

언캐니 밸리 연구에서 더 어린 아이들은 많은 인간의 특징을 로봇도 가지고 있다고 생각했다. 이 아이들은 로봇이 감정적인 능력과 사회적인 능력, 그리고 보기와 만지기 같은 인지적인 능력을 가지고 있다고 믿었다. 이것은 다른 연구에서도 나타났다. 3세와 5세 아동들은 아이보(**AIBO 그림 12.5**)와 매우 비슷한 로봇 강아지가 볼 수 있고 간지럼을 태울 수 있다고 주장했다. 그들은 그 강아지가 또한 생각할 수 있고 행복해 할 수 있다고 말했다.

로봇이 감정적인 능력과 인지적인 능력을 가지고 있다는 아동들의 기대는 아이들의 나이가 증가할수록 감소한다. 8세 아동들은 3 피트 크기의 상호작용적인 로보비가 지능을 가지고 있고, 흥미를 가지고 있고, 감정을 느낄 수 있다고 말했지만, 15세 아동들은 그렇지 않다고 말했다.

일본 연구원들이 아동들에게 로봇에 대해 물었을 때 7세 이하의 아동들은 자주 로봇을 사람으로 표현했다. 아이들은 로봇을 "it"이 아니라 "she"나 "he"로 표현했고 그들이 자율적인 행동이나 욕망을 가지고 있다고 말했다. 아동들이 7세가 넘으면, 로봇 제작자가 부여한 대명사를 로봇에게 더 많이 사용했다.

그림 12.5 서로 다른 형태를 가진 기계 같이 생긴 로봇들: 왼쪽부터 오른쪽으로 캥거루 모양, 강아지 모양, 사람의 형태와 비슷한 로봇: 바이오닉캥거루(사진: 페스토); 아이보 ERS—7(사진: 소니); 로보비 나노 로봇(키트로 만들어짐) Top panel lef to right: BionicKangaroo (Image: Festo); AIBO ERS—7 (Image: Sony); Robovie Nano Robot (made from a kit) (image: Vstone, https://www.japantrendshop.com/robovie-nano-robotkit-p-3945.htm).

아시모프 이야기에 나오는 글로리아 같은 아이들은 집에서 기르는 애완동물들을 대하는 것처럼 로봇을 두려워하지 않고 좋아한다. 내가 아이들과 로봇에 대한 연구를 시작했을 때 한 조교가 네 살짜리 아들 알렉스를 연구실에 데리고 왔다. 알렉스는 두 가지 연구의 일부분을 보았다. 한 실험실에서는 아이들에게 친화적인 작은 개 피오나를 보았고 다른 실험실에서는 나오 로봇을 보았다.

알렉스는 즉시 피오나에게 관심을 나타내고 겁내지 않고 다가가서 쓰다듬었다. 알렉스는 나오에게도 비슷한 반응을 보였다. 나오가 눈을 동그랗게 뜨고 알렉스의 얼굴을 보면서 그의 이름을 배울 때 알렉스는 강한 호기심을 보이면서 나오 로봇에게 다가갔다.

언캐니 밸리 연구에서 본 것처럼, 아이들이 더 나이가 많아지면 로봇이 사람보다 기계와 비슷하다고 생각한다. 더 큰 아이들은 로봇이 제한적인 생각과 의사결정을 할 수 있다고 생각하며, 로봇이 간지럼을 타거나 두려움을 느낄 거라고 생각하지 않는다. 어른들은 둘 다 믿지 않는다.

로봇을 대하는 감정

아이들이 언캐니 밸리의 오싹한 감정을 느끼기 전까지 로봇은 아이들에게 매우 유익한 역할을 할 수 있다. 어린 아이들은 연구원들에게 혼자 집에 있을 때 로봇 강아지 아이보 같은 재택 로봇이 있으면 안전하다고 느낀다고 말했다. 더 큰 아이들은 **그림 12.5**에 나오는 것과 같은 금속으로 만들어진 로봇도 비밀을 공유하는 편안한 친구가 될 수 있다고 말했다. 로보비가 관심을 가지고 있고 감정을 느낄 수 있다고 믿는 3세부터 9세 아동들은 로보비가 친구가 될 수 있고 슬플 때 위로해 줄 수 있다고 믿었다. 병원에서 주사를 맞을 때 심한 불안감을 느끼는 아이들은 사람 간호사보다 장난스러운 나오 로봇에게서 더 많은 위로를 받았다.

이 아이들은 아시모프의 이야기에 나오는 글로리아처럼 로봇에 대해 긍정적인 감정을 가졌지만, 더 큰 아이들과 어른들은 부정적인 감정을 가졌다.

로봇에 대한 윤리?

아이작 마시노프의 '아이, 로봇'은 주로 윤리와 로봇 공학에 관한 이야기이다. 로봇과 인간의 상호작용은 선한 것인가 악한 것인가? 이 이야기는 휴머노이드 로봇의 주요 생산지인 가상의 미국 로보틱스 기업의 중요한 로봇 기술자, 수잔 캘빈 박사를 중심으로 전개된다. 그녀는 로봇의 일탈적인 행동을 우려하고 로봇의 전기적인(양자) 뇌에 무슨 일이 일어나고 있는지 알기 위해 로봇심리학robopsychology 이라는 새로운 분야를 개발한다.

미국 로보틱스가 생산한 모든 로봇은 "로봇 공학의 3 원칙"이 프로그래밍되어 있다.

• 제1원칙 • 로봇은 인간에게 해를 입혀서는 안 된다. 그리고 위험에 처한 인간을 모른 척해서도 안 된다.

• 제2원칙 • 제1원칙에 위배되지 않는 한, 로봇은 인간의 명령에 복종해야 한다.

• 제3원칙 • 제1원칙과 제2원칙에 위배되지 않는 한, 로봇은 로봇 자신을 지켜야 한다.

그러나 아시모프의 이야기에서 로봇과 로봇의 프로토 타입에서 오류가 발견된다. 이 오류는 로봇들이 사람들을 붕괴시키고, 해를 입히고, 심지어는 죽이기까지 하는 결과를 가져온다.

아시모프의 '아이, 로봇' 이야기는 많은 파급효과와 비판을 낳았다. '심슨 가족The Simpsons("I, D'oh Bot"이라는 제목)'의 2004년 에피소드에는 스마시우스 클레이라는 로봇 복서가 등장한다. 스마시우스는 자멸적으로 아시모프의 세 원칙을 모두 지키고 그가 싸우는 모든 인간에게 진다.

20세기 폭스사의 2004년 영화 '아이, 로봇'에서 윌리엄 스미스는 2035년 시카고 경찰서의 델 스푸너 형사로 등장한다. 델은 로봇공학자 알프레드 래닝 박사 살인사건을 조사한다. 그는 살인범이 로봇일지도 모른다고 의심한다. 이 영화는 아시모프의 로봇 공학의 세 원칙을 중요한 모티프로 등장시켰다.

현재 나오, 로보비, 카스파 같은 로봇들은 도덕적인 규범이 프로그래밍되어 있지 않다. 그러나 그때나 지금이나 로봇은 완전한 양자 기계 지능 같은 것을 가지고 있지 않다. 우리도 로봇을 대하는 태도에 대한 원칙이나 규범을 가지고 있지 않다. 예를 들면, 정말 인간 같은 로봇이 권리를 가져야 하는가? 2017년 11월에 사우디아라비아 왕국은 소피아라는 로봇에게 시민권을 부여했다. 소피아는 **그림 12.6**의 왼쪽에 있는 로봇이다. 이것은 사우디아라비아의 여성들 사이에서 그들의 권리에 대한 엄청난 논란을 불러일으켰다. 사우디 여성들은 공개적인 장소에서 베일을 써야 한다. 그러나 소피아는 베일을 쓰지 않은 채 공개적인 장소와 TV에 등장했다.

연구원, 로봇 설계자, 부모, 교사들은 로봇과의 상호작용이 반사회적인 행동을 유발하게 될 것을 점점 더 우려하고 있다. 히치하이크 로봇은 사진을 찍고 다른 여행자들과 대화를 나누면서 독일, 캐나다. 네덜란드를 성공적으로 여행했다. 그러나 이 로봇은 몇 주 후 미국에서 파손되고 파괴되었다. 고객들과 정보를 공유하도록 설계된 쇼핑몰 보안 로봇은 방치된 아이들에게 함부로 취급되었다. 아이들은 로봇을 발로 차고 밀었다. 로봇이 인간의 직업을 빼앗고 그 결과 로봇이 대체한 사람들로부터 공격당하고 방해를 받는 "포스트휴먼 posthuman"(인간의 유전자 구조를 변형하고 로봇이나 기술을 인체에 주입하면서 진화된 상상 속 인종; 그런 인종이 사는 미래 시대—옮긴이) 세상을 상상하는 것은 어렵지 않다. 이것은 이미 과학 공상 소설과 영화의 주제가 되었다. 실제로 최근에 〈뉴욕 타임스〉에 "당신의 자녀를 로봇으로부터 보호하는 방법"이라는 주제의 기사가 실리기도 했다.

인간과 매우 비슷한 모양의 두 로봇과 한 사람

그림 **12.6** 사우디아라비아 시민권을 받은 소피아(왼쪽); 일본에서 사용되고 있는 액트로이드 (중간); 실제 사람(오른쪽). Lef to right: Sophia image: Hanson Robotics.com; Actroid F image: Kokoro Company Ltd.; Dr. Brink self—photo.

경험적 연구는 로봇에 대한 반사회적인 행동이 로봇을 수정함으로써 부분적으로 감소될 수 있다는 것을 보여준다. 미취학 아동들은 교실에서 손상을 당하거나 거칠게 다뤄지면 울기 시작하는 로봇을 안아주고 공격으로부터 보호했다. 한 연구는 더 어린 아이들이 15분 동안 로봇과 대화를 나누고 함께 논 후에 로봇을 잘 대해주어야 하고 심리적으로 피해를 주면 안 된다고 말했다는 것을 보여주었다.

미래의 로봇

로봇은 매년 우리의 삶과 아이들의 삶에서 점점 더 큰 부분을 차지하고 있다. **그림 12.2**에서 지난 몇 년 간 생산된 픽사 같은 로봇을 다시 보자. 이 로봇들은 게임을 하고, 질문에 대답하고, 이야기를 읽어주고, 방치된 아이들을 감시하도록 설계되었다. 현재의 연구는 로봇의 이런 역할이 더 어린 아이들에게는 효과적이지만, 더 큰 아이들에게는 효과가 적다는 것을 보여 준다. 로봇은 어린이들의 삶에서 점점 더 큰 역할을 하고 있다. 그러므로 넓은 범위의 연령대의 어린이들에 대한 아동과 로봇의 상호작용을 이해하는 광범위한 연구가 필요하다.

로봇에 대한 아이들의 인식, 아이들이 로봇을 대하는 방식, 이러한 상호관계가 아동들의 사회적, 도덕적 발달과 사람들과의 상호작용에 미치는 영향과 더불어 로봇에게 배우는 방식에 대한 더 많은 연구가 필요하다.

이것은 지금 한 번으로 끝낼 수 있는 연구가 아니다. 그러한 연구가 미래를 보장하는 결과를 가져오지도 않는다. 우리는 지속적으로 로봇과 함께 성장할 미래의 아이들이 로봇을 어떻게 생각하고 로봇과 어떻게 상호작용할 것인지 알아야 한다. 대공황 시기에 태어난 아이들은 성인이 되었을 때 제2차 세계대전 동안 태어난 아이들이나 1950년대에 태어난 아이들과 다른 관점을 갖게 된다. 마찬가지로 오늘날의 아이들은 로봇을 현재의 어른들과 매우 다른 시각으로 보게 될 것이다. 그들은 어른들의 경험과 매우 다른 경험을 했기 때문이다.

상상컨대 언젠가는 언캐니 밸리가 없어질지도 모른다. 인간을 닮은 로봇이 더 보편화될수록, 더 큰 아이들과 성인들은 로봇이 비록 기계지만, 놀랄 만큼 인간과 비슷하게 보일 수 있고, 많은 인간의 경험을 이해하는 생각을 가질 수 있다고 기대할 것이다. 언젠가는 인간과 매우 비슷한 로봇이 우리에게 위로를 주고 친숙하게 느껴질 수도 있다. 아니면 그렇지 않을 수도 있다. 그것은 시간이 지나야 알 수 있다. 로봇과의 접촉이 점점 증가하면서 그것이 우리의 일상적인 마음이론에 어떤 영향을 주고 어떻게 발전하는가는 앞으로 우리가 점차적으로 풀어 나가야 할 문제이다.

13장

마음이론의 작용

마음이론은 우리 주변 어디에서나 작용한다. 마음이론은 우리가 세상을 보는 방식의 토대이므로 그것이 틀린 것이든 옳은 것이든, 우리 자신에 대한 것이든 다른 사람들에 대한 것이든, 우리의 생각, 우리의 조직, 우리의 기본적인 믿음에 영향을 미친다.

법에 작용하는 마음이론

1960년 3월 22일, 캔자스 가든 시의 피니 카운티 법원청사에서 살인 사건 재판이 시작되었다. 두 남자가 그 지역에 살고 있는 농부와 그의 아내, 두 자녀를 살해한 혐의로 기소되었다. 그들이 각각 빼앗은 돈은 겨우 25달러였다. 이 재판은 7일간 진행되었고 배심원단은 45분 동안 고심한 끝에 유죄 판결을 내렸다. 두 남자는 그 당시 캔자스에서 일급 살인범으로 분류되어 사형선고를 받았다.

살인범 리처드 히코크와 페리 스미스는 최근에 캔자스 주 교도소에서 가석방된 사람들이었다. 희생자들은 허브 클러터, 그의 아내

보니, 딸 낸시(15세), 아들 케넌(14세)이었다. 범인들은 1959년 11월 15일 일요일 새벽에 클러터의 농장에서 살인을 저질렀다.

히코크와 스미스는 살인을 저지른 후 얼마 지나지 않아서 체포되었다. 클러터의 농장에서 일손을 돕던 히코크의 이전 감방 동료 플로이드 에버가 교도소장에게 연락을 했다. 그는 히코크가 클러터를 강도질하고 "증거를 남기지 않을" 계획을 세웠다고 말했다. 그 정보 덕분에 히코크와 스미스는 6주 후 라스베이거스에서 체포되었다. 그들은 살인을 자백했고 재판을 받기 위해 캔자스로 보내졌다. 그들의 계획은 잘못된 믿음을 바탕으로 한 것이었다. 히코크는 클러터가 그의 집에 있는 금고에 10,000달러를 숨겨두었다고 생각했지만 그것은 사실이 아니었다.

히코크와 스미스 재판은 캔자스 외부에 살고 있는 대부분의 미국인들에게 알려지지 않은 채 진행되었고 두 남자는 사형선고를 받은 지 5년 후인 1965년 4월 14일에 처형되었다. 그들이 사형되고 나서 몇 달 후 히코크와 스미스는 20세기 미국에서 가장 유명한 살인범이 되었다. 1966년에 출간된 트루먼 카포티의 《냉혈한In Cold Blood》이라는 소설이 그들의 이야기를 담고 있었기 때문이었다. 《냉혈한》은 최초로 출간된 본격적인 범죄 소설이었다. 이 책은 출간되자마자 성공을 거두었고 오늘날 출판 역사에서 맨슨 살인사건을 다룬 빈센트 부글리오시의 《헬터 스켈터Helter Skelter》 다음으로 두 번째 베스트셀러 범죄 소설이 되었다. 이 책은 영화로 개작되었고 TV 미니시리즈의 소재가 되었다.

유대교와 기독교 전통에서 "살인하지 말라"는 하나님이 모세에게 전한 10계명 중 한 계명이다. 코란은 살인이 죄라고 선언한다. 살인을 금지하는 것이 모든 도덕과 법체계의 조항이다. 법학자들과 윤리학자들은 범죄자들은 그들의 저지른 범죄에 대해서는 마땅히 벌을 받아야하지만 그들의 죄과 이상의 벌을 받으면 안 된다고 주장한다. 살인도 등급이 나누어져 있다.

미국, 캐나다, 오스트레일리아, 뉴질랜드에서 살인에 대한 법은 영국의 관습법에 뿌리를 가지고 있다. 영국의 관습법은 actus reus non facit reum nisi mens sit rea라고 선언한다. 즉, "범인이 유죄가 되기 위해서는 그가 그 범죄를 인지해야 한다"는 것이다. 범죄에 대한 책임은 물리적인 행동(누군가가 다른 사람의 손에 죽는 것)뿐 아니라 결정적으로 행위자의 정신 상태(살인자가 알면서 고의적으로 행동했는가)에 의존한다. 위법성Actus reus을 인정하려면 범의mens rea가 입증되어야 한다.

히코크와 스미스는 일급 계획 살인으로 처형당했다. 히코크는 교도소에 있는 동안 강도 범행을 계획했고, 그 계획 중 하나가 증거를 남기지 않는 것이었다. 기본적인 생각—바람 마음이론 개념에서 히코크는 그가 원하는 것을 자신에게 가져다줄 거라고 생각했던 행동을 했다. 범의Mens rea는 생각—바람 심리학을 포함한다.

대부분의 국가는 살인homicide을 살인murder과 살해manslaughter의 여러 등급으로 나눈다. 주와 지방마다 다른 등급을 체계화하기 위해 미국법률협회the American Law Institute ALI는 1962년에 미국모범형법전the

Model Penal Code MPC을 만들었다.*

MPC는 살인을 다양한 등급의 유책성culpability에 의해 분류한다. 이 등급은 모두 범인의 마음 상태에 따라 결정된다. 가장 엄중한 등급은 "고의적으로" 행해진 살인을 포함한다. 이 경우 범죄자가 인지하고 있는 의도가 사망의 원인이다. 배심원들은 세 명의 의사의 증언을 토대로 스미스와 히코크가 정신적으로 미약한 상태가 아니었다고 판단했다. 그들은 자신이 무슨 일을 하고 있는지, 그리고 그 일이 위법이라는 것을 알았지만, 목격자를 남기지 않기 원했기 때문에 살인을 저질렀다. 이것은 생각—바람 심리학을 포함한다.

모범 형법전은 또한 "의식적인" 살인knowing homicide 같은 범죄를 경범죄로 정의한다. 범인이 구체적으로 죽이려는 의도는 없었지만 명백히 사망의 원인이 될 수 있는 피해를 의도했을 때가 해당된다. 예를 들면, 존 도는 의도적으로 제인을 때려서 의식불명 상태에 빠뜨리고 제인은 그로 인해 사망한다. 과실치사 살인Reckless homicide은 의식적인 살인보다 덜 의도적인 살인을 가리킨다. 범인은 사망의 원인이 될 수 있는 위험한 행동으로 "무모하게" 행동함으로써 법을 위반한다. 존은 누군가를 죽이려는 의도는 없었지만 많은 사람들 속에서 총을 발사하고 그 결과 사람을 죽인다. 과실치사Accidental homicide는 가장 덜 의도적인 행동이다. 의도하지 않은 죽음이 발생한다. 제인은

---

* 1981년에 갱신된 MPC는 권고사항이다. MPC는 미국 주의회에 형법전을 갱신할 것을 지시하지만 법적인 구속력은 없다. 대부분의 미국 주들은 관례와 정의의 일부분을 채택했지만 전부를 채택하지는 않았다.

속도 제한을 지키면서 운전을 하고 있었는데 누군가가 그녀의 자동차 앞으로 뛰어들어서 차에 치어 사망한다.

마음이론 사고를 통해 우리는 이러한 법적인 구별을 할 수 있다. 고의, 합리적 의심, 의식적인 의도, 정신적인 상태 같은 용어들은 특별한 법적인 의미를 가지고 있다. 우리가 이런 용어를 쉽게 이해할 수 있는 것은 그 용어가 상식적인 심리추론에서 나온 것이기 때문이다. 우리의 도덕적인 추론도 이와 동일한 범의에서 비롯된 것이다. 어떤 행동은 그 뒤에 숨어 있는 의도에 따라 좋은 것이 될 수도 있고 나쁜 것이 될 수도 있다. 이웃의 꽃밭을 망치는 것은 유감스러운 행동이지만 그 행동을 고의적으로 했을 때만 비난받을 만한 일이다.

생각은 풍선이다

만화책에 등장하는 슈퍼히어로들을 생각해 보자. 슈퍼맨, 아이언맨, 원더우먼, 울버린. 그들은 생각풍선을 이용해서 자신의 생각을 이야기한다. 표면적으로 볼 때 이것은 '회화화한 생각thought made pictorial'이라는 특이한 장치이다. 그러나 우리는 그들을 이해한다. 여기에는 매우 많은 마음이론이 작용한다. 이 경우 마음이론은 이상하게 보일 수도 있는 장치를 자연스럽게 만든다.

성숙한 독자들에게는 읽기가 자연스럽게 느껴지지만 본래 읽기는 부자연스러운 행동이다. 인간에게 말은 쉽게 다가오지만 읽기는 힘든 학습의 결과물이다. 순간적으로 지나가는 소리를 페이지 위에 영구적으로 남기는 인쇄술이 발명되는 데 수천 년의 시간과 많은 세대가 걸렸다. 그것도 처음에는 중동, 중국, 중앙아메리카 같은 몇몇 지역에서만 발달했다. 많은 아이들에게 읽기는 처음에는 혼란스러운 작업이고 숙달하는 데 몇 년이 걸릴 수도 있다.

읽기보다는 더 보편적인 그림 또한 노력과 훈련이 필요하다. 그림 그리는 기술 또한 여러 세대를 거쳐 연마되어 왔다. 한 문화가 정적인 표면 위에 역동적인 행동을 표현하는 방식은 그 문화의 특징을 효과적으로 보여 준다. 이 방식은 문화와 역사에 따라 매우 다르다. 고대 이집트인들은 상체는 관람자를 향하고 엉덩이와 다리는 가는 방향을 향하는, 90각도로 꺾인 기이한 모습으로 묘사되어 있다. 동굴 벽화는 동물이 달리는 모습을 표현하기 위해 특별한(때로는 이상한) 자세를 묘사했다. 고대 하와이인들이 서핑하는 모습을 그린 그림들은 고유한 특징을 가지고 있었다. 이러한 표현을 만들고, 읽고, 완성하기 위해서는 전통적인 방식이 필요했다.

만화 작가들은 또 다른 전통적인 방식을 개발하거나 차용했다. 달리는 모습을 나타내기 위해 움직이지 않은 채 앞으로 몸을 기울이고 있는 사람 뒤에 동작 선action line이 나오고, 소리를 표현하기 위해 등장인물의 입에서 기호가 나온다. 만화의 표현방식에 대한 아이들의 이해를 테스트한 연구는 아이들이 6세나 9세가 될 때까지 이러한 행동이나 소리를 이해하지 못한다는 것을 보여 준다.

슈퍼히어로들의 생각 풍선은 훈련을 받거나 문화에 적응해야만 이해할 수 있는 표현방식이다. 그 이유는 3세 아이들은 생각이 눈에 보이지 않고 형태가 없다고 생각하는데, 생각 풍선은 생각을 종이 위에 명확하게 보이고 형태가 있는 것으로 표현하기 때문이다.

생각 풍선은 미취학 아동들을 위한 그림책에서는 거의 쓰이지 않지만, 더 큰 아이들을 위한 책에서는 자주 등장한다. 내가 동료들과 함께 미국, 스페인, 영국, 일본의 200권 이상의 미취학 아동을 위한 그림책을 조사했을 때 그 중 3퍼센트 이하가 생각 풍선을 사용하고 있었다. 이것은 아동 작가들이 미취학 아동들이 생각 풍선을 이해하려면, 인쇄물을 이해하는 훈련이 필요하다고 생각하기 때문일 것이다.

그러나 아이들도 생각 풍선을 이해한다면 어떨까? 미취학 아동들이 생각과 아이디어를 가지고 있는 정신을 이해한다면 정신 작용이 표현될 수 있다는 것도 이해할 것이다. 이것은 우리에게 이전에 알려지지 않았던 마음이론이 우리의 세계에서 작용하는 방식을 보여 줄 것이다.

우리는 연구를 통해 3세 아동들이 생각 풍선을 즉각적으로 이해한다는 것을 관찰했다. 우리는 아이들에게 **그림 13.1** 같은 그림을 보여 주고 생각 풍선을 가리키며 "이것은 그 사람이 생각하고 있는 것을 나타내요"라고 말했다. 그러자 아이들은 "그 사람은 무슨 생각을 하고 있을까요?" 같은 질문에 단번에 정확한 답을 하였다(그 소년은 수레와 개에게 연결되어 있었지만 아이들은 "개"가 아니라 "수레"라고 대답했다). 생각 풍선에 대해서는 아무 말도 하지 않고 그림 속의 소년이 무슨 생각을 하는지 물었을 때 3세 아이들 중 85퍼센트 이상이 다음 그림뿐 아니라 처음 그림에서도 그 소년이 개가 아니라 수레를 생각 하고 있다고 대답했다.

그림 13.1 수레를 생각하고 있는 소년의 생각 풍선 그림.

아이들은 빨리 생각 풍선을 "읽을 수 있었다". 그렇다면 아이들 은 더 많은 것을 이해할 수 있을까? 생각 풍선이 다른 사람의 주관적 인 경험을 나타낸다는 것을 이해할 수 있을까? 대답은 "그렇다"이다.

우리는 미취학 아동들에게 어두운 상자 안을 들여다보는 한 소 년과 한 소녀가 그려진 두 개의 종이판지 인형을 보여 주었다. 소년이 그려진 그림을 뒤집자 그 소년은 인형이 그려진 생각 풍선을 갖고 있었다. 소녀가 그려진 그림을 뒤집자 그 소녀는 테디 베어가 그려진 생각 풍선을 가지고 있었다. 미취학 아동들은 "그 소년은 상자 안에 무엇이 들어 있다고 생각하나요?" (인형), 그리고 "그 소녀는 상자 안에 무엇이 들어 있다고 생각하나요?" (테디 베어)라고 쉽게 대답했다. 3세 아동들도 생각 풍선 테스트의 90퍼센트 정도를 정확하게 맞췄다.

3세와 4세 아동들은 다른 관련된 테스트도 통과할 수 있었다. 아이들은 종이 위에 그림과 생각 풍선이 모두 그려져 있지만, 그림은 어떤 사람이 보고 만질 수 있는 것을 나타내고, 생각 풍선은 어떤 사람이 보고 만질 수 없는 것을 나타낸다고 말했다. 아이들도 어른처럼 생각 풍선이 눈에 보이지 않는 주관적인 생각을 표현하는 쉽고 명확한 방법이라는 것을 이해한다. 이 능력은 선천적인 것이다.

생각과 학습의 어떤 방식은 자연스럽고, 직관적이고, 쉽지만, 어떤 방식은 부자연스럽고, 비직관적이고 어렵다. 여기에 마음이론이 작동한다. 마음이론은 최근에야 발명된 생각 풍선 같은 낯선 것들도 자연스럽게 만든다. 생각은 풍선이다.

생각의 미스터리

미스터리는 우리의 마음을 사로잡는다. 이것은 어린 시절에 시작되는 진리이다. 우리가 진행한 연구에서 한 어른이 미취학 아동들에게 두 가지 종류의 블록을 보여 주었다. 이 블록을 특별한 상자 위에 올려놓으면 그 상자에 불이 들어온다. 파란색 큐브를 라이트 상자 위에 올려놓으면 그 상자에 불이 들어오고("그것은 스타터였다"), 빨간 피라미드를 올려놓으면 상자에 불이 들어오지 않았다("그것은 아무 일도 하지 않았다").

두 개의 라이트 상자를 나란히 놓고, 한 상자 위에는 파란색 큐브를 놓고 다른 상자 위에는 빨간색 피라미드를 놓았다. 두 블록 모두 상자에 불이 들어왔다. 어른은 상자 쪽을 향해 가볍게 손을 흔들면서 "왜 이런 일이 일어났을까요?"라고 물었다.

아이들은 두 가지 대답 중 하나를 선택할 수 있었다. 아이들은 더 쉬운 현상, 즉 스타터가 상자에 불이 들어오게 한 이유를 설명하는 방법을 선택할 수 있었다.("그것은 스타터예요.", "스타터는 항상 불이 들어오게 해요"). 아니면 아이들은 더 어려운 설명, 즉 아무 일도 하지 않는 피라미드가 지금 작동하는 이유를 선택할 수도 있었다. 아이들은 대다수가 아무 일도 하지 않는 피라미드가 놀랍게도 지금 작동하는 이유를 설명하려고 했다. 그것은 미스터리였고 그들의 설명은 그 미스터리를 풀려는 시도였다. "그 피라미드는 아무 일도 하지 않는 것처럼 보이지만 사실은 스타터일 거예요.", "아까는 충분히 세게 올려놓지 않아서 불이 안 들어왔을 거예요. 세게 누르면 아무것도 하지 않는 피라미드도 분명히 불이 들어오게 할 거예요."

TV와 팟캐스트 프로듀서들은 미스터리의 힘을 알고 있다. 범죄와 탐정물은 스포츠 다음으로 성인들이 가장 많이 시청하는 장르다. '누가 무엇을 왜 했는가?'는 물론 마음이론 질문이다.

어린이 시청자들도 어른과 똑같이 추리물에 재미를 느낀다. '수수께끼 블루Blue's Clues'가 좋은 예다. '수수께끼 블루'에서 파란색 강아지(블루)는 인간 스티브(또는 도노반)와 어린이 시청자들이 따라올 수 있도록 일련의 힌트를 남긴다. 보통 각 쇼는 4개에서 8개의 수수께끼를 제시한다. 오늘은 블루의 생일이다. 스티브 블루에게 무엇을 선물로 줄까? 블루가 사라지고 발자국을 남긴다. 스티브는 포장된 상자 안에 블루의 선물을 넣지만 비슷한 많은 상자들 속에서 그 상자를 잃어버린다. 각 분기점마다 힌트가 늘어나고 스티브는 한 가지 이상의 중요한 질문을 한다("블루는 무엇을 정말 좋아할까?", "어떤 상자에 내 선물이 들어 있을까?"). 그런 다음 그는 기다린다. 그리고 한참 후 스티브는 한두 개의 힌트를 제공한다.

스티브가 기다리는 동안 어린이들은 답을 외친다. 아니면 적어도 그 주 안에 답변을 한다. '수수께끼 블루'는 일주일 동안 매일 똑같은 에피소드를 방송한다. 매주 초 어린이들은 모든 힌트를 보아야 하고 스티브가 힌트를 푸는 것을 시청해야 한다. 주 후반에는 아이들이 몇 번 시청했기 때문에 각 단계마다 의기양양하게 답을 외친다. '수수께끼 블루'는 매주 미스터리를 제시하고 힌트를 따라가면서 미스터리를 푼다.

미스터리는 모르는 것과 추측을 아는 것으로 바꾼다. 이것이 마음이론 사고이다. '수수께끼 블루'는 아이들이 어떤 사람의 의도, 생각, 감정, 실수, 잘못, 모르는 것을 읽는 방법을 포함한 어린이에 관한 마음이론 연구를 바탕으로 한 프로그램으로, 마음이론이 학습

도구로서 얼마나 효과적인가(매우 효과적이다)를 연구하는 데 많은 영감을 주었다.

어린아이 같은 어른을 위한 마음이론

전 세계의 명상 훈련은 우리에게 지금 이 순간을 살아야 하고, 어린아이의 경외심과 공감능력을 개발할 것을 권고한다. 그러나 이것은 쉬운 일이 아니다. 우리는 염려와 계획, 스케줄로 인해 정신이 분산된다. 명상 훈련은 노력이 필요하다. 그러나 어린아이의 사고방식과 마음이론은 우리에게 보다 간결한 방법을 제시해 준다. 마음이론은 우리에게 기쁨과 경외감의 근원에 다가갈 수 있는 준비된 통로를 제공한다.

마음이론은 현재의 우리를 어린아이였던 예전의 우리 자신과 연결해 주는 방법 가운데 하나이다.

마음이론은 우리에게 불리하게 작용하기도 한다

마음이론은 어른들이 법칙을 이해하고, 어린이들이 생각 풍선을 이해하고, 우리 모두가 미스터리를 해결할 때 도움을 준다. 마음이론은 분명히 우리의 삶에서 작용하는 이해력의 가장 강력한 도구 중 하나이다. 그러나 마음이론은 또한 우리가 실수를 하도록 유도한다. 마음이론은 우리가 숙달했다고 확신했던 영역에서조차 실수와 잘못을 저지르게 한다.

감정에 대한 예측

당신이 복권에 당첨되었다고 상상해 보자. 당신은 기쁠까 슬플까? 1이 '불행하다'이고 7이 '엄청나게 행복하다'라면 당신이 느끼는 행복감은 몇일까? 잭팟이 터진 날 당신은 얼마나 행복하게 느낄까? 6개월 후에는 얼마나 행복하게 느낄까?

어른들은 그들이 행복하다고 느낄 것은 정확하게 예측하지만 얼마나 행복하게 느낄 것인가에 대해서는 항상 과대평가한다. 복권에 당첨되었다는 소식을 들은 날 매우 행복할 거라는 사실은 정확하게 예측한다. 그러나 그 이후에 대한 예측의 정확성은 감소된다. 실제로 복권 당첨자들의 행복감은 빠른 속도로 식는다. 당첨된 지 한 달 후 그들은 대체로 당첨되기 전보다 더 행복하지 않고 때로는 훨씬 덜 행복하다. 그것을 예측하는 사람은 거의 없다.

감정에 대한 부정확한 예측은 항상 발생한다. 모든 연령대의 성인들은 연애 관계가 깨어진 지 3개월 후에 그들이 얼마나 불행할 것인가에 대해 과대평가한다. 대학 교수들은 몇 년 후 종신 재직권을 거부당하면 그들이 어떻게 느낄 것인가에 대해 과소평가한다. 희망에 가득 찬 예비 엄마들은 부정적인 임신 테스트 결과를 받은 지 일주일 후 그들이 얼마나 불행하게 느낄 것인가에 대해 과대평가한다.

우리는 모두 우리가 느낄 미래의 감정을 과대평가하거나 과소평가한다.

그 이유는 인간에게 일어나는 사건들을 설명하려는 마음이론이 항상 작동하기 때문이다. 이례적인 사건이 일어날 때 우리는 그 사건을 이해하는 데 많은 시간을 소비한다. "나는 그 사람을 많이 사랑한다고 생각했어. 그런데 헤어진 지금 왜 별로 슬프지 않은 걸까?", "나는 복권에 당첨되면 세상을 다 얻은 기분일 거라고 확신했는데 왜 그렇지 않은 걸까?"

마음이론 추론은 우리가 합리적인 설명을 생각해 내도록 돕는다. "그것은 열병 같은 거였어.""복권 당첨금은 사람들이 생각하는 것처럼 많지 않아. 국세청이 엄청나게 많은 세금을 가져가고 당첨금은 몇 년 동안 조금씩만 지급돼." 사람들은 사건을 해석함으로써 그 사건을 정상적인 것으로 만든다. 그 사건의 수수께끼를 풀고 나면 당신의 반응이 더 필연적이고 정상적인 것처럼 생각되고 따라서 당신의 염려는 줄어들게 된다. 그러나 앞날을 예측할 수 있는 사람은 아무도 없다.

우리가 감정적인 예측에서 오류를 범한다는 사실은 감정과 감정의 타이밍에 대한 우리의 일상적인 이론에 오류가 있다는 것을 반영한다. 우리는 계속 감정을 경험하지만 감정에 대해서는 결코 전문가가 될 수 없다.*

---

* 마음이론 사고는 우리가 해야 할 몇 가지를 보여 준다. 첫째, 좋은 감정이 일

깜짝 선물: 중요한 것은 생각이 아니다

완벽한 깜짝 선물을 생각해 내려는 욕망은 엄청난 스트레스를 준다. 크리스마스, 발렌타인 데이, 어버이날 광고들은 그 스트레스의 보상을 광고한다. 그러나 우리는 다른 사람이 원하는 것을 예측하는 일에 그다지 탁월하지 않다. 깜짝 선물을 하려는 노력은 종종 실패로 끝난다. 당신은 가끔 선물을 받는 사람이 원하지 않는 선물을 살 것이다. 당신의 선물이 처음에는 큰 반응을 얻는다고 해도 그 선물이 장기적인 만족감을 주지 못하는 경우가 많다. 그 선물은 사용되지 않은 채 먼지 덮인 옷장, 지하실, 서랍에 처박혀 있을지도 모른다. 카네기 멜론대학의 제프 갈락의 연구는 이것을 명백하게 보여 주었다.

다행히도 쉬운 처방이 있다. 갈락은 "선물을 주는 사람이 할 수 있는, 가장 좋은 한 가지 방법은 선물을 받을 사람에게 원하는 것을 물어보는 것이다"라고 말했다. "문제는 우리 문화에서는 그런 행동이 금기시 되어 있다는 것이다. 어떤 사람에게 그가 원하는 것을 물어보면 선물을 주려는 당신이 배려심이 적은 사람처럼 보일 것이다. 그러나 사실은 그렇지 않다. 선물을 받는 사람은 자신이 실제로 원하는

어날 때 당신의 좋은 감정을 약화시키지 말라. 그 감정이 그렇게 오래 지속되지 않는다는 것을 인식하고 그 감정을 음미하라. 동시에 최초의 나쁜 감정에 대해 과잉 반응하지 말라. 시간이 지나면 기분이 나아질 것이고 종종 당신이 걱정했던 것보다 시간이 덜 걸릴 것이다. 그리고 더 크고 더 강력한 활기를 찾기 위해 평범한 것을 과소평가하지 말라. 가끔씩 매우 행복한 것보다 자주 약간씩 행복한 것을 추천한다. 다행히도 대부분의 성인들은 자주 약간씩 행복하다고 말한다. 그 행복을 즐겨라.

것을 받을 수 있기 때문에 부탁한 선물을 받을 때 더 기뻐한다."

여기서 우리는 어려운 문제에 직면한다. 우리는 항상 다른 사람의 마음을 읽지만 구체적인 것을 정확하게 파악하는 것은 어려운 일이다. 특히 사람들이 무엇을 바라는지 정확하게 마음을 읽는 것은 어렵다. 당신은 다른 누구보다 당신이 원하는 것과 사용할 것을 더 잘 알고 있다. 그것은 다른 사람들도 마찬가지다. 갈락과 다른 사람들의 거듭된 연구는 물어보는 것이 더 좋은 방법이라는 것을 알려준다. 선물을 받을 사람에게 물어보고 준 선물은 그 사람에게 더 깊고 지속적인 기쁨을 준다. 선물은 받을 사람에게 물어보고 주는 게 가장 좋다.

쉬운 지식은 해롭다

학습과 기억에 대한 우리의 일상적인 믿음 또한 우리를 잘못된 방향으로 이끌 수 있다. 이것은 대학에서 충분한 학습 능력을 습득한 대학생들에게도 적용된다.

근본적인 문제는 우리가 학습이 쉬울수록 더 좋다고 믿는 데 있다. 그러나 사실은 어려울수록 더 좋다. 저명한 성인 학습 연구자인 로버트 비요르크는 25년 전에 "바람직한 어려움desirable difficulties"이라는 개념을 통해 학습은 어려울수록 좋다는 사실을 강조했다. 학습 과정에 어려운 부분이 포함되어 있으면 그 내용을 더 오래 기억할 수 있다는 것이다.

이것은 우리의 직관에 어긋나는 이야기로 들릴지도 모른다. 일반적으로 우리의 마음이론은 어떤 것이 쉬워질 때까지 연습하면 그것을 더 잘 알게 된다고 말한다. 당신도 그렇게 배웠을 것이다. 그러나 이것은 쉬울 때 학습 과정이 가장 효과적이라는 의미는 아니다. 실제로 어떤 자료를 더 깊이 학습하면 그 내용을 더 잘 알게 되고 더 많이 알게 된다. 그리고 그 자료를 더 깊이 처리하면 더 잘 이해하고 더 많이 배울 수 있다. 그러나 이것은 더 많은 노력을 필요로 한다.

학생들은 물론 이것을 잘 알고 있다. 자료를 한 번만 읽는 것보다 두 번 읽는 것이 더 좋고, 그냥 읽기만 하지 않고 읽고 밑줄을 치는 것이 더 좋고, 시험 전에 공부하고 수업시간에 듣는 것에만 의존하지 않는 것이 더 좋다는 것을 알고 있다. 그러나 학생들이 학습에 대해 잘못된 믿음을 가지고 있는 것도 있다. 그 중에는 다음과 같은 것들이 있다.

① **필기하기**: 학생들에게 노트북을 사용하지 않고 손으로 필기하게 하면 학습 효과가 향상된다. 이 방법을 사용하면 시험 성적이 높아지고, 몇 달 후에도 내용을 잘 기억할 수 있다. 그 이유는 무엇일까? 오늘날 학생들은 텍스트를 타이핑할 때(또는 친구들에게 문자를 보낼 때) 키보드를 사용하는 데 매우 능숙하기 때문에 별로 생각을 하지 않고 타이핑한다. 이것은 자동적인 행동이다.

그러나 학습은 의식적인 집중을 필요로 한다. 학생들이 옛날 방식대로 펜과 종이를 가지고 필기를 하면 실제로 학습 효과가 향상된다. 손으로 필기를 하려면 더 많은 처리 과정과 집중이 필요하기 때문이다. 또한 손으로 필기를 하면 노트북을 사용하지 않게 된다. 노트북을 사용하면 수업 시간에 이메일을 확인하거나 무슨 영화를 상영하는지 찾아보거나 게임 점수를 확인하느라 산만해지기 쉽다.

② 밑줄 긋기: 읽으면서 밑줄을 긋는 것은 그냥 읽는 것보다 더 많은 노력이 들지만 그렇게 힘든 일은 아니다. 머리를 쓰지 않아도 된다. 더욱이 밑줄을 치면 나중에 시험공부를 할 때 훑어보기 편하다. 그러나 다른 사람의 말을 다시 읽는 것은 좋지 않은 학습 전략이다.

더 힘들지만 좋은 방법은 당신이 읽은 내용을 자신의 말로 바꾸는 것이다. 당신의 생각과 질문 내용을 여백에 써넣거나 포스트잇에 써서 붙여 놓는 방법이다. 설명하는 것은 더 깊은 처리 과정이 필요하기 때문에 학습 효과가 높다.

③ 교사의 교재: 교사가 칠판에 작은 글씨나 읽기 힘든 글씨로 판서를 할 때 불평했던 기억이 있을 것이다. 읽기 쉬운 교재가 학습하기에 편할 거라고 생각되지만, 연구 결과를 보면 읽기 힘든 교재가 학습 효과를 높인다는 것을 알 수 있다. 물론 한계가 있다. 읽을 수 없는 교재는 아무것도 전달할 수 없다. 그러나 읽을 수 있지만 어려운 교재를 학습할 때 그 효과는 크게 향상된다.

여기서 비밀은 이런 방법이 더 많은 집중과 심지어 약간의 적절한 틈 메우기를 필요로 한다는 것과 그것이 더 깊은 처리 과정을 촉진시킨다는 것이다. 사소하게 보이는 어려움도 도움이 될 수 있다. 폰트가 약간 흐릿할 때(읽을 수는 있지만)나 자료가 손으로 쓴 것일 때(알아볼 수 있는 불규칙적인 글씨로), 정확하고 획일적인 기계로 쓴 것보다 학습 효과가 높아진다.

교사들을 위한 결론으로, 완벽한 파워포인트 슬라이드를 만드는 데 쏟는 노력은 오히려 학생들의 학습 효과를 감소시킬 수 있다. 학생들은 이런 자료를 호의적으로 평가하지만 이 방법은 절제해서 사용해야 한다. 학습 자료가 덜 명확하고 덜 체계적일 때 그것은 우리의 직관에 반대되는 것이기 때문에 학습을 방해하는 것이 아니라 오히려 학습 효과를 높일 수 있다.

④ 테스트: 학생들은 쪽지 시험을 싫어하지만 연구는 이런 시험이 효과가 있다는 것을 보여 준다. 자주 보는 시험은 학습을 도와준다. 자가 테스트—학생들이 만들어서 스스로 보는 시험—도 효과가 있다. 여기서(또다시) 중요한 사실은 시험을 보는 것은 정보를 읽거나 듣는 것보다 더 많은 생각과 더 깊은 처리과정을 필요로 한다는 것이다. 시험을 치르는 일은 노력이 필요하다. 학기 내내 퀴즈를 푸는 것 또한 학생들이 한꺼번에 공부하지 않고 단계적으로 공부하고 준비하도록 유도한다. 이 방법 또한 학습에 도움을 준다.

'어려움'은 가장 바람직한 학습법이지만 학생들은 이 방법의 사용을 망설인다. 왜냐하면 그 방법은 더 많은 노력을 필요로 한다는 것을 알고 있기 때문이다. 그러나 이것이 핵심이고 이 방법이 효과적인 이유이기도 하다. 더 많은 노력은 더 유익한 학습 과정과 더 향상된 기억과 학습 결과를 가져온다. 물론 이것은 어렵다. 배우는 방법을 배우는 것은 그 자체가 바람직한 어려움이다.

더 똑똑해지는 방법

우리는 학습을 하려면 지능 즉, 똑똑함이 필요하다고 확신한다. 그러나 성인들과 아동들은 종종 그것이 의미하는 것을 잘못 이해한다. 그 이유는 우리에게 도움이 되지 않는 일상적인 지능 이론 때문이다. 스탠포드 대학의 심리학자 캐롤 드웩은 우리의 오류와 그 오류의 영향력을 밝히는 데 30년이 넘는 시간을 보냈다.

드웩은 그녀가 마인드셋mindset이라고 부르는 두 가지 일상적인 지능 이론을 요약했다. 많은 어린이들과 성인들은 고정된 마인드셋[fixed mindset, 정체성 이론entity theory으로 불리기도 한다]을 가지고 있다. 그들에게 있어서 지능은 정체성이고 사람들은 각자 다른 수준의 지능을 가지고 있다. 당신이 똑똑하다면 당신은 높은 지능을 가지고 있고, 당신이 똑똑하지 않다면 당신은 낮은 지능을 가지고 있다. 당신의 지능 수준은 변하지 않지만, 문제를 풀거나 시험을 보거나 프로젝트를 수행하는 것 같은 다양한 과제에서 당신의 지능이 드러날 수도 있고 감춰져 있을 수도 있다. 당신의 (고정된) 지능은 당신이 시험 문제를 풀거나 수업이나 워크숍, 평가 같은 교육적인 상황에서 학습할 때 드러난다.

사이드바 13.1 성장 지향적 마인드셋의 고취

당신의 현재의 생각은 견고하게 확립되어 있어서 조정하고 재구성하기 어려울 것이다. 드웩은 그녀의 책 《마인드셋Mindsets》에서, 이 문제를 다루는 방법에 대해 몇 가지 제안을 하고 있다.

부모와 교사들은 아이들의 자존감의 중요성에 대해 많은 이야기를 듣고 아이들의 지능과 능력을 칭찬하라는 조언을 듣는다. 이러한 조언은 칭찬이 아이들의 자신감, 자존감, 노력을 북돋워 주고 강화시키므로 자주 지속적으로 해 주는 것이 좋은 교육방법이라고 말한다.

그러나 드웩의 연구는 이런 종류의 칭찬이 종종 역효과를 낳는다는 것을 보여 준다. 지능을 칭찬하는 것은 고정된 마인드셋과 도전을 싫어하는 감정을 일으킨다. 그녀는 연구를 통해 아이들이 이런 칭찬을 들을 때 기뻐하지만, 어려움에 부딪혔을 때 자신의 능력에 대한 믿음을 갖고 있던 아이들은 스스로 그 문제를 해결할 만큼 똑똑하지 않다는 것을 깨닫고 그 결과 수행 능력이 급격히 떨어진다는 것을 발견했다. 이와 대조되는 경우는 열심히 노력했다거나 좋은 전략을 사용했다는 등의 수행 과정을 칭찬받은 아이들이었다. 이러한 요소가 그들이 우수한 성과를 낸 원인이라는 것을 인식한 아이들은 성장 지향적인 마인드셋과 어려움을 이겨내는 지구력을 가지고 있었다.

연구 결과를 보면 자신이 성장 지향적인 마인드셋을 가지고 있는 부모와 교사일지라도 그런 마인드셋을 아이들에게 전달하는 데 실패할 수 있다는 것을 알 수 있다. 그것은 어른들의 말과 행동이 그들의 마인드셋과 일치하지 않기 때문이다. 이런 어른들은 아이들이 실패할 때 아이들의 능력에 대해 걱정하고 불안해하는 반응을 보인다. 성장 지향적인 반응은 아이들에게 어려움, 실패, 혼란은 좋은 것이라는 메시지를 전달하는 것이다. 그러한 반응은 아이들의 미래의 발전을 위한 길을 닦아 준다.

그에 반해서 어떤 어린이들과 어른들은 가변적 성장 지향적 마인드셋malleable growth mindset 또는 지능의 가변 이론incremental theory of intel-ligence을 가지고 있다. 그들은 당신이 처음에 어떤 지능을 가지고 있든지 지능이 항상 변할 수 있다는 것을 이해한다. 지능은 높아질 수 있다. 즉 당신은 더 똑똑해질 수 있다. 성장 지향적인 마인드셋을 가진 사람에게 더 똑똑해지는 것은 문제 해결의 목표가 된다. 도전, 좌절, 많은 노력은 학습의 중요한 요소이다. 이런 요소들은 당신이 더 똑똑해지도록 돕는다. 드웩은 아이들의 문제 해결 능력을 연구하면서 초등학교 아이들이 "나는 도전을 좋아해요", "나는 이 일이 어려웠으면 좋겠어요", "실수는 우리의 친구예요" 같은 태도로 도전하는 것에 놀랐다고 말한다.

그러나 고정된 마인드셋을 가지고 있는 사람들에게는 도전, 좌절,

심지어 많은 노력이 위험요소가 될 수 있다. 다른 사람들이나 자기 자신이 스스로 고정된 지능이 부족하다고 판단할 수 있기 때문이다.

많은 어린이들과 어른들이 고정된 마인드셋을 가지고 있다. 그러나 연구를 보면 성장 지향적인 마인드셋이 더 정확하다는 것을 보여준다. 당신은 더 많은 것을 배울 수 있다(**사이드바 13.1**).

항상 작동하는 마음이론

마음 이론은 크고 작은 방식으로, 때로는 숨겨진 방식으로 때로는 명확하게 드러나는 방식으로 작용한다. 사회적인 관점에서 마음이론은 우리의 법률과 도덕률, 문자와 그림, 스크린 매체에 중요한 영향을 미친다. 개인적인 관점에서 마음이론은 우리의 감정, 선물 주기, 가르치기와 배우기, 또는 학습의 성공과 실패에 큰 영향을 미친다. 마음이론은 어른들과 아이들이 자기 자신의 조각들을 하나로 모을 수 있게 한다. 마음이론은 우리의 과거의 존재와 현재의 존재, 미래의 존재의 근원이 되는 조각이고, 이 모든 것을 하나로 엮어 내는 방법이다.

14장

이야기, 이론, 생각

《신데렐라^{Cinderella}》는 모든 억압에 굴복하지 않고 끝까지 자존감을 지켜 낸 주인공이 미덕(그리고 아름다움)으로 보상받는다는 이야기이다. 이것은 많은 미국인들이 알고 있는 것보다 더 고전적인 이야기이다. 우리는 그림 형제 동화나 1950년대의 디즈니 애니메이션 영화와 그 아류들을 기억한다. 그리스인들도 신데렐라와 비슷한 고전적인 이야기를 가지고 있다. 그리스 노예 소녀 로도피스의 샌들이 이집트 파라오의 무릎에 떨어진다. 이집트 파라오는 샌들의 주인을 찾기 위해 부하들을 전국에 보낸다. 로도피스는 파라오 앞에 불려온다. 파라오는 로도피스에게 반해서 그녀와 결혼한다.

민속학자들은 이 이야기가 전 세계의 보편적인 이야기라고 주장한다. 800년대로 거슬러 올라가는 중국 버전, 아라비아 버전, 역사적으로 알려진 수백 가지의 다른 버전이 있다. 여기에는 영화('엘레: 현대의 신데렐라 이야기 Lying to be Perfect, Elle: A Modern Cinderella Tale')와 뮤지컬, 오페라('샹드리용, 세니시엔타 Cendrillon, La Cenicienta'), 어른을 위한 소설《신데렐라 언니의 고백, Confessions of an Ugly Stepsister》, 아동을 위한 소설《12시의 미녀, Bella at Midnight》이 포함된다.

《마음의 심리학》을 쓰는 동안 나는 일상적인 마음이론 사용을 예시로 들기 위해 여러 가지 이야기—셰익스피어 이야기, 〈피플〉 잡지 이야기, 만화 이야기, 어린이들의 이야기를 이용했다. 이야기는 우리의 삶을 재연하고 사람들을 묘사한다. 인간의 삶과 행동을 그려 내는 이야기, 가십, 드라마의 힘과 매력은 보편적이지만 그 보편성은 복잡하다.

《신데렐라》 이야기는 신데렐라의 역할(의붓딸, 하녀)과 다른 등장 인물들의 역할(계모, 요정 대모)과 신데렐라의 행동(청소, 바닥 닦기, 무도회 가기)에 의존한다. 그 바탕에는 신데렐라의 행동과 감정을 형성하는 역경(산더미 같은 집안일을 끝내야 하는 것)뿐 아니라 신데렐라의 소망(무도회에 가는 것)과 생각(무도회에 간다는 생각이 희망이 없다는 것)이 깔려있다. 《신데렐라》는 《마음의 심리학》을 가득 채우고 있는 비밀, 거짓말, 수수께끼, 단서, 잘못된 믿음, 특별한 생각 같은 개념을 이용한다. 신데렐라는 무도회에서 자신의 정체를 숨긴다. 단서는 신데렐라가 떨어뜨리고 간 슬리퍼뿐이다. 신데렐라의 언니들은 왕자의 부하들이 가져온 슬리퍼를 신고 그 슬리퍼가 자기 것이라고 거짓 주장을 한다. 요정 대모의 아이디어, 계획, 속임수는 이 이야기를 이어주는 끈과 같은 역할을 한다.

이 서술—모든 서술—은 생각에 의해 연결되는 상황과 행동을 포함한다. 신데렐라처럼 단순화된 전형적인 인물이든지 엘리자베스 베넷처럼 복잡한 인간형이든지, 소설에 등장하는 주인공들은 복잡한 여정을 걷고 많은 생각들을 드러낸다. 그럼에도 불구하고 우리는 그들을 쉽게 이해하고 동일시한다. 마음이론이 그것을 가능하게 한다.

마음이론이 없다면 작가들은 소설을 쓸 수 없을 것이고 독자들은 그 소설을 이해할 수 없을 것이다. 작가들은 그들의 의도를 만족시키거나 좌절시키는 바람, 생각, 감정, 계획, 희망, 취향, 행동—평범한 마음이론 틀 안에 있는 모든 특질—을 조립해서 실제 인물 같은 허구의 인물들을 창조해 낸다. 주인공들의 세밀한 특징이 우리가 공통적으로 수용하는 일상의 심리학적인 설명과 일치할 때 그 주인공들은 우리가 신뢰할 수 있는 존재가 된다. 이것이 이야기가 완전히 허구일 수 없는 이유다. 이야기는 독자가 이해할 수 있는 일상적인 심리학을 기반으로 해야 한다. 그렇지 않으면 우리를 그 이야기와 연결해 줄 아무것도 없다.

외계지적생명체탐사계획 연구소SETI Search for Extra—Terrestrial Life Institute 같은 기관의 천문학자들은 우주의 다른 곳에 있는 생명체의 흔적을 찾을 때 이러한 문제에 부딪힌다. 우리의 생각을 실험해 보자. 인간 생명체와 전혀 닮지 않은 외계인의 특징을 가진 지적 생명체가 있다고 가정하자. 진짜 외계인은 실제로는 너무 이질적이기 때문에 우리는 외계인과 그들의 신호, 그들의 화학적 성질, 그들의 흔적을 인지할 수 없을 것이다. 외계인은 인간의 평범한 이론에 고정되지 않는 불가해한 존재이므로 그들은 우리의 주의를 완전히 벗어날 수도 있다. 그러므로 외계의 생명체와 접촉하고 커뮤니케이션하는 것은 불가능한 일일지도 모른다. 외계의 생명체와 마주쳤을 때 알아볼 수 있는 사람이 있을까? 우리의 탄력성 있는 고무줄 같은 마음이론은 끊어지지 않을 정도까지만 늘어날 수 있다.

과학 공상 소설 작가들은 이 문제를 다루어야 한다. 그들의 특별한 외계인들은 우리의 평범한 마음이론의 테두리 안에서 창조되고 또한 창조해야 한다. 그렇지 않으면 그 외계인들은 작가나 독자가 이해할 수 없는 존재가 될 것이고 스토리가 형성될 수 없을 것이다. 같은 이유로 외계인들이 UFO로 인간을 납치하는 것을 목격했다는 사람들이 항상 그 외계인들이 무언가(섹스, 정보, 자원)을 원하고, 생각을 가지고 있고(심지어 정신적인 텔레파시도), 속임수를 쓴다고 증언하는 것은 우연의 일치가 아니다.

우리가 신조로 삼는 이야기들

《신데렐라》는 사람들이 자신의 삶의 이야기와 동일시하는 전형적인 이야기이다. 사람들은 신데렐라의 대중적인 이야기와 자신의 개인적인 삶의 이야기의 유사점을 끌어낸다. 삶의 이야기는 그 사람의 자서전이다. 그것은 분명히 우리의 정체성과 연결되어 있다. 그 이야기는 우리가 개인의 일관성과 변화를 이해하는 데 도움을 준다. 댄 맥아담스의 《우리가 신조로 삼는 이야기들The Stories We Live By》의 제목은 우리가 자신의 삶을 서술하는 방식을 정확하게 담아 내고 있다.

찰스 디킨스의 소설 중 가장 자전적인 작품으로 인정받는 《데이비드 코퍼필드David Copperfield》는 그에 대한 예시를 제공한다. 이 책의 서문에서 디킨스는 "내가 내 삶의 주인공으로 밝혀질지 아니면 그 자리를 다른 사람이 차지할지는 이 책이 보여 줄 것이다"라고 말했다. 그는 소설을 창조하기 위해 자신의 삶의 이야기를 이용했다. 소포클레스가 오이디푸스의 비극적인 이야기를 들려주듯이 위대한 작가들은 다른 사람들의 삶의 이야기를 이용한다. 심리학자들은 이러한 "허구의" 삶들을 이용한다. 프로이드는 우리 모두가 어린 시절에 오이디푸스의 이야기를 경험한다고 주장했다. 어떤 이야기들은 우리의 일상적인 이해를 매우 정확하게 그려 냄으로서 더 깊은 이해의 견본이 된다.

디킨스나 인지 과학자들은 우리의 자신에 대한 기억을 "자전적 기억"이라고 부른다. 미취학 시기의 서술, 이야기, 자아를 연결해 주는 이러한 기억들은 부분적으로 부모님과 친척들이 들려주는 자신의 행동과 경험에 대한 이야기를 기반으로 한다. 사춘기에는 삶의 이야기가 더 확장되고 더 일관성을 갖게 되고 점점 더 자기 자신의 많은 부분을 정의한다. 청년들은 흔히 사춘기 때 자신의 서술적인 맥락을 발견하려고 노력한다. 그들의 이야기는 이전에 배운 교훈이나 일탈적인 행동을 포함할 수도 있다. 그들의 이야기는 잠재력이나 우연의 이야기일 수도 있고, 개인의 일관성이나 변화의 이야기일 수도 있고, 자기 자신을 주인공이나 희생자로 설정할 수도 있다. 사춘기 청년들과 젊은 성인들은 자신의 삶에 대한 폭넓은 이야기, 현재의 자신이 되기까지의 과정을 설명하는 이야기를 만들어 낸다.

특별한 미국인들의 정체성에 대한 서술을 맥아담스는 구속적 자아redemptive self의 이야기라고 부른다. 구속적 자아의 이야기는 변함없는 성실성과 용기를 가지고 위험한 세상을 헤쳐 나가는 주인공의 이야기이다. 그는 고통과 좌절을 극복해 내고 결국 성공이나 행복을 성취한다. 주인공은 삶에 대한 긍정적인 영향력을 만들어 낸다. 맥아담스는 "미국인들은 종교적인 속죄, 신분 상승, 개인적인 해방과 회복의 서술을 포함하는 구속적인 삶의 이야기를 좋아하는 것 같다"고 말했다. 우리는 에이브러햄 링컨, 로자 파크스, 버락 오바마, 엘리너 루스벨트, 신데렐라 같은 오랫동안 사랑받아 온 사람들의 이야기에서 구속적인 삶의 이야기를 발견한다(그리고 그것으로부터 배운다).

자서전, 우리의 이야기들은 무작위로 연결된 사건이 아니다. 그것은 삶의 과정에서 우리의 마음이 만들어 낸 생각과 행동을 그려낸다. 자서전은 모든 이야기가 그렇듯이 한 개인의 특징을 설명하기 위해 마음이론의 힘과 자원을 동원한다. 우리는 일상적인 마음이론을 이용해서 이 모든 요소를 통합한다. 그리고 그것은 우리가 우리 자신을 이해하고 신조로 삼고 살아가는 이야기를 만들어 낸다.

이야기는 어느 곳에나 있다. 그 이야기를 뒷받침하는 것은 사실과 허구, 옳음과 그릇됨, 감정과 생각, 친구와 적, 배움과 실패에 대한 우리의 생각에 영향을 주는 마음이론이다.

자기기만과 오류

인간의 오류는 이야기처럼 어느 곳에나 존재하고 또한 이야기처럼 마음이론에 의존한다. 지금까지 이 책을 읽었다면 당신은 우리의 마음이론이 과도하게 적용될 수도 있고 또한 마음이론의 해석을 항상 신뢰할 수 없다는 것을 알고 있을 것이다. 우리의 삶의 이야기는 과장될 수도 있다. 시련과 고난이 미화되고, 악행이 간과되거나(구속적인 삶의 이야기에서) 과도하게 비난당할 수도 있다(속죄의 삶의 이야기에서), 자기 서술은 우리 자신조차 속이는 오류를 내포할 수 있다. 우리의 일상적인 마음읽기는 오류를 일으키기 쉽다. 마음이론은 사실이 아니라 해석construals이기 때문이다. 감정을 읽으려고 노력할 때 우리는 자신의 해석을 적용하고 따라서 오류를 일으킬 수 있다.

감정의 이해와 오해

어떤 의미에서 우리는 모두 감정의 전문가들이다. 우리는 다른 사람들의 감정을 관찰하고 우리가 불러일으키기 원하는 감정을 기반으로 사물을 판단하고 결정한다. 우리는 어떤 일이 우리를 행복하게 한다고 생각해서 그 일을 추구하거나, 아니면 어떤 일이 다른 사람을 화나게 할 거라고 생각해서 그 일을 피한다.

그러나 감정과 밀접한 관계를 맺고 살아감에도 불구하고 우리는 감정에 대해 모르는 것이 많다. 때때로 우리는 우리 자신이나 다른 사람들의 감정적인 반응에 당혹해한다. 우리의 감정을 바꿀 수 있기를 바라지만 그 방법을 모를 때도 많다. 이런 문제를 포함해서 다른 연관된 문제들은 감정에 대한 우리의 일상적인 이론의 한계에서 비롯된다.

윌리엄 제임스는 미국 심리학의 아버지로 불린다. 그는 교육수준이 높은 집안에서 태어났고, 유명한 소설가인 헨리 제임스의 형이고, 랄프 왈도(Ralph Waldo 그의 대부), 마크 트웨인, 버트런드 러셀, 월터 리프먼 같은 사람들과 정기적으로 교제했다. 그는 종교, 교육, 실용주의 그리고 심리학에 관해 폭넓고 통찰력 있는 글을 썼다. 그는 하버드대학에서 심리학의 첫 번째 과정을 가르쳤고, 심리학 분야의 획기적인 텍스트인 《심리학의 이론The Principles of Psychology》을 써서 큰 영향을 미쳤다. 그의 이론은 오늘날에도 자주 인용되고 있다. 그는 19세기 후반의 가장 영향력 있는 사상가 중 한 사람이었다.

《심리학의 이론》은 현재 심리학의 기본적인 주제인 생각, 학습, 의식, 본능, 자유의지, 감정의 많은 부분을 다루었다. 제임스는 어떤 현상의 보편적인 이해를 설명하는 것으로 시작해서 더 깊은 해석으로 나아가는 방법을 자주 사용했다. 제임스는 감정에 대해 이렇게 말했다. "상식은 우리가 재산을 잃어버리면 슬퍼하며 울고, 곰을 만나면 두려워서 도망가고, 경쟁자에게 모욕을 당하면 화를 내고 공격한다고 말한다."

제임스가 "세상의 가구the world's furniture"라고 부르는 세상의 상황과 사물들은 두려움, 분노, 혐오, 기쁨 같은 기본적인 감정을 직접적으로 불러일으킨다. 뱀을 맞닥뜨리면 두려움을 느끼고, 꿀을 발견하면 행복하고, 누군가가 나를 억압하면 화가 나고, 냄새나고 곰팡이가 핀 음식을 먹으면 구토가 나고 속이 뒤집어진다. 우리의 상식적인 마음이론 안에 내장된 상식적인 감정이론은 "상황주의자situationist" 이론, 즉 상황─세상의 가구─이 예측 가능한 감정적인 반응을 일으킨다는 이론이다.

때때로 우리는 이러한 일반적인 감정적 반응을 극복하도록 우리 자신을 훈련할 수 있다. 예를 들면 강아지를 두려워하거나 림버거 치즈를 즐겁게 먹는 방법을 배울 수 있다. 그러나 우리는 그것이 진지한 학습과 문화적 적응을 필요로 한다는 것과 최초의 기본적인 감정적 반응을 인정하는 것임을 이해한다.

수치심과 죄의식 같은 복잡한 감정들은 더욱 복잡한 처리 과정을 요한다. 수치심은 단순히 기본적인 두려움이나 염려가 아니다. 수치심은 다른 사람이나 우리의 더 나은 자아가 우리가 중요한 기준을 어겼다고 판단할 때 생기는 감정이다. 그럼에도 불구하고 대체로 "상황주의자" 관점이 우세하다. 감정 학자 폴 에크만의 얼굴 움직임 해독법Facial Action Coding System: FACS은 "모든 얼굴 표정"을 식별하고 분류하기 위해 개발되었다. 폴 에크만은 얼굴 움직임 해독법이 서양, 동양, 사냥과 채취 문화권을 포함한 전 세계 사람들의 만족감, 흥분, 두려움, 분노, 혐오감 같은 감정을 나타내는 표정을 나타내고 인식한다고 주장한다. 얼굴 움직임 해독법은 에크만이 속임수와 거짓말을 탐지하는 방법이다.

이러한 주장을 뒷받침하기 위해서 에크만은 모든 문화권에서 강렬한 감정을 유발하는 상황을 이용했다. 예를 들면 친구의 도착(행복감), 악취(역겨움), 해를 끼치는 포식자(두려움). 같은 상황이다. 이러한 반응에 대한 그의 예측은 상식적인 상황주의자 감정 이론을 기반으로 한다.

그러나 또 다른 관점은 감정적인 경험이 에크만이나 제임스가 제시한 것보다 훨씬 더 많은 마음이론 개념을 포함한다고 주장한다. 이것을 "인지주의자cognitivist" 마음이론이라고 한다. 인지 행동 치료 Cognitive behavioral therapy CBT는 흥미로운 예시를 제공한다. 인지 행동 치료는 변형된 버전이 있을 수 있지만 완전한 형태는 현재 우울증과 불안증을 치료하기 위한 가장 좋은 증거를 바탕으로 한 치료법이다. 인지 행동 치료는 또한 더 나은 자기 이해를 위한 가이드라인을 제공한다.

에런 벡은 인지 행동 치료의 선구자이다. 특히 인지 행동 치료를 이용한 우울증 치료에 관한 그의 이론은 많은 영향을 미쳤다. 그의 관점에서 볼 때, 상황, 감정, 행동, 생각은 항상 서로 영향을 주면서 우리의 삶에서 작용한다. 생각은 특히 분노와 두려움 같은 단순한 감정에 강력한 영향을 미친다. 우리는 종종 이 점을 간과하기 쉽다. 그리고 그것은 우울함, 실패에 대한 두려움, 부적응적 대처, 불안, 죄의식, 중독 같은 더 복잡한 문제를 다루는 데 있어서 중요한 역할을 한다. 이러한 종류의 인지 행동 치료에 따르면, 좌절, 스트레스, 정신적인 문제를 일으키는 것은 감정을 매개체로 한 왜곡된 생각과 부적응 행동들의 상호작용이다. 부적응적 사고—즉, 잘못된 믿음—을 바꾸면 정서affect와 행동이 변한다. 인지 행동 치료는 감정에 대한 인지주의적 해석에 따라 인지cognition를 다룬다.

인지 행동 치료의 중요한 기술은 내담자들이 그들의 생각과 감정의 이론을 표출하도록 유도하는 것이다. 내담자들은 그렇게 함으로써 자신의 생각의 역기능적인 부분들을 재구성하고 조정하도록 도전을 받는다(또는 그들 자신이 도전한다). 예를 들면, 어떤 우울증은 부정적인 감정적 반응을 생산하는 과도한 마음읽기와 관계가 있다. 그들은 강연을 할 때 청중이 "정말 멍청한 생각이야.", "왜 저렇게 지나치게 딱딱한 정장(또는 지나치게 편한 옷)을 입었지?", "지겨워, 그래서 어쨌다는 거야?"라고 생각할 거라고 추측한다. 우울증 환자들의 부정적인 감정들은 그들의 기능을 저하시키고 만성적인 우울증 증상을 유발한다.

이런 사람들은 인지 행동 치료에서 다양한 개념을 배운다.

① 그들의 마음이론 생각들은 단지 생각일 뿐이고 틀릴 가능성이 매우 높다.

② 그들의 생각이 반드시 감정을 유발하는 것은 아니다(성공적인 재구성 도전).

③ 감정은 생각을 확증하지 않는다(그것은 재구성되어야 할 역기능적인 생각과 감정의 연결고리가 된다). 당신이 강연을 시작할 때 불안을 느낀다고 해서 두려워해야 할 이유가 있다는 것을 의미하지 않는다. 그것은 정상적인, 예측 가능한 울렁증일 것이다.

자신의 감정에 대해 더 많은 통찰력을 갖고, 대안적인 감정의 인지주의자 이론을 적용할 때 우리는 자신의 감정을 더 잘 통제할 수 있고, 우울감이나 불안감을 덜 느낄 수 있다.

대안적인 감정 이론은 역사를 가지고 있다. 고대 스토아학자들은 파괴적인 감정을 일으키는 잘못된 믿음을 없애기 위해 논리와 인식이 이용되어야 한다고 믿었다. 불교 신자들은 상황—세상의 가구—에 대한 우리의 이끌림과 거부감이 우리의 세계관을 왜곡시키고, 더 나은 평화로운 삶과 사고방식을 모호하게 만드는 환상이라고 믿는다.

그것은 마법이다

때때로 오류는 의도적으로 만들어진다. 마술사들은 항상 의도적으로 오류를 만들어 낸다. 마술사들은 흔히 특별한 라이팅이나 빠른 반사작용 없이 굉장한 효과를 만들어 내는 전문가들이다(마술은 "손이 눈보다 더 빠르기" 때문에 가능하다는 주장이 있지만 이것은 대부분의 마술이 사용하는 원리가 아니다). 마술사들은 트릭을 이용해서, 즉 우리의 사고방식을 이용하고 잘못된 믿음을 만들어 냄으로써 우리를 속인다. 이 모든 것은 우리의 일상적인 마음이론의 영역 안에서 이루어진다.

한 남자가 사람들이 잘 볼 수 있는 장소에서 빨간 공을 공중에 던지는 모습을 상상해 보자. 그는 공을 던진 다음 공이 날아갈 때는 손을 쥐었다가 공이 돌아올 때 그 공을 잡기 위해 손을 펼친다. 다시 한 번 그는 공을 던지고 이전과 똑같은 동작을 한다. 그러나 세 번째

에는 그가 공을 던진 후에 공이 공중으로 사라진다. 그는 믿을 수 없다는 표정으로 자기 손을 쳐다보고 빈손을 흔들면서 공이 떨어졌을 만한 곳을 찾아본다. 구경하던 사람들은 숨을 죽인다.

당신은 그 공이 공중으로 사라진 걸 봤다고 확신하지만 그 공은 사라졌을 리가 없다. 어떻게 사라질 수가 있는가? 이건 속임수다.

처음에 마술사가 두 번 공을 던질 때 마술사는 당신이 그 공이 날아가서 올라갔다가 돌아올 거라고 예상하도록 훈련시킨다. 그는 손을 펼쳤다가 쥐고 그 공을 잡기 위해 다시 손을 펼친다. 그리고 공이 날아가는 방향을 따라 눈을 들어 올렸다가 내린다. 세 번째로 손을 올릴 때 그는 손 안에 공을 잡고 있으면서 이전처럼 공이 날아가는 쪽으로 눈을 들어 올렸다가 내린다. 그의 눈이 아래를 향하는 동안(당신의 눈도) 그는 몰래 공을 다른 손으로 옮긴다. 마지막으로 그는 공을 던졌던 손을 펴고 이전처럼 공을 받을 준비를 한다. 그러나 그 손은 비어 있다. 앗! 그는 자신의 빈손을 보고 믿을 수 없다는 표정으로 손을 흔든다. 그는 속임수를 성공적으로 끝낸다.

종종 속임수의 종결 부분으로 그는 몇 초가 지난 후 다른 손을 사용해서 공이 날아갔을 공중으로 손을 뻗어 아무것도 없는 공중에서 빨간 공(눈에 잘 보이는)을 잡는다. 사람들은 또다시 숨을 죽인다.

내가 이 장면을 묘사할 때는 속임수가 성공한다는 게 믿어지지 않을 것이다. 아무도 믿을 수 없을 것이다. 그러나 이것이 이른바 "정신적인 강요mental forcing"다. 마술사들은 당신이 어떤 것을 예상하고 보도록 강요한다. 실제로 당신은 이 눈속임의 비밀을 알고 있어도 뛰어난 마술사가 그 효과를 강력하게 강요하면 그 공이 사라지는 것을 보게 된다.

이 눈속임과 다른 많은 트릭의 경우 모든 동작이 잘 보이는 장소에서 정상적인 속도로 행해진다. 그것이 트릭의 일부분이다. 관객들은 그들이 그렇게 확실한 것을 보면서도 알지 못한다는 것을 믿지 못한다. 이것은 정확하게 보이는 동작은 명확하게 드러난다는 우리의 마음이론 믿음 때문이다. 그러나 이것은 잘못된 믿음이다.

아직 이 마음이론 믿음을 믿는 초보 마술사는 종종 "마술사의 죄의식magician's guilt"에 시달린다. 그들은 관객이 트릭이 어떻게 이루어지는지 즉시 알아차릴까봐 두려워한다. 숙련된 마술사들은 초보 마술사들의 기술적인 능력을 향상시키는 방법을 조언할 뿐 아니라 트릭이 들킬 것에 대한 두려움이 대부분 근거 없는 것임을 확신시킨다. 초보 마술사들은 종종 죄의식과 두려움을 느끼면서도 트릭을 연습하고 대중 앞에서 마술을 보임으로써 자연스럽게 일어나는 죄의식을 극복하는 방법을 배운다.

초보 마술사들은 3세 아동 관객 앞에서는 마술을 하지 않는다. 3세 아이들은 마술을 지루해한다. 4세나 5세가 되어야 아이들은 마술을 보고 놀라고 환호한다. 이 나이의 아이들은 사람들이 빤히 보면서도 속아 넘어갈 수 있다는 것을 이해한다. "난 계속 지켜보고 있었는데. 도대체 어디로 사라진 거지? 굉장하다."

우리는 우리가 무엇을 모르는지 모른다

노스 캐롤라이나의 오래된 속담이 있다. "당신을 당황하게 만드는 것은 당신이 모르는 것이 아니라 당신이 안다고 생각하는 것이다." 이것은 잘못된 믿음에 관한 속담이다. 그러나 더 넓게 생각하면 이것은 아는 것knowing과 아는 것에 대한 틀린 생각에 관한 것이다.

대부분의 사람들은 자신이 많은 일상적인 것에 대해 매우 많이 알고 있다고 생각한다. 자전거는 어떻게 작동하는가? 왜 계절이 있는가? 왜 겨울보다 여름에 기온이 더 높은가?

어른들에게 계절과 여름 기온에 대해 질문하면 가장 일반적인 대답은 여름에는 태양이 지구와 더 가깝기 때문이라는 것이다. 더 자세하게 말하면 우리는 어떤 때는 태양에 더 가까워지고 어떤 때는 더 멀어진다. 실제로 평균적으로 지구는 태양으로부터 약 93,960,000마일 떨어져 있다. 그러나 "원일점"에서 태양으로부터 약 91,000,000마일 떨어져 있을 때도 있다. 우리가 태양과 더 가까워질 때는 여름이고 더 멀어질 때는 겨울이다. 이것이 일반적인 믿음이다.

과연 그럴까? 실제로 북반구에서는 겨울에 태양과 더 가깝다. 1월 15일에 미네소타 주의 미니애폴리스는 태양과 가장 가깝고, 따라서 1월은 미니애폴리스에서 일 년 중 가장 추운 달이다. 나는 미니애폴리스 대학에서 박사 학위를 받았기 때문에 1월이 가장 춥다는 것을 잘 알고 있다. 그러나 북미에서 매년 겨울은 일 년 중 다른 어떤 때보다 태양과 더 가깝다. 매년 여름에는 태양에서 가장 멀리 떨어져 있다.

그러므로 정답은 태양과 더 멀리 떨어져 있거나 더 가깝다는 것이 아니다. 정답은 우리가 다른 방식으로 태양과 더 멀거나 더 가깝다는 것이다. 지구의 축은 기울어져 있다. 미니애폴리스가 겨울일 때 지구는 태양으로부터 더 멀게 기울어져 있고 여름인 산티아고에서는 태양과 더 가깝게 기울어져 있다. 대부분의 사람들, 심지어 지식인들도 거기까지만 알고 있다. 태양과 더 가까우면 여름이고 더 멀면 여름이라고 생각한다.

그러나 지구의 축의 기울어진 정도는 심하지 않다. 지구는 약 23.5도 기울어져 있다. 이 기울기는 태양으로부터의 전체적인 거리에는 거의 차이를 만들지 않는다. 미니애폴리스가 겨울에 태양으로부터 93,000,000마일 떨어져 있다면 산티아고는 아주 약간 더 가까울 뿐이다. 두 지역이 태양으로부터 떨어진 93,000,000마일의 거리는 거의 차이가 없다.

실제로 다른 계절을 만드는 것은 거리가 아니라 빛이 지구에 닿는 각도다. 이 기울기는 지구의 대기에서 태양의 굴절에 영향을 미친다. 빛의 굴절은 겨울에 햇빛이 온실에 갇히는 것처럼 사물에 열을 공급해 준다. 여름에 남반구가 기울기 때문에 굴절된 빛이 갇혀서 더 많은 열을 만들어 낸다. 반대로 미네소타 주에서는 겨울에 기울기가 햇빛을 기울어지게 해서 더 많은 열이 달아나게 한다.

지금 당신은 아마도 "그렇군. 하지만 내가 어떻게 그런 걸 다 알

아. 그런 건 천문학자들이 알아야 할 문제야"라고 생각할 것이다. 우리는 그것이 대강 태양이 지구에 미치는 영향 때문이라는 것을 알고 있다. 그러나 누군가는 더 자세한 것을 알고 있다.

이것은 매우 중요하지만 과소평가되고 있는 점이다.

우리는 일반적으로 지식이 우리의 정신 속에 있다고 생각하고 나의 뇌, 나의 생각, 나의 지식이라고 말하지만, 지식은 우리의 생각 속에 있지 않다. 사실 지식은 "우리의" 정신의 공동체 안에 있다. 우리는 개별적으로 살거나 몸의 공동체 안에 살지 않는다. 우리는 정신의 공동체 안에 살고 있다. 만일 우리가 자신의 정신 속에 저장된 제한된 지식에 의존해야 한다면 우리는 생각을 충분히 잘 할 수 없을 것이다. 우리가 성공할 수 있는 한 가지 비밀은 우리가 공동체 안에서 살아간다는 데 있다. 비유적으로 말하자면 우리는 결코 혼자 생각하지 않는다.

흔히 간과되는 이 진리는 마음읽기를 훨씬 더 중요하게 만든다. 우리는 생각을 나누고, 지식을 공유하고, 의사소통을 한다. 우리는 마음이론을 통해 우리의 지식과 삶을 크라우드소스한다(인터넷을 통해 여러 사람의 정보나 도움을 모은다). 우리는 다른 사람들로부터 쉽게 정보를 얻을 수 있기 때문에 종종 우리가 무엇을 모르는지 모른다는 것을 이해하지 못한다. 우리가 쉽게 정보를 얻을 수 있는 것은 마음이론이 자기 역할을 하기 때문이다.

마음읽기

우리는 매일 하루 종일 다른 사람들의 마음속을 들여다본다. 우리는 그들의 생각, 감정, 희망, 의도, 목표를 파악하기 위해 그들의 말과 행동을 관찰한다. 우리는 그들의 내면적인 정신 상태를 통찰하기 원하고 또 그렇게 한다. 또한 우리는 다른 사람들에게 우리 자신을 설명하고, 자신의 생각을 스스로 명확하게 이해하고, 우리의 행동과 상호작용을 촉진하기 위해 우리 자신의 정신적인 상태를 읽고 이해하고 소통한다.

마음읽기는 크고 작은 방식으로 우리의 삶을 형성한다. 그것은 어린 시절에 시작해서 점차적으로 쌓여 간다. 이 모든 것은 프레임워크를 필요로 하고, 이론, 즉 마음이론을 필요로 한다.

우리는 모두 결국 근본적인 프레임워크, 즉 원인과 결과의 합리적이고 일관적인 체계를 채택해야 한다. 이것은 우리가 일시적인 사건들뿐만이 아니라 우리의 일상적인 삶을 구성하는 모든 작은 행동들과 상호작용을 이해하는 데 도움을 준다.

우리를 사회적인 존재로 정의하는 모든 원동력—사실과 허구에 대한 개념, 현실과 마술, 옳음과 틀림, 감정과 생각, 과학과 미신, 친구와 적, 인간, 동물, 로봇과의 상호작용—은 우리의 일상적인 마음이론에 스며들어 있다.

감사의 말

이 책을 쓸 수 있도록 나에게 영감을 주고, 이 책을 쓰고, 편집하고, 출판하는 데 도움을 준 많은 사람들에게 나는 많은 빚을 졌다.

나의 에이전트 로렌 샤프 엣 애티바스 크리에이티브 매니지먼트 Lauren Sharp at Aevitas Creative Management.

예전에 내 책 두 권을 출판해 주었고, 이번에는 전혀 다른 종류의 프로젝트를 출판하는 모험을 감수해 준 옥스퍼드대학 출판부 Oxford University Press와 옥스퍼드의 나의 에디터, 조앤 보서트에게 감사한다.

내 친구 존 제이미슨은 이 주제에 관해 내가 썼던 《마음 만들기 Making Minds》라는 두꺼운 학술 서적을 읽고 아마존 리뷰에 "나는 이 작가가 전문가가 아닌 사람들을 대상으로 쓴 책이 나오기를 기대한다"라고 써 주었다. 그리고 나의 동료 폴 해리스와 앨리슨 고프니크처럼 이 책의 초안을 읽어 주었다. 존, 폴, 앨리슨에게 진심으로 감사한다.

이 프로젝트를 위해 함께 수고해 준 카렌 린드가 없었다면 이 책은 탄생할 수 없었을 것이다. 그녀는 《마음의 심리학》의 한 단어 한 단어를 꼼꼼하게 검토하고, 몇 년간 소설작품뿐 아니라 의학과 관련된 집필로 다진 필력으로 내 글을 고쳐 주었다. 그녀는 명확하고 이해하기 쉬운 글쓰기가 어떤 것인지 분명하게 보여 주었다.

작가들은 항상 가족에 대한 감사로 끝을 맺는다. 나 역시 내가 표현할 수 있는 말 이상으로 가족들에게 감사를 전한다. 아낌없는 사랑을 주신 부모님, 누나, 형, 많은 훌륭한 사촌들, 그리고 특히 나의 가장 가까운 가족에게 감사한다. 네드, 다니엘, 첼시, 체이스, 에이제이, 엠마와 카렌. 멋진 우연의 일치로 카렌 린드는 이 책을 쓰는 데 많은 도움을 주었을 뿐 아니라 40년 넘는 세월 동안 나의 아내였다.

마음의 심리학

초판 1쇄 발행 2020년 6월 19일

지은이 헨리 M. 웰먼, 카렌 린드
옮긴이 김유미

펴낸이 정광성
펴낸곳 알파미디어
출판등록 제2018-000063호
주소 서울 05380 강동구 천호대로 1078, 208호 (성내동 CJ나인파크)
전화 02 487 2041 | 팩스 02 488 2040

ISBN 979-11-963968-7-9(03300)
값 16,000원

이 도서의 국립중앙도서관 출판예정도서목록(CIP)은 서지정보유통지원시스템 홈페이지(http://seoji.nl.go.kr)와 국가자료종합목록 구축시스템(http://kolis-net.nl.go.kr)에서 이용하실 수 있습니다. (CIP제어번호 : CIP2020020872)